J'INTÈGRE LA FONCTION PUBLIQUE

2021
2022

Catégorie B

Concours

ASSISTANT MEDICO-ADMINISTRATIF

Concours interne et externe
branche secrétariat médical

Tout-en-un

J'INTÈGRE LA FONCTION PUBLIQUE

Catégorie B

2021
2022

Concours
ASSISTANT MEDICO-ADMINISTRATIF
Concours interne et externe branche secrétariat médical

Tout-en-un

Martine DAIGNEAU
Coordinatrice des secrétariats médicaux en établissement public de santé, ayant exercé de nombreuses années en qualité de secrétaire médicale durant sa carrière professionnelle. Elle intervient également en qualité d'Expert métier pour des missions de conseils dans les services d'AMA et de formatrice pour la préparation au concours d'AMA et l'adaptation à l'emploi des AMA au sein de CNEH.

Clothilde POPPE
Juriste, spécialiste en droit de la santé et responsable du Pôle Concours et adaptation à l'emploi au CNEH. Elle a été rédactrice du Lamy Droit de la santé avant d'intervenir comme formatrice au sein des dispositifs de préparation aux concours du CNEH.

DUNOD

Maquette intérieure : Caroline Joubert@atelier du livre
Maquette de couverture : Elisabeth Hébert
Photo de couverture : Adobe Stock © InsideCreativeHouse

Mise en page : Belle Page

11 rue Paul Bert, 92240 Malakoff
www.dunod.com
ISBN : 978-2-10-082633-9

Sommaire

Épreuve d'admission
L'entretien

Connaissances n° 1
L'organisation du système de santé et l'organisation hospitalière

Sujets corrigés

Annexes

Préface

« Le concours d'Assistant médico-administratif tout en un » est un ouvrage de référence qui fournit toutes les réponses aux questions incontournables de droit hospitalier, dont les questions relatives aux droits des patients. Cet ouvrage propose également une méthodologie complète du cas pratique, ainsi que l'analyse détaillée et commentée de trois sujets d'annales récents, avec éléments de corrections et mises en situation en vue de l'épreuve orale du concours.

Grâce à cette démarche d'apprentissage efficace, vous pouvez acquérir avec facilité les contenus en droit hospitalier, droit des patients et de bonnes bases en terminologie médicale. Des questions à réponse courte et des QCM sont proposées, ainsi que de nombreux exercices relatifs à la terminologie médicale et aux cas pratiques.

Cet ouvrage est le fruit de la longue expérience professionnelle des deux auteurs.

Martine Daigneau a exercé durant sa carrière les fonctions de secrétaire médicale puis de coordinatrice AMA.

Clothilde Poppe est juriste en droit de la santé et elle travaille actuellement comme consultante au CNEH.

Toutes deux enseignent depuis de nombreuses années comme formatrices pour la préparation au concours AMA. Leurs connaissances respectives des attendus et des spécificités du concours en font un binôme efficace et pertinent pour faire de cet ouvrage une référence solide.

Le CNEH, Centre national de l'expertise hospitalière, est l'école de référence et le conseiller de confiance du secteur de la santé depuis plus de 40 ans. Bénéficiant d'une véritable expertise métier, il réalise près de 200 missions de conseil, forme chaque année plus de 16 500 professionnels et dispose d'un réseau de 550 établissements adhérents.

Son pôle « Préparation aux concours et adaptation à l'emploi » allie programmes sur-mesure, tutorat personnalisé et modalités pédagogiques multiples, pour donner toutes les chances de réussite à ses candidats aux concours hospitaliers.

Principaux sigles abrégés

ALD	Affection de longue durée
ARS	Agence régionale de santé
CCAM	Classification commune des actes médicaux
CHR	Centre hospitalier régional
CHSCT	Comité d'hygiène de sécurité et des conditions de travail
CDU	Commission des usagers
CDSP	Commission départementale des soins en psychiatrie
CHU	Centre hospitalier universitaire
CLCC	Comité de lutte contre le cancer
CLIN	Comité de lutte contre les infections nosocomiales
CME	Commission médicale d'établissement
CNG	Centre national de gestion (des carrières)
CRUQPC	Commission des relations des usagers de la qualité et de la prise en charge (devenue CDU)
CSIRMT	Commission de soin infirmier, rééducation, médico-technique
CSS	Complémentaire santé solidarité
CTE	Comité technique d'établissement
CPOM	Contrat pluriannuel d'objectifs et de moyens
DHOS	Direction de l'hospitalisation et de l'organisation des soins
DMP	Dossier médical partagé
DIM	Département d'information médicale
DSP	Délégation de service public
EPP	Évaluation de pratique professionnelle
EPRD	État prévisionnel des recettes et dépenses
EPS	Établissement public de santé
ESPIC	Établissement de santé privé d'intérêt collectif
FMESPP	Fond pour la modernisation des établissements de santé publics et privés
GCS	Groupement de coopération sanitaire
GHM	Groupe homogène de malades

GHS	Groupe homogène de séjours
GHT	Groupement hospitalier de territoire
GIE	Groupement d'intérêt économique
GIP	Groupement d'intérêt public
HAS	Haute autorité de santé
IPAQSS	Indicateur pour l'amélioration de la qualité et de la sécurité des soins
JLD	Juge des libertés et de la détention
JOUE	Journal officiel de l'Union européenne
LOLF	Loi organique relative aux lois de finances
ONDAM	Objectif national des dépenses d'assurance-maladie
OQN	Objectif quantifié national
MCO	Médecine, Chirurgie, Obstétrique
MIGAC	Mission d'intérêt général et d'aide à la contractualisation
PH	Praticien hospitalier
PM	Personnel médical
PNM	Personnel non médical
PMT	Prescription médicale de transport
PMSI	Programme de médicalisation des systèmes d'information
PRS	Plan régional de santé
PSPH	Participant au service public hospitalier
PUMA	Protection universelle maladie
SDRE	Soin psychiatrique sur demande du représentant de l'État
SDT	Soin psychiatrique sur demande d'un tiers
SDTU	Soin psychiatrique sur demande d'un tiers en urgence
SIH	Système d'information hospitalier
SIH	Syndicat interhospitalier
SPI	Soin psychiatrique en cas de péril imminent
SROS	Schéma régional d'organisation des soins
SROMS	Schéma régional d'organisation médico-sociale
SSR	Soins de suite et de réadaptation
UF	Unité fonctionnelle
UFR	Unité de formation et de recherche
VAP	Valorisation des activités en psychiatrie

Le concours, le métier d'AMA

1 Comment trouver les dates et lieux des concours

Les concours et examens professionnels sont ouverts et organisés pour le compte de plusieurs établissements de la région, par l'autorité investie du pouvoir de nomination dans l'établissement de la région comptant le plus grand nombre de lits ou pour le compte d'un seul établissement, par l'autorité investie du pouvoir de nomination dans l'établissement intéressé.

Les avis de ces concours et examens professionnels sont affichés dans les locaux de l'établissement organisant ces concours, dans ceux de l'agence régionale de santé dont ils relèvent ainsi que dans ceux de la préfecture du département dans lequel se trouve situé l'établissement. Ils sont également publiés par voie électronique sur le site internet de l'agence régionale de santé concernée ainsi que sur les sites internet de l'ensemble des agences régionales de santé.

Au sens du Décret n° 2011-660 du 14 juin 2011 portant statut particulier du corps, les assistants médico-administratifs constituent un emploi de catégorie B de la filière administrative.

Le corps comprend 3 grades, avec 3 niveaux hiérarchiques :

- Assistant médico-administratif de classe normale (1er grade).
- Assistant médico-administratif de classe supérieure (2e grade).
- Assistant médico-administratif de classe exceptionnelle (3e grade).

2 Le concours d'AMA

L'arrêté du 27 septembre 2012 fixe les modalités du concours et détaille le programme pour les deux branches (secrétariat médical et régulation médicale) pour le grade 1 et le grade 2.

Le programme du concours AMA grade 2 est un programme légèrement plus important que celui du grade 1. Néanmoins, certains thèmes comme par exemple la coopération présente dans le programme du grade 2 mais pas celui du grade 1 sont devenus des incontournables, du fait notamment, de l'actualité (cf. les groupements hospitaliers de territoire qui existent depuis 2016).

Il est donc souvent intéressant de réviser l'ensemble du programme de grade 2.

a. Objectif du concours

La finalité du concours est de permettre le recrutement des assistants médico-administratifs (AMA) disposant des compétences nécessaires permettant d'assumer leurs futures fonctions et de s'intégrer dans la fonction publique hospitalière.

b. Nature des épreuves

Les épreuves du concours d'assistant médico-administratif, branche secrétariat médical sont différentes entre le concours externe et le concours interne.

Le concours interne est constitué de deux épreuves écrites d'admissibilité et d'un entretien oral pour l'admission.

Pour le concours externe, l'admissibilité se résume à une sélection sur dossier. Elle est suivie par une épreuve orale d'admission.

c. Le concours interne d'AMA

Il faut avoir plus de 4 ans de service dans la fonction publique en qualité de fonctionnaire et agent du service public en fonction, pour vous inscrire au concours interne.

Le dossier RAEP

Préalablement, le candidat devra déposer auprès du service des Ressources Humaines de l'Établissement organisateur du concours (ou l'adresser par voie postale) un dossier constitué :

- d'un curriculum vitæ détaillé ;
- d'une lettre demandant à concourir en précisant la branche pour laquelle il souhaite le faire (ex. : branche secrétariat médical) ;
- d'un état signalétique des services publics complété et signé par l'autorité investie du pouvoir de nomination ;
- d'un dossier de RAEP (Reconnaissance des Acquis de l'Expérience Professionnelle) appuyé d'un tableau récapitulatif des actions de formations suivies par le candidat. Le document RAEP sera entre les mains du Jury le jour de l'épreuve orale et bien qu'il ne soit pas noté, il vous révélera.

Vous trouverez un modèle type de ce document RAEP et comment le remplir pages 23 et suivantes.

L'épreuve écrite d'admissibilité

Elle est composée :

- d'une épreuve écrite sur l'étude d'un cas pratique avec mise en situation s'appuyant sur un dossier documentaire traitant d'une problématique sur le traitement et la coordination des opérations et des informations médico-administrative. Il s'agit principalement d'un extrait de dossier de patient (10-20 pages), étayé par des documents médicaux et administratifs - Module 3 (3 heures ; coefficient 3) ;
- Une série de six à dix questions à réponse courte portant sur l'organisation du système de santé et les droits des malades – Modules 1 et 2 (3 heures ; coefficient 2).

La liste des candidats reçus à cette épreuve d'admissibilité est affichée à la Direction des Ressources Humaines. Le candidat reçu à cette épreuve est autorisé à se présenter à l'épreuve orale, dite d'admission.

L'épreuve orale d'admission

Cet oral avec le jury est composé :

- d'une présentation succincte par le candidat de son parcours professionnel et de sa formation ;

- d'un entretien avec le jury visant à reconnaître les acquis de son expérience professionnelle (30 minutes, dont 10 minutes de présentation au plus).

En vue de cette épreuve, les candidats de chaque branche remettent à la direction de l'établissement organisateur, à la date fixée par l'arrêté d'ouverture, un dossier de reconnaissance des acquis de l'expérience professionnelle (RAEP).

d. Le concours externe d'AMA

Peuvent s'inscrire au concours externe de secrétaire médicale dans la fonction publique hospitalière toutes personnes qui justifient d'un baccalauréat ou d'un titre ou d'un diplôme classé au moins au niveau IV ou d'une qualification reconnue comme équivalante (y compris les agents travaillant déjà dans la fonction publique en qualité de fonctionnaire ayant **moins** de 4 ans d'ancienneté).

Le dossier

Le candidat devra déposer auprès du service des Ressources Humaines de l'Établissement organisateur du concours (ou l'adresser par voie postale) un dossier constitué :

- d'un curriculum vitæ détaillé ;
- d'une lettre demandant à concourir en externe, en précisant la branche pour laquelle il souhaite le faire (ex. : branche secrétariat médical).

Le jury sélectionne les dossiers des candidats.

L'épreuve orale d'admission

Une fois sélectionné, le candidat sera invité à se présenter à l'épreuve orale d'admission qui consiste à un entretien professionnel avec le jury.

Pour les externes, l'entretien à caractère professionnel est composé :

- d'une présentation par le candidat de sa formation et de son projet professionnel ;
- d'un échange avec le jury sur le programme (Modules 1, 2 et 3).

La durée totale de l'épreuve est de 45 minutes, dont 15 minutes de préparation.

Pour cette épreuve, le jury dispose du curriculum vitae du candidat.

e. Examen professionnel

L'arrêté du 12 novembre 2012 permet l'accès au corps des AMA par un examen professionnel. Celui-ci est ouvert, à l'initiative du directeur d'établissement, aux adjoints administratifs hospitaliers justifiant de sept années de services publics pour le premier grade et onze années pour le second grade, et inscrits sur une liste d'aptitude établie dans chaque établissement.

L'examen professionnel comporte une épreuve écrite d'admissibilité et une épreuve orale d'admission.

L'épreuve d'admissibilité

Elle est constituée :

- de la rédaction d'une note correspondant à la résolution d'un cas pratique s'appuyant sur un dossier documentaire de 10 à 15 pages, comportant des données administratives et médicales relatives aux patients et accompagné d'une présentation détaillée des attentes du jury destinée à mettre le candidat en situation de travail ; le dossier doit relever d'une problématique relevant du programme ;

- d'une série de trois à cinq questions à réponse courte faisant appel à des connaissances professionnelles et relevant du programme.

La durée totale de l'épreuve est de 4 heures (coefficient 3).

Cette épreuve a pour objet de vérifier que le candidat dispose des connaissances, capacités et aptitudes nécessaires à l'exercice des missions d'AMA de classe normale. Les candidats ayant obtenu pour l'épreuve écrite un nombre de points qui ne peut, en aucun cas, être inférieur à 30 sur 60 participent à l'épreuve d'admission.

La liste d'admissibilité fait l'objet d'un affichage dans l'établissement organisateur de l'examen. Les candidats admissibles sont convoqués par courrier à l'épreuve d'admission.

L'épreuve d'admission

Elle consiste en une épreuve orale de reconnaissance des acquis de l'expérience professionnelle. Elle doit permettre au jury d'apprécier les acquis de l'expérience professionnelle du candidat dans son corps d'origine et son aptitude à exercer les fonctions dévolues aux AMA de classe normale.

En vue de cette épreuve orale d'admission, les candidats remettent un dossier de reconnaissance des acquis de l'expérience professionnelle (RAEP) comportant les rubriques mentionnées dans l'annexe III de l'arrêté.

L'épreuve se déroule en deux parties :

- la première partie consiste, après une présentation par le candidat de son parcours professionnel et de sa formation, en un entretien avec le jury, sur la base d'un dossier présentant les acquis de l'expérience professionnelle du candidat, visant à apprécier les qualités de réflexion, les connaissances, les aptitudes et les motivations professionnelles du candidat ainsi que son ouverture aux évolutions de l'institution dans laquelle il exerce, et à reconnaître les capacités utiles à l'exercice de la fonction d'AMA de classe normale dans la branche au titre de laquelle il participe (durée : 25 minutes maximum dont 5 minutes de présentation) ;
- la seconde partie consiste en une mise en situation du candidat et doit permettre de vérifier l'aptitude du candidat à mettre en pratique ses compétences et à montrer sa capacité à se comporter en situation professionnelle.

La durée totale de l'épreuve est de 40 minutes maximum (coefficient 4).

Ne peuvent être déclarés admis les candidats ayant obtenu une note inférieure à 6 sur 20 à l'épreuve d'admission. Seuls les candidats ayant obtenu, pour l'ensemble des épreuves, un total de points au moins équivalent à la moyenne, soit 70 sur 140, peuvent être admis.

Le programme est sensiblement le même que le programme du concours. Par conséquent, les connaissances, conseils, et remarques de cet ouvrage peuvent être pris en compte pour réviser un examen professionnel. Vous trouverez un exemple de sujet pour l'examen professionnel dans les compléments en ligne sur le site Dunod.

3 Le métier de secrétaire médicale

Le métier de secrétaire médicale s'inscrit dans le cadre des emplois administratifs de catégorie B après obtention d'un concours de la fonction publique hospitalière.

Définition statutaire

La secrétaire médicale « assure le traitement et la coordination des informations médico-administratives concernant les patients dans les domaines du secrétariat médical ».

Bien évidemment cette définition est très générale et pour connaître les différentes tâches assurées sur le terrain il faut se référer à la « fiche métier des secrétaires médicales » que l'on retrouve dans le Répertoire des Métiers de la Fonction Publique Hospitalière.

À noter

Il est important de découvrir cette fiche métier AMA (secrétaire médicale) et de l'étudier pour pouvoir répondre aux questions posées sur les activités, le savoir-faire lors des épreuves écrites.

Pour les épreuves orales, cela permet de faire émerger vos compétences et surtout de les mettre en valeur.

La fonction de secrétaire médico-sociale évolue régulièrement à commencer par le changement de nom et ce nouvel acronyme AMA (Assistante Medico Administrative – depuis septembre 2012) ou ARM (Assistante de Régulation Médicale).

Désormais l'AMA n'est plus un simple agent qui exécute mais elle devient un maillon d'une chaîne de responsabilités au sein de l'équipe médicale avec des tâches administratives.

a. Quel niveau de formation pour exercer ce métier ?

De nombreuses opportunités s'offrent à vous, tant dans le secteur public que le secteur privé après :

- un BAC SMS = Sciences médico-sociale ;
- un BAC ST2S = Sciences et technologie de la santé et du social ;
- un BAC spécialisé avec un BTS dans le domaine médical ou secrétariat.

Les recruteurs recherchent, outre une bonne présentation, des compétences indispensables à cette fonction :

- une parfaite maîtrise de la bureautique (Word-Excel) pouvant s'adapter à l'utilisation des différents logiciels ;
- un bon niveau en orthographe ;
- une parfaite connaissance de la terminologie médicale (vocabulaire utilisé au quotidien à l'oral comme à l'écrit) ;
- rigueur, sens de l'organisation et de la prise d'initiative ;

- polyvalence, adaptabilité ;
- qualités de communication, sens des relations humaines ;

Et bien évidemment : d i s c r è t i o n.

Pour le secteur public, la connaissance de l'environnement et des droits des patients sont des atouts majeurs.

b. Quelles sont les missions de la secrétaire médicale ?

Voici une liste non exhaustive des missions (qui sont reprises de la fiche métier) mais en fonction des postes occupés et des structures dans lesquelles l'AMA (assistante médico-administrative) est rattachée celles-ci peuvent varier (secteur public ou secteur privé). Lors de votre prise de fonction elles seront détaillées dans une « fiche de poste », document institutionnel établi pour chaque corps de métier.

- **Accueil physique et téléphonique** des patients : c'est souvent à la secrétaire médicale que les patients ou les familles s'adressent en premier. On dit qu'elle est « la vitrine de l'établissement » (amabilité, patience, empathie et discrétion sont des qualités indispensables).
- **Gestion et coordination** médico-administrative : prise des rendez-vous, récupérations des dossiers médicaux, des résultats d'examens, des radiographies...
- **Programmation et pré-admissions** liées à la prise en charge médicale des patients à la suite de leur consultation. Gestion du programme opératoire.
- **Saisie des courriers**, des comptes-rendus opératoires, prise de notes, mise en forme de documents, statistiques...
- **Renseignements et informations** aux patients sur les protocoles des différents examens médicaux.
- **Saisie du codage** (données liées à l'activité médicale).
- **Tenue et mise à jour du dossier patient** (papier ou informatisé).
- **Vérification de la cohérence des données** administratives concernant les patients y compris dans le cadre de l'identito-vigilance.

Dans certains établissements on peut vous demander de gérer l'activité libérale d'un ou de plusieurs médecins.

De par toutes ces missions, l'AMA entretient des rapports privilégiés avec l'ensemble de l'équipe médicale qui a en charge le patient, mais aussi avec les autres secrétariats et services de l'établissement y compris les services administratifs.

Elle est le lien entre le patient (hospitalisé ou non) et le personnel médical et soignant, assurant également les contacts avec les familles, les médecins de ville, les autres établissements de santé.

Il s'agit d'un poste-clé dans le fonctionnement des services d'un établissement. C'est une mission enrichissante sur le plan humain, au carrefour de la fonction administrative et du rôle social.

La diversité des postes dans les établissements hospitaliers publics ou privés permet d'enrichir ses connaissances tout au long de ses missions.

Le choix est parfois possible entre des postes plus techniques (imagerie médicale, bloc opératoire, laboratoire…) ou des postes aux consultations externes, ou bien dans les secteurs d'hospitalisation.

Quel que soit le poste occupé, il est indispensable que la secrétaire médicale se tienne informée des évolutions du métier, tant sur le plan technologique (dictée numérique, reconnaissance vocale, dossier patient informatisé) que sur le plan législatif (Loi de modernisation du système de santé 2016) et des nouvelles réformes à venir.

4 À l'issue du concours

Après avoir obtenu le concours d'AMA, que pouvez-vous faire ?

Bien sûr vous pouvez rester sur le poste de secrétaire médicale que vous occupiez au sein de votre établissement, ou postuler pour un autre service en fonction de la parution des postes vacants.

Toutefois des passerelles s'offrent à vous catégorie B, vous permettant d'exercer d'autres fonctions, soit au sein de votre établissement soit par voie de mutation dans un autre établissement, après quelques années d'expérience.

- Vous pouvez après 5 ou 6 ans d'expérience en qualité d'AMA, prétendre à un poste **d'encadrant des secrétariats médicaux**. Ce poste nécessite de savoir : analyser et optimiser des situations, mettre en œuvre des changements organisationnels, évaluer les performances individuelles ou collectives, animer une équipe, savoir répartir la charge de travail. Des formations de management sont indispensables. Il s'agit d'un poste de catégorie B auquel s'ajoutent des primes d'encadrement. Il vous sera possible ensuite d'évoluer vers un poste d'Attaché d'Administration Hospitalière en préparant le concours de catégorie A.
- Vous avez aussi la possibilité de vous diriger vers un poste **d'encadrant des archives** nécessitant la connaissance des techniques d'archivage et de l'informatique spécialisée (qui sont des techniques logiquement maîtrisées lorsque vous exercez le métier de secrétaire médicale) de savoir animer une équipe de professionnels en veillant à l'efficacité et la qualité des prestations fournies et de connaître la durée de conservation des archives (avec l'aide d'une formation sur la gestion des archives).
  Ce poste d'**encadrant** des archives vous permettra éventuellement d'évoluer vers celui de **responsable** des archives dont les missions sont plus complètes (gestion du budget) **mais** d'accéder à une **catégorie A** en qualité de responsable. Une formation spécifique est nécessaire, ainsi que l'obtention du concours de catégorie A.
- Vous pouvez également vous orienter vers un poste de **Technicien d'Information Médicale appelé TIM** dont les missions consistent principalement à recueillir et contrôler l'exhaustivité et la conformité des informations relatives à l'activité médicale en vue de l'optimisation de la qualité du codage et de la valorisation de l'activité hospitalière. Une parfaite connaissance des termes médicaux est nécessaire. C'est un poste accessible sur concours, une préparation à celui-ci est indispensable. Il s'agit également d'un poste de catégorie B auquel s'ajoutent des primes.

Épreuve d'admissibilité n° 1

Questions à réponse courte (QRC)

- L'épreuve de QCR
- Réussir l'épreuve de QCR

3 heures • Coef 2

1

Présentation de l'épreuve
L'épreuve de QRC

1 Nature de l'épreuve

Les épreuves de QRC du concours d'assistant médico-administratif, branche secrétariat médical diffèrent entre le concours externe et le concours interne.

L'épreuve QRC s'évalue à l'écrit pour concours interne et à l'oral pour le concours externe.

Le programme est le même, par conséquent, les révisions sont identiques.

a. Concours interne

L'épreuve écrite de QRC (épreuve d'admissibilité) est constituée d'une série de six à dix questions à réponse courte portant sur l'organisation du système de santé et les droits des malades - Module 1 et 2 (3 heures ; coefficient 2).

b. Concours externe

Dans le cas du concours externe l'épreuve de QRC est une épreuve d'admission et non d'admissibilité. Les questions sont posées au candidat à l'oral lors d'un échange avec le jury. Le nombre de questions est variable et déterminé par le jury. L'épreuve porte sur le même programme que pour le concours interne.

2 Programme Grade 1 et Grade 2

Le programme est le même pour les concours interne et externe.

Le programme des épreuves relatives aux Questions à réponse courte est déterminé par les arrêtés du 27 septembre 2012, l'un permettant l'accès au **premier grade** du corps des AMA, l'autre permettant l'accès au **deuxième grade** du corps - Module 1 et Module 2.

Remarque

Le programme permettant l'accès au deuxième grade est plus large que celui permettant l'accès au premier grade. Ci-après, les parties uniquement destinées au deuxième grade sont indiquées en italique.

a. Composition du module 1 - Organisation du système de santé et organisation hospitalière

- les missions de service public et l'organisation régionale de l'offre de soins ;
- le statut juridique de l'établissement public de santé (EPS) ;
- l'organisation et fonctionnement interne des établissements publics de santé ;
- les organes de décision de l'EPS : directoire, directeur, conseil de surveillance ;

- l'organisation médicale : pôles d'activité, services, unités fonctionnelles ;
- la place de l'usager dans le système de santé ;
- *l'évaluation des soins : la Haute autorité de santé (HAS), la certification des établissements de santé ;*
- *la contractualisation interne.*

b. Composition du module 2 - Réglementation relative au droit des malades

- le statut du malade ;
- *les droits du patient ;*
- le malade hospitalisé en hôpital général et en psychiatrie ;
- la charte de la personne hospitalisée ;
- l'éthique en milieu hospitalier ;
- la CRUCPC : commission des relations avec les usagers et de la qualité de la prise en charge (devenue Commission des usagers en 2016) ;
- le malade non hospitalisé ;
- les consultations externes.

2 Méthodologie
Réussir l'épreuve de QRC

Pour la préparation au concours interne, l'épreuve est constituée d'une série de cinq à huit questions à réponse courte portant sur les modules 1 et 2.

1 Les connaissances requises

L'épreuve de QRC nécessite des connaissances :

- dans l'organisation du système de santé ;
- dans la réglementation relative aux droits de patients.

Vous devez donc consacrer beaucoup de temps à apprendre le cours. En outre, lorsque vous répondez, pensez à vous positionner en tant qu'AMA.

2 Conseils pour la gestion du temps

Pour la préparation du concours interne, l'épreuve est de 3 heures (coefficient 2), le candidat a donc le temps de réaliser un brouillon, de construire une réponse et de se relire.

En pratique, répondre à 5 à 8 questions en 3 heures, nécessite que les réponses ne soient pas trop courtes (pensez à donner des réponses d'une quinzaine de lignes en moyenne).

Pour la préparation au concours externe, l'échange avec le jury comporte une ou deux questions en rapport avec les connaissances, missions et obligations d'un assistant médico-administratif relatif au module 1 et 2 (5 minutes).

Le programme est donc identique, l'épreuve est difficile car vous ne serez interrogé que sur une partie de vos révisions.

Certaines réponses doivent être bien maîtrisées notamment celles relatives à la gouvernance des hôpitaux et bien sûr aux droits de la personne hospitalisée.

Si vous ne développez pas un peu votre réponse, vous risquez d'avoir plus d'une ou deux questions. Nous vous conseillons donc de travailler vos réponses afin de les étoffer et d'avoir suffisamment de maîtrise pour pouvoir répondre rapidement et en détail.

Remarque

Pensez à citer des textes de référence afin de justifier vos propos.

Les révisions sont donc sensiblement les mêmes pour les internes que pour les externes.

3 Conseils généraux

Vous serez jugé sur la rédaction de vos réponses, ce qui implique des phrases construites, avec une utilisation limitée des abréviations et un langage soutenu pour les oraux. Soyez vigilant sur l'orthographe et surtout pensez à vous relire, même plusieurs fois !

Conseils :

- avoir un brouillon afin de construire une réponse : petite présentation du sujet, développement et éventuellement conclusion ;
- rédigez les réponses (pas de tableau, pas de schéma) ;
- relisez votre copie et évitez les fautes d'orthographe ;
- soignez votre copie : aérez votre présentation, écrivez lisiblement, proprement ;
- si vous utilisez des abréviations, vérifiez qu'elles ont été développées à leur première occurance ;
- utilisez un stylo à encre effaçable.

Épreuve d'admissibilité n° 2

Les cas pratiques

- L'épreuve écrite de cas pratiques
- Réussir l'épreuve de cas pratiques

3 heures • Coef 3

1

Présentation de l'épreuve

L'épreuve écrite de cas pratiques

1 Nature de l'épreuve

L'épreuve de « cas pratiques » avec mise en situation s'appuie sur un dossier documentaire comprenant de 10 à 20 pages comportant à la fois des données administratives et des données médicales relatives à un ou des patients.

Ce dossier comportera plusieurs questions notamment la définition de termes médicaux placés dans un contexte professionnel. Il sera précédé d'une présentation détaillée des attentes du jury destinée à mettre le candidat en situation de travail.

2 Les connaissances requises

Cette épreuve nécessite la maîtrise de la terminologie médicale : découpage des mots de médecine (préfixe-radical-suffixe).

Il est indispensable de connaître les différentes missions de la secrétaire médicale en vous aidant lors de vos révisions de la fiche métier 40L20 (cf. : Répertoire des Métiers de la Fonction Publique Hospitalière, annexe 1).

Composition du module 3 - Traitement et coordination des opérations et des informations medico-administratives relatives au patient dans un secrétariat médical :

- les outils : les termes médicaux ;
- les règles de la correspondance médicale ;
- le fonctionnement du secrétariat médical : circuit des documents (réception, traitement et transmission) ;
- le secret professionnel et le secret médical ;
- le dossier du patient ;
- le dossier informatisé du patient, organisation du dossier médical au sein de l'établissement ;
- le classement et l'archivage des dossiers médicaux, et leur réglementation ;
- les règles de communication du dossier patient.

2 Méthodologie
Réussir l'épreuve de cas pratiques

1 Conseils pour la gestion du temps

L'épreuve durant 3 heures le candidat, après une lecture des différents documents (observation médicale, lettre de sortie, compte-rendu opératoire ou compte rendu d'hospitalisation...), doit prendre le temps de faire un brouillon, de relire ses réponses avant de les recopier proprement.

N'hésitez pas à prendre un peu de temps pour bien lire ce qui vous est demandé afin de ne pas répondre « hors sujet ».

Il est important de soigner la présentation et l'orthographe. Il en sera tenu compte lors de la correction.

S'il s'agit d'un exercice sous forme de « quiz » ou d'un croquis d'anatomie à compléter vous pouvez y répondre directement.

2 Conseils pour la préparation de cette épreuve

N'attendez pas la dernière semaine pour entreprendre vos révisions.

Faites des fiches synthétiques pour la terminologie et entraînez-vous à compléter des croquis, à répondre à des quiz, à donner des définitions en partant du terme médical, à découper le terme médical en préfixe-radical-suffixe.

Vous analyserez les sujets d'annales qui vous permettront d'étudier les sujets proposés sur des thématiques axées :

- sur la responsabilité de la secrétaire médicale, les droits des patients, le secret médical, la gestion des dossiers médicaux ;
- sur le fonctionnement des secrétariats médicaux, les domaines de compétences de la secrétaire médicale, les relations avec le public, les différents imprimés CERFA de l'assurance maladie à compléter...

3 Conseils le jour J

- utilisez un stylo effaceur pour compléter vos réponses afin de présenter un document propre ;
- pensez à « aérer » vos réponses, c'est plus agréable à lire et à corriger ;
- attention à l'orthographe.

Lors de cette épreuve plusieurs types d'exercices peuvent vous être demandés :

- dans le dossier du cas pratique qui vous sera soumis, des mots de terminologie médicale seront soulignés éventuellement dans un compte rendu d'hospitalisation, ou dans un compte rendu opératoire : il vous faudra en donner les définitions précises, éventuellement en faire le découpage (préfixe-radical-suffixe) ;

- trouver le terme médical correspondant à une définition donnée ;
- rédiger une convocation adressée à un patient, par exemple pour une consultation d'anesthésie en vue d'une intervention chirurgicale (ce sera en lien avec les documents du cas pratique) ;
- répondre à des questions portant sur une observation médicale. Dans ce cas, après une bonne lecture du texte, il vous appartient de donner des définitions complètes, avec des phrases bien construites ;
- parmi les documents constituant le cas pratique : compléter la partie administrative d'un imprimé CERFA. Cet acronyme signifiant « centre d'enregistrement et de révision des formulaires administratifs » (ex. : un arrêt de travail).

Attention

Différents articles de médecine ou bien de l'assurance maladie, ou encore d'actualités seront intégrés dans ce cas pratique. Ils peuvent être un support pour vos réponses ou au contraire ne pas vous servir, à vous de faire le tri.

Après qualification aux épreuves écrites d'admissibilité, le candidat se présentera à l'épreuve orale d'admission.

Épreuve d'admission

L'entretien

- La reconnaissance des acquis de l'expérience professionnelle (RAEP)
- L'épreuve orale pour le concours interne
- L'entretien avec mise en situation pour le concours externe

30 à 45 minutes • Coef 4

1 Méthodologie
La reconnaissance des acquis de l'expérience professionnelle (RAEP)

Outre la lettre de motivation et le CV, pour le concours interne vous devez constituer votre dossier RAEP (reconnaissance des acquis de l'expérience professionnelle) qui devra être déposé auprès du service des Ressources Humaines de l'établissement organisateur du concours (ou adressé par voie postale). Ce document RAEP sera entre les mains du Jury le jour de l'épreuve orale et bien qu'il ne soit pas noté, il vous révélera.

Vous trouverez à la fin de ce chapitre un exemple de tableau rempli.

1 Comment remplir la première page du tableau ?

Vous devez y noter toutes les mentions d'usage d'un dossier de concours : nom de naissance, nom marital, prénom, date de naissance puis des renseignements à compléter sur votre situation actuelle c'est-à-dire le nom de l'établissement dans lequel vous travaillez, le service (ex. : cardiologie), le corps (ex. : adjoint administratif), le grade (ex. : adjoint administratif de classe normale).

2 Comment remplir le tableau des périodes d'activité ?

Il est à compléter en commençant par les activités les plus récentes, colonne par colonne, les périodes de travail successives, les fonctions que vous avez occupées (servez-vous de la fiche de poste rédigée dans votre service ainsi que de la fiche métier que vous trouvez dans le répertoire des métiers de la fonction publique hospitalière dans l'annexe 1), les activités et les compétences mises en œuvre dans le cadre de ces activités.

N'oubliez pas d'y noter les formations que vous avez pu suivre pendant ces périodes en lien avec des compétences développées.

Vous pouvez si c'est le cas remplir « activités autres » par exemple si vous avez des activités associatives, des fonctions municipales...

3 Comment rédiger le rapport d'activité ?

a. Le contenu

Il s'agit de rédiger un rapport dactylographié de deux pages (maximum) évoquant d'après vous vos acquis pendant ces expériences professionnelles, les « enrichissements ou le développent de vos compétences » vous pouvez également préciser vos motivations à exercer cette fonction de secrétaire médicale (AMA).

C'est une synthèse complète qui vous est demandée avec des détails sans pour autant reprendre les dates ou la durée des activités exercées (cela figure déjà dans le tableau des activités) Vous pouvez utiliser le « je » sans toutefois en abuser :

- sur le plan professionnel jusqu'à ce jour, qu'avez-vous fait ? (ex. : quelles fonctions...) ;
- en termes de compétences, de progression, qu'est-ce que ces missions vous ont apporté (ex. : j'ai enrichi mon savoir-faire en... ou cela m'a appris à anticiper...) ;
- évoquez vos compétences dans le futur poste ;
- quelles sont vos motivations à exercer ce poste (j'aimerais vraiment exercer ce métier dans le futur car...) ;

Il est très important d'évoquer les raisons qui vous motivent **à réussir** le concours pour accéder à un métier que vous avez choisi. Ces motivations sont différentes en fonction de votre personnalité : cela peut être avoir des responsabilités, ou être acteur pour la mise en place de certains projets, avoir envie de vous sentir « utile » auprès des patients...

Si vous avez pendant vos expériences professionnelles fait une formation ayant abouti à un diplôme mentionnez-le.

Attention, ce rapport est un document très important, il servira à l'interprétation du tableau des périodes d'activité que vous avez rédigé auparavant. La lecture de votre parcours doit refléter la notion de « progression ». (Hier-introduction/ Aujourd'hui en faisant le lien avec la fonction initiale-le développement/Demain-votre projet, vos motivations). Une présentation soignée sans faute d'orthographe est à privilégier.

Vous pouvez illustrer votre travail en fournissant un document pour lequel vos compétences et vos qualités ont été requises (création de supports), expliquer pourquoi cela a été mis en place, qu'est-ce que cela a apporté à l'équipe ou à l'établissement...

b. Les conseils pour la présentation de votre parcours

- faites relire vos documents par une autre personne ;
- listez l'ensemble des données qui vous valorisent, qui révèlent vos aptitudes à ce métier, distinguez bien :
  - les savoir-faire : compétences, capacité à réaliser une tâche donnée, utilisation des logiciels (traitement de texte...) ;
  - les savoir-être : mode de comportement, qualités personnelles (travailler en équipe, savoir réagir face à une situation délicate, esprit d'initiative, avoir le sens des responsabilités...).

Si vous faites un bon plan, bien structuré de votre RAEP cela indique au jury que vous êtes capable de faire une synthèse, une analyse et lorsqu'on vous demandera de vous présenter en décrivant votre parcours, cela vous sera plus facile. N'oubliez pas de vous entraîner chez vous avant les épreuves en respectant le temps.

Lors de la présentation de votre parcours, n'hésitez pas à mettre en avant :

- d'une part les missions accomplies en qualité d'exécutante ;
- d'autre part les missions où vous avez su prendre des initiatives et vis-à-vis d'un supérieur hiérarchique, où vous avez été « force de proposition ».

Vous pouvez parler de « tel poste » occupé qui nécessitait de l'organisation (ex. : une création de poste) ou bien de « tel poste » dont les qualités étaient de savoir garder son calme et la maîtrise de soi (ex. : un poste aux urgences).

En conclusion

- Pour vos expériences passées il est inutile de mentir ou d'inventer mais vous pouvez mettre en avant les points positifs. Le jury ne connaissant pas vos expériences passées il vous évaluera sur ce que vous lui énoncerez.
- Donnez dans vos écrits une impression de dynamisme, une image positive. L'idée qui doit ressortir c'est que votre parcours vous qualifie naturellement pour occuper un poste d'AMA.

DOSSIER DE RECONNAISSANCE DES ACQUIS DE L'EXPÉRIENCE PROFESSIONNELLE

I - IDENTIFICATION DU CANDIDAT

Session : 2018

Branche : secrétariat médical

M / Mme : Mme

Nom d'Usage : SECMED

Premier prénom : Candide

Date de naissance : 29/02/1990

Commune de naissance : PARIS 75 000

Nationalité : Française

Adresse : 10 Impasse du Concours

Code Postal : 75 021- PARIS

Courriel Professionnel : secmed@chc.fr

Courriel Personnel : secmed@gmail.com

Je soussignée Candide SECMED,

Atteste que toutes les informations données dans le présent document sont exactes et reconnais être informée du fait que toutes fausses déclarations de ma part entraîneraient l'annulation de toute décision favorable prise à mon égard dans le cadre de la présente procédure.

La loi n° 78-17 du 6 janvier 1978 relative à l'informatique, aux fichiers et aux libertés s'applique au présent dossier. Elle garantit aux personnes concernées un droit d'accès et de rectification pour les données les concernant hormis celles qu'elles ont elles-mêmes introduites concernant leur expérience professionnelle.

À Paris, le 29 avril 2018 Signature

II- EXPÉRIENCE PROFESSIONNELLE

A - PARCOURS PROFESSIONNEL

Fonction actuelle : SECRÉTAIRE MÉDICALE

PÉRIODE	NOM, ADRESSE, ACTIVITÉ PRINCIPALE	NOM ET ACTIVITÉ DU SERVICE	STATUT
Du 1er/03/2014 **À** ce jour Temps plein	CENTRE HOSPITALIER St SAUVEUR 75-PARIS	Service de Gynécologie-Maternité	Adjoint Administratif Contractuelle
CATÉGORIE / CORPS	**PRINCIPALES ACTIVITÉS ET/OU FONCTION EXERCÉES**	**PRINCIPALES CONNAISSANCES, COMPÉTENCES, SAVOIR FAIRE DÉVELOPPES**	
CATÉGORIE C	• Accueil physique et téléphonique des patientes, des usagers. • Gestion des Rendez-vous de consultations auprès des médecins et des sages-femmes • Gestion des dossiers médicaux (demandes auprès des archives) • Saisie des comptes-rendus opératoires • Saisie du programme opératoire • Classement des résultats d'analyses dans les dossiers médicaux • Travail de gestion et de secrétariat : suivi statistique, réapprovisionnement du stock des imprimés CERFA (déclaration de grossesse, prescription médicale de transport...)	• Savoir accueillir, orienter • Définir les priorités, catégoriser, hiérarchiser • Gestion du stress : capacité à agir dans le calme et à se maîtriser dans certaines situations • Connaissance des termes médicaux • Être organisée, rigoureuse • Connaissances informatiques • Esprit d'équipe • Respect du secret professionnel • Connaissances de l'organisation du service, des structures hospitalières, des plateaux techniques	

Fonctions antérieures :
- **SECRÉTAIRE**

PÉRIODE	NOM, ADRESSE, ACTIVITÉ PRINCIPALE	NOM ET ACTIVITÉ DU SERVICE	STATUT
Du 1er/09/2011 Au 28/02/2014 Temps plein	Centre d'Imagerie Médicale Place du Roi – 75 000 PARIS	Secrétaire dans un cabinet de 2 Radiologues	CDI (remplacement d'un congé parental)
CATÉGORIE / CORPS	**PRINCIPALES ACTIVITÉS ET/OU FONCTION EXERCÉES**	**PRINCIPALES CONNAISSANCES, COMPÉTENCES, SAVOIR FAIRE DÉVELOPPES**	
	• Accueil des patients • Gestion des rendez-vous • Frappe des CR de radiologie, d'échographies, mammographies • Encaissement des honoraires • Enregistrement de la comptabilité • Gestion du stock des produits paramédicaux (gel pour l'échographe-rouleaux pour tables d'examens...) • Gestion des commandes d'ordonnances, feuilles de soins...	• Savoir accueillir • Savoir transmettre les messages aux médecins • Connaissance des termes médicaux • Rigueur dans l'encaissement des honoraires • Vitesse et qualité de frappe • Discrétion, respect du secret professionnel	

- **ASSISTANTE D'ÉDUCATION SCOLAIRE**

PÉRIODE	NOM, ADRESSE, ACTIVITÉ PRINCIPALE	NOM ET ACTIVITÉ DU SERVICE	STATUT
Du 1er/09/2009 **Au** 1er/09/2011 Temps plein	Collège Privé : Rue du Beffroi -75 000 PARIS	Assistante d'éducation vie scolaire	CDD (contractuelle)

CATÉGORIE / CORPS	PRINCIPALES ACTIVITÉS ET/OU FONCTION EXERCÉES	PRINCIPALES CONNAISSANCES, COMPÉTENCES, SAVOIR FAIRE DÉVELOPPES
	• Accueillir les élèves et les familles (activité péri scolaire, sortie, voyage...) • Animation d'actions éducatives : atelier théâtre, soutien scolaire • Surveillance des élèves interclasse, récréation • Faire respecter le règlement intérieur • Suivre et renseigner les documents administratifs liés aux élèves : organisation de la rentrée, inscriptions d'élèves... • Repérer les incidents, les dégradations • Rendre compte au chef d'établissement • Accompagner les élèves dans une démarche de soutien scolaire • Gestion de crises : mettre en œuvre des actions de prévention d'incivilité, violences... auprès des élèves	• Connaissance des règles de vie collective • Connaissance des règles de sécurité • Gestion des conflits • Technique de prévention • Technique de médiation • Technique pédagogique • Esprit d'équipe • Sens de la Hiérarchie • Gestion du stress • Capacité à agir dans le calme, et à se maîtriser dans certaines situations • Connaissances des règles du secret professionnel

B - FORMATION EN LIEN AVEC PARCOURS PROFESSIONNEL :

Période et durée totale	Domaine	Durée totale de la formation	Organisme de formation	Intitulé et date du diplôme obtenu
Juin 2009	Sciences Médico-sociales	3 ans	Lycée J.A Marguerite	Bac SMS
2009 à 2011	Théâtre	2 ans	Association Théâtrale	
Juillet 2010 et Juillet 2011	Informatique	2 mois	GRETTA	Attestation Perfectionnement Word, Excel, PowerPoint
Mars 2012	Secourisme	2 jours	Croix Rouge	AFGSU 1
Mars 2014	Secourisme	2 jours + 1 J	Centre Hospitalier ST SAUVEUR (CESU)	Recyclage AFGSU 1 et 2

2 Présentation de l'épreuve
L'épreuve orale pour le concours interne

Cette épreuve orale consiste en un « entretien avec le jury permettant à partir d'une mise en situation, de présenter le fonctionnement des secrétariats médicaux et de déceler les qualités de réflexion du candidat ainsi que ses capacités à gérer efficacement des situations relationnelles et à prendre en charge la gestion administrative des dossiers médicaux ».

1 En quoi consiste cette épreuve ?

a. Durée

La durée est de 30 minutes qui se décomposent en :

- **10 minutes pour vous permettre de vous présenter**, de parler de votre parcours professionnel et votre formation ;
- **20 minutes d'entretien avec le jury** visant à reconnaître les acquis de votre expérience professionnelle.

b. Déroulement et contenu de cette épreuve

Les premières minutes devant le jury sont consacrées à votre présentation puis vous enchaînerez avec votre parcours professionnel et votre formation. Le jury est en possession de votre dossier RAEP (reconnaissance des acquis de l'expérience professionnelle). Ce document n'est pas noté mais il révèle la personnalité du candidat. Le jury pourra ainsi établir un lien entre les missions rapportées sur ce document et le poste d'Assistant Médico Administratif pour lequel le candidat concourt.

Cet entretien permet aussi au jury d'apprécier la motivation et l'aptitude du candidat à exercer les missions dévolues aux AMA.

Le jury lors de cette épreuve s'attache surtout à repérer votre capacité à vous adapter à la fonction d'AMA, notamment : expression et comportement, compréhension et argumentation, connaissances et culture, motivation et personnalité, dynamisme, votre ouverture d'esprit, votre volonté à progresser...

Attention

- Les seules connaissances ne constituent pas la garantie de réussite.
- Ce qui va éveiller l'attention du jury c'est aussi votre capacité à démontrer un réel intérêt pour le monde qui vous entoure en qualité de fonctionnaire et votre connaissance concrète de l'environnement professionnel, de ses opportunités et de ses contraintes.

2 Contexte de cette épreuve

Le jury ignore les résultats de l'écrit afin de garantir l'égalité des chances.

Le candidat ne peut agir sur les contraintes que sont le temps imparti pour l'épreuve ou l'ordre de passage du candidat qui engendrent le stress.

Pour le candidat le temps de l'épreuve est très court, il correspond à un horaire précis, un jour précis alors que le jury verra sur une journée se succéder de nombreux candidats. Pour le jury le temps est plus long.

Il appartient donc au candidat de se « démarquer » en laissant au jury un souvenir positif.

3 Conseils pour le jour J

N'oubliez pas, vous donnez une certaine image de vous dès que vous rentrez dans la salle, avant même de parler. Le jury analysera :

- votre allure, votre démarche qui doit être normale sans précipitation, mais pas non plus nonchalante ;
- vos gestes pour refermer la porte doivent être discrets et non brusques ;
- votre visage souriant (pas hilare) ouvert ;

D'autre part :

- n'oubliez pas de saluer les membres du jury avec un regard légèrement au-dessus des têtes sans pour autant fixer un membre en particulier ;
- n'allez vous asseoir que sur invitation du président du jury ;
- gardez sur votre chaise, une position stable pendant votre entretien ;
- posez vos avant-bras sur la table, vos pieds au sol. Ne soyez pas pour autant ni rigide, ni relâché ;
- gardez vos notes devant vous.

Pour la tenue vestimentaire il est important que vous soyez à l'aise dans vos vêtements tout en évitant l'excentricité mais aussi les couleurs ternes.

N'ayez pas les cheveux dans les yeux qui cachent votre visage. N'utilisez pas « pour l'occasion » un parfum entêtant qui pourrait mettre mal à l'aise les membres du jury.

Lorsque vous commencerez à décliner votre identité, à parler de votre parcours professionnel ou à répondre aux questions pensez à articuler, à ne pas parler trop vite. Ayez un discours clair, précis, avec un vocabulaire riche.

Attention

Si vous n'êtes pas loin des membres du jury il est inutile de parler trop fort. Ajustez l'intensité de votre voix en fonction de votre place.

Il est important tout au long de l'épreuve de chercher à maintenir un contact agréable avec le jury, qui prendra en compte votre aisance.

Pensez à faire des pauses pour reprendre votre souffle (et ainsi maîtriser votre stress). Cela facilite la compréhension de votre discours en lui donnant du relief et évite la monotonie. Vous retiendrez ainsi plus facilement l'attention du jury.

N'utilisez pas d'expression négative (je n'ai pas...) mais plutôt un vocabulaire positif (j'ai eu la chance de pouvoir développer, ..., j'aurai plaisir à partager mes compétences avec de nouvelles collègues...).

N'utilisez pas de mots familiers ou vulgaires pour autant n'utilisez pas non plus des mots « prétentieux ».

Attention

Si vous utilisez des sigles, donnez-en immédiatement la signification (ex. : SSR qui est un service de soins de suite et de réadaptation).

Ne baissez pas les yeux vers le sol et n'ayez pas le regard dans le vague ce qui traduirait l'absence de motivation. Regardez l'ensemble des membres du jury.

Évitez bien entendu le rapport aux objets : par exemple jouer avec sa montre ou un bracelet, se toucher les cheveux, jouez avec un stylo, retirer son alliance, etc.

Pensez à apprendre par cœur votre présentation afin de commencer l'entretien le plus sereinement possible.

Attention

N'oubliez pas que ce que vous direz pourra servir au jury pour vous poser d'autres questions. Vous pouvez donc susciter par votre développement des questions qui vous seront posées par le jury ; prévoyez les réponses. En revanche évitez de faire référence à des points sur lesquels vous risquez de ne pas être à l'aise.

Lorsque l'épreuve est terminée, le président du jury vous en informera, levez-vous, ramassez vos notes. N'oubliez pas de saluer en regardant les membres du jury.

En conclusion

- Rappelez-vous que le jury ne connaît pas les notes de votre épreuve écrite afin de garantir l'égalité des chances.
- Le jury d'un concours administratif a pour but de recruter des fonctionnaires, par conséquent sa responsabilité est importante : il souhaite recruter des agents avec un bon niveau.
- L'appréciation et la notation de cette épreuve sont collégiales, chaque membre du jury échangeant ses impressions avec les autres membres.
- N'oubliez pas qu'il est important que le jury ait de vous un souvenir positif.
- Retenez que « le pire ennemi du candidat, c'est l'ennui du jury ».

3 Présentation de l'épreuve L'entretien avec mise en situation pour le concours externe

1 En quoi consiste cette épreuve ?

Cette épreuve orale dite **d'admission**, consiste en un entretien à caractère professionnel avec le jury. Contrairement au concours interne vous n'avez que cette épreuve orale d'où l'importance de votre présentation et de votre CV puisque le jury sera en possession de celui-ci.

Cette épreuve se décompose :

- d'une présentation par le candidat de sa formation et de son projet professionnel permettant au jury d'apprécier ses motivations et son aptitude à exercer les missions dévolues à un assistant médico-administratif dans la branche « secrétariat médical » (5 minutes) ;
- d'un échange avec le jury :
  - à partir d'une ou deux questions courtes en rapport avec les connaissances, missions et obligations d'un assistant médico-administratif de la branche « secrétariat médical » (5 minutes) ;
  - à partir d'une mise en situation, s'appuyant sur un texte court, relative au traitement et à la coordination des informations médico-administratives du patient dans un secrétariat médical.

Cette partie de l'échange vise à apprécier les qualités personnelles du candidat, son potentiel, son comportement face à une situation concrète (durée : 20 minutes).

La durée totale est de 45 minutes, dont 15 minutes de préparation.

Cette épreuve est notée de 0 à 20 (coefficient 4).

2 Le déroulement et le contenu de cette épreuve

1. Soit le sujet sera tiré au sort par le jury, soit vous devrez en tirer un. Il s'agit d'1 à 2 questions courtes en rapport avec les connaissances, les missions et les obligations d'une AMA, puis d'une mise en situation s'appuyant sur un texte court décrivant une situation professionnelle type.
2. Vous vous isolerez pendant 15 minutes pour préparer votre réponse en notant sur une feuille un plan synthétique pour la mise en situation. (Quel cas vous est soumis ? Qu'est-ce qui s'en dégage ?).
3. On vous appellera pour l'échange avec le jury. Les 5 premières minutes devant le jury sont consacrées à votre présentation, votre projet professionnel. Pour le concours externe c'est un moment important. En effet si le jury a votre CV devant lui il n'attend pas de vous que vous le « récitiez ». Vous devez :
   - développer vos expériences en secrétariat médical ou secrétariat classique ;
   - valoriser vos qualités en les illustrant par des expériences concrètes ;
   - développer vos savoir-faire (bonne maîtrise de la bureautique, accueil physique et téléphonique, gestion des RV, classement des dossiers...).

4. Vous devrez répondre ensuite à 1 ou 2 questions courtes en rapport avec les connaissances, les missions et les obligations d'une AMA. (5 minutes).
5. Puis vous aurez 20 minutes pour résoudre une mise en situation professionnelle concrète décrite dans un texte court.

Attention

Le jury intérroge souvent les candidats sur leurs connaissances en vocabulaire médical.

3 Conseils pour la rédaction de votre CV

N'oubliez pas que le CV est une « photographie » de votre parcours professionnel.

Ce document professionnel doit être rédigé de manière sobre mais bien structuré par ordre chronologique suivant l'évolution de votre carrière en commençant par le poste actuel.

Pensez à mettre en évidence les expériences professionnelles qui sont le plus en lien avec le métier d'AMA et en évoquant vos acquis durant ces expériences. L'objectif étant d'attirer l'attention du jury sur ces expériences sur lesquelles il pourra revenir.

N'oubliez pas que vous n'aurez que 5 minutes pour vous présenter et parler de votre projet professionnel, il est donc important d'être persuasif.

Le jury lors de cette épreuve s'attache surtout à repérer votre capacité à vous adapter à la fonction d'AMA, notamment concernant votre :

- capacité d'expression ;
- comportement ;
- capacité de compréhension et d'argumentation ;
- degré de connaissances et culture ;
- motivation et personnalité ;
- dynamisme ;
- ouverture d'esprit ;
- volonté de progresser...

Les seules connaissances ne constituent pas la garantie de réussite. Ce qui va éveiller l'attention du jury c'est aussi votre capacité à démontrer un réel intérêt pour le monde qui vous entoure en qualité de future fonctionnaire.

Le jury d'un concours administratif a pour but de recruter des fonctionnaires, par conséquent sa responsabilité est importante et il souhaite recruter des agents avec un bon niveau.

L'appréciation et la notation de cette épreuve sont collégiales, les membres du jury échangeant leurs impressions entre eux.

N'oubliez pas qu'il est important que le jury ait de vous un souvenir positif.

Entraînez-vous avant l'épreuve à vous présenter en respectant le temps qui vous sera imparti.

Utilisez les annales pour vous entraîner à répondre aux différentes situations qui pourront vous être demandées.

Connaissances
n° 1

L'organisation du système de santé et l'organisation hospitalière

- Les missions de services publics, l'organisation régionale de l'offre de soins et la certification
- Statut de l'établissement public de santé, organisation et fonctionnement interne des établissements publics de santé
- L'organisation médicale

Cours

1 Les missions de services publics, l'organisation régionale de l'offre de soins et la certification

1 Quelles sont les valeurs véhiculées aux services publics hospitaliers ?

Le service public est défini comme toute activité d'une collectivité publique visant à satisfaire un besoin d'intérêt général. Le but de l'activité doit donc être la satisfaction d'un intérêt public et il est nécessaire que ce but soit assuré.

Historiquement, les principes de fonctionnement communs à tous les services publics ont été dégagés par Louis Rolland (dits lois « Rolland »). Ce sont :

- **La continuité du service public** : l'usager a droit au fonctionnement normal du service. L'hôpital public se caractérise notamment par ses obligations spécifiques en matière d'accueil en urgence. Il doit mettre en place un système de permanence des soins, de même qu'un service minimum en cas de grève, et assurer l'ensemble des traitements, préventifs, curatifs et palliatifs.
- **L'égalité devant le service public**, corollaire du principe d'égalité des citoyens devant la loi et résultant de la Déclaration des droits de l'homme et du citoyen. Ce principe signifie que tous les usagers bénéficient d'une part d'un **droit d'accès au service public** et d'autre part d'une **égalité de traitement devant le service public**.
- **Le principe de neutralité** du service public découle du principe d'égalité : aucune discrimination ne peut être fondée en raison de la race, des convictions religieuses, politiques ou idéologiques. Cette règle s'applique notamment aux agents du service public.
- **La mutabilité des services publics** ou adaptation des services publics : ce principe oblige le service public à **s'adapter lorsque l'intérêt général le commande**. Ainsi, les réorganisations et les mutations sont étudiées et réalisées en vue de l'intérêt général et des besoins de la population.

La loi de modernisation de notre système de santé du 26 janvier 2016 refonde le service public hospitalier autour d'un bloc d'obligations et non plus de la participation à l'une des 14 missions de service public fixées par la loi Hôpital, patients, santé et territoires du 21 juillet 2009.

Les établissements publics de santé doivent notamment offrir les **garanties** suivantes :

- un accueil adapté (handicap, précarité...) ;
- une permanence de l'accueil et de la prise en charge ;
- un égal accès à des activités de prévention et de soins de qualité ;
- des tarifs de secteur I (accessibilité financière).

Ces garanties sont dues à tout patient, y compris en cas de transfert temporaire du patient et même dans le cadre de l'urgence.

2 Quels établissements exercent les missions de service public hospitalier ?

Les établissements qui peuvent exercer des missions de service public hospitalier sont les suivants :

- les établissements publics de santé ;
- les hôpitaux des armées ;
- les établissements de santé privés habilités à assurer le service public hospitalier et qualifiés d'ESPIC ;
- les autres établissements de santé privés habilités, après avis favorable conforme de la Commission médicale d'établissement (CME), à assurer le service public hospitalier (sur habilitation de l'Agence régionale de santé).

Remarque

Des sanctions sont prévues en cas de non-respect : pénalités financières (< 5 % des produits d'AM), retrait de l'habilitation.

3 Quelles sont les missions de l'agence régionale de santé (ARS) ?

Les Agences Régionales de Santé (ARS) ont pour mission d'assurer, à l'échelon régional, le pilotage d'ensemble de notre système de santé. Elles sont responsables de la sécurité sanitaire, des actions de prévention menées dans la région, de l'organisation de l'offre de soins en fonction des besoins de la population, y compris dans les structures d'accueil des personnes âgées ou handicapées. Elles garantissent une approche plus cohérente et plus efficace des politiques de santé menées sur un territoire et permettent une plus grande fluidité du parcours de soin, pour répondre aux besoins des patients.

L'Agence régionale de santé est chargée de mettre en œuvre la politique de santé publique au niveau régional.

Elles définissent et mettent en œuvre la politique de santé en région et agissent sur le champ de la santé dans sa globalité : prévention et promotion de la santé, veille et sécurité sanitaires, organisation de l'offre de soins en ambulatoire et en établissements de santé, organisation de la prise en charge médico-sociale. Elles sont l'interlocuteur unique de tous les acteurs de santé en région.

1. Les agences régionales de santé ont pour missions :
   - le pilotage de la santé publique ;
   - l'organisation de la veille et la sécurité sanitaires ainsi que l'observation de la santé ;
   - la contribution à la gestion des crises sanitaires, en liaison avec les préfets de département ;
   - la définition, le financement et l'évaluation des actions de prévention et de promotion de la santé.

2. La régulation de l'offre de santé :
   - **dans le secteur ambulatoire** dans sa dimension territoriale, pour une meilleure répartition de l'offre sur le territoire, **dans les secteurs médico-social et hospitalier**
   - dans sa dimension économique, pour une meilleure utilisation des ressources et la maîtrise des dépenses.

L'action des agences régionales de santé est incarnée par **les projets régionaux de santé élaborés en concertation avec l'ensemble des acteurs de santé** en régions. Ils définissent la stratégie régionale de santé, organisent et programment sa mise en œuvre opérationnelle et fixent les ambitions et les priorités régionales de santé.

La loi HPST a ainsi prévu un dispositif de concertation dit de démocratie sanitaire rénové au travers de la conférence régionale de la santé et e l'autonomie (CRSA) et de ses commissions spécialisées, des Conférences de territoires (CT) et des Commissions de coordination des politiques publiques de santé.

Missions particulières vis-à-vis des établissements de santé publics : L'ARS donne les autorisations d'activité de soins et d'équipements lourds, de PUI, laboratoire d'analyse et d'activité médico-sociale. Elle finance et contrôle les établissements publics et signe les CPOM.

Depuis le 1er janvier 2016, il y a 17 ARS (13 ARS en métropole et 4 en outre-mer), conformément à la nouvelle organisation territoriale.

La mise en œuvre du projet régional de santé traduit, en matière de régulation de l'offre de soins, la nouvelle structuration du pilotage régional de santé. À un cadre unique de régulation, le schéma régional de l'organisation sanitaire (SROS), la réforme HPST substitue un cadre élargi, le projet régional de santé (PRS), dont les diverses composantes contribuent à l'organisation de l'offre de services de santé, en englobant la prévention, les soins de premier recours et ceux délivrés par les établissements, ainsi que les prises en charge médico-sociales.

4 Qu'est-ce que le projet régional de santé (PRS) ?

Le projet régional de santé fixe les objectifs pluriannuels de l'agence régionale de santé (ARS) et les mesures pour les atteindre (code de la santé publique (CSP), art. L.1434-1).

Il est arrêté par le directeur général de l'ARS, au terme d'une procédure consultative, pour une durée qui est passée de 5 ans initialement (Loi HPST) à 10 ans (depuis la loi de modernisation de notre système de santé du 26 janvier 2016).

En effet, la loi MSS adopte une nouvelle version du projet régional de santé. Ce projet régional « nouvelle formule », issu de la loi de modernisation de notre système de santé et applicable depuis le 1er janvier 2018, est constitué :

- d'un cadre d'orientation stratégique sur 10 ans ;
- d'un seul schéma régional de santé ;
- d'un programme régional relatif à l'accès à la prévention et aux soins des personnes les plus démunies.

Depuis la loi MSS de 2016 ; les 3 schémas (SROS, SROMS et le schéma de prévention) ont fusionné en un schéma unique régional de santé. Celui-ci est chargé de :

1. Indiquer les besoins en implantations pour l'exercice des soins de premier recours et second recours ;
2. Fixer par territoire de santé, les objectifs de l'offre de soins par activités de soins et équipements matériels lourds, les créations et suppressions d'implantations ainsi que les transformations, regroupements et coopérations entre les établissements de santé (ex-SROS) ;
3. Fixer les objectifs de l'offre des établissements et services médico-sociaux (ex-SROMS).

Les autorisations accordées doivent être compatibles avec les objectifs du schéma régional.

Le PRS détermine les besoins d'implantation pour les soins de premier et second recours, les objectifs de l'offre de soins par activité et équipement matériel lourd, ainsi que les transformations, regroupements et coopérations entre établissements de santé, les objectifs d'examens de biologie médicale et ceux de l'offre des établissements et des services médico-sociaux en cohérence avec les schémas départementaux d'organisation sociale et médico-sociale (CSP, art. L.1434-3).

5 Qu'est-ce que le contrat pluriannuel d'objectif et de moyen (CPOM) ?

Les contrats conclus par l'agence régionale de santé (ARS) ou sous le pilotage de celle-ci constituent des leviers d'action au service de la politique d'organisation de l'offre de soins dans la région. Le contrat pluriannuel d'objectifs et de moyens (CPOM) se situe au premier rang de ces outils contractuels, puisqu'il devient un outil de pilotage majeur de l'organisation des soins pour une meilleure régulation territoriale de l'offre de santé tant sur les plans organisationnels que financiers. Il ne constitue certes pas une nouveauté pour les établissements de santé, qui y sont soumis depuis l'ordonnance n° 96-346 du 24 avril 1996. Toutefois, la loi HPST rénove le CPOM, et en ouvre le champ d'application à de nouveaux acteurs de santé qui en étaient jusqu'ici dispensés.

Les CPOM conclus par les établissements de santé et autres titulaires d'autorisations d'activités de soins et d'équipements matériels lourds font l'objet d'une redéfinition légale, qui prend en compte la nouvelle donne du pilotage régional, c'est-à-dire les logiques de décloisonnement des secteurs hospitalier, ambulatoire et médico-social, pour une meilleure coordination des soins autour des besoins du patient. En effet, les CPOM déclinent les orientations dans les domaines du soin, de la prévention, du médico-social, définies préalablement dans le projet régional de santé.

Ainsi, la loi dispose que les CPOM « déterminent les orientations stratégiques des établissements de santé ou des titulaires de l'autorisation [d'activités de soins ou d'équipements matériels lourds] et des groupements de coopération sanitaire sur la base du projet régional de santé (...), notamment du schéma régional d'organisation des soins (...) ou du schéma interrégional... » (art. L.6114-2 du CSP).

Le CPOM constitue ainsi la déclinaison opérationnelle du schéma régional de santé pour chaque établissement et titulaire d'autorisation.

Dans les établissements publics de santé, la conclusion d'un CPOM est désormais de la compétence du directeur, après concertation avec le directoire (art. L.6143-7-1° du CSP).

Le CPOM est, comme précédemment, conclu pour une durée maximale de 5 ans. C'est une forme d'allocation des ressources publiques (élément principal du CPOM).

6 Qu'est-ce que la certification ?

L'ordonnance n° 96-346 du 24 avril 1996 portant réforme hospitalière introduit la certification au sein du système de santé français.

La certification est une procédure d'évaluation externe d'un établissement de santé indépendante de l'établissement et de ses organismes de tutelle. Des professionnels de santé mandatés par la HAS réalisent les visites de certification sur la base d'un manuel. Ce référentiel permet d'évaluer le fonctionnement global de l'établissement de santé.

Mise en œuvre par la HAS, la procédure de certification s'effectue tous les 4 ans. Son objectif est de porter une appréciation indépendante sur la qualité des prestations d'un établissement de santé. Les visites sont opérées par des experts visiteurs de l'HAS (médecins, cadres de santé et gestionnaires).

Elle concerne :

- les établissements de santé publics et privés ;
- les installations autonomes de chirurgie esthétique ;
- les Groupements de Coopération Sanitaire.

La HAS a choisi pour la certification V2014 une approche par thématique, aussi bien pour l'élaboration du compte qualité que pour les audits de processus. Une liste de thématiques a été établie. La HAS a été créée par la loi du 13 août 2004 (a remplacé, avec des missions élargies, l'ANAES créée par l'ordonnance du 24 avril 1996 qui avait mis en place l'« accréditation » des établissements de santé).

En 20 ans, les exigences qualité/sécurité se sont considérablement renforcées, la maturité des établissements a beaucoup progressé.

La HAS a lancé au second semestre 2020 une 5 version de la certification : « **certification des établissements pour la qualité des soins** » plus médicalisée, davantage centrée sur l'appréciation du niveau de qualité des soins, largement simplifiée dans sa mise en œuvre qui s'appuie sur le parcours des patients et s'ancre dans les pratiques des soignants.

7 Comment évolue la certification dans le cadre des groupements hospitaliers de territoire ?

La loi de modernisation de notre système de santé (et plus précisément, l'article L.6132-4 du code de la santé publique) dispose que la certification des établissements de santé est conjointe pour les établissements rattachés à un même GHT. La certification de la Haute autorité de santé (HAS) va donc évoluer pour ne plus prendre en compte chaque établissement isolément mais le groupement en son entier à partir de 2020.

Au-delà des dispositions législatives qui introduisent un **compte qualité unique** et une **certification conjointe,** la démarche qualité doit apporter un **appui méthodologique** pour structurer la réflexion, et les organisations mises en place ce qui implique nécessairement une volonté des membres qui doit contribuer à une **harmonisation des pratiques** et à une **meilleure articulation** entre établissements partenaires au groupement.

L'objectif étant de poser la première pierre... d'une **démarche qualité de territoire.**

La procédure de certification V2020 est applicable depuis le 1er janvier 2021. Le périmètre de certification des GHT comprend deux dimensions :

- une évaluation de chaque établissement de santé membre d'un groupement ;
- une évaluation à l'échelle du groupement.

Attention, pour l'instant, **chaque établissement d'un groupement doit poursuivre sa démarche de certification et continuer à renseigner son propre compte qualité.**

La démarche conjointe de certification se concrétisera notamment par :

- la synchronisation des calendriers de certification concrétise tous les établissements du GHT qui prévoit l'échelonnement des visites sur une période resserrée ;
- une équipe resserrée d'experts visiteurs qui conduisent l'ensemble des démarches d'un même groupement.

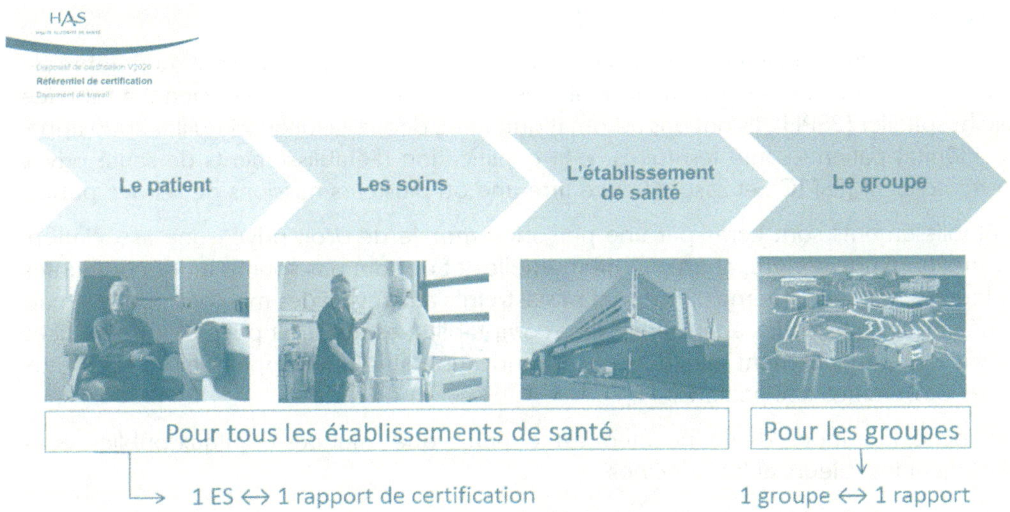

8 Qu'est-ce que le patient traceur ?

C'est une nouveauté de la certification V2014. Il s'agit d'une méthode d'amélioration de la qualité **en équipe** qui analyse la qualité et la sécurité de la prise en charge d'un patient **tout au long de son parcours** ainsi que les **interfaces** et la **collaboration interprofessionnelle et interdisciplinaire** et qui permet d'identifier et de mettre en œuvre des actions d'amélioration.

Ainsi, pour certifier un hôpital, un médecin diligenté par la Haute autorité de santé (HAS) vérifie auprès d'un «patient-traceur» la qualité de sa prise en charge. Il cherche à évaluer différents paramètres comme la gestion de la douleur, les informations données au patient, ou encore les temps d'attente lors des soins. Ces données sont collectées par un échange direct avec le patient sans la présence de l'équipe médicale qui l'a soigné.

La méthode du patient-traceur a une double originalité :

- elle prend en compte l'expérience du patient ;
- elle permet de réunir les professionnels de l'équipe autour de la prise en charge du patient tout au long de son parcours, et favorise ainsi les échanges et la communication entre les acteurs de la prise en charge et avec le patient acteur de celle-ci.

Sa mise en œuvre en établissement de santé s'inscrit dans la politique et le programme d'amélioration de la qualité et de la sécurité des soins de l'établissement.

Cours

2 Statut, organisation et fonctionnement interne des établissements publics de santé

1 Qu'est-ce qu'un établissement de santé privé d'intérêt collectif (ESPIC)

Les ESPIC sont des établissements de santé privés à but non lucratif, ils sont au nombre de 782. La majorité de ces établissements était des établissements privés participant au service public hospitalier (PSPH). Ils ont pris automatiquement, depuis la loi du 21 juillet 2009 appelée « Hôpital patients santé territoires », la qualification d'établissements de santé privés d'intérêt collectif (ESPIC), et assurent à ce titre une ou plusieurs missions de service public.

Ces établissements sont gérés par une personne morale de droit privé - une association, une fondation, une congrégation ou une mutuelle - et ne sont pas soumis à des contraintes pour leur organisation interne. Ils ne sont pas astreints aux règles des marchés publics (mais sont néanmoins invités à s'en inspirer), leur comptabilité est de droit privé et les bénéfices dégagés sont intégralement réinvestis dans l'innovation et le développement de nouveaux services au bénéfice des patients.

En revanche, leur mode de financement est le même que celui des hôpitaux publics, et ils en partagent les valeurs et les principes :

- égal accès à des soins de qualité pour tous ;
- permanence de l'accueil de jour comme de nuit, éventuellement en urgence ;
- continuité des soins tant durant l'hospitalisation qu'à l'issue de celle-ci, en s'assurant notamment que les patients disposent des conditions d'existence nécessaires à la poursuite de leur traitement, et à défaut, en les orientant vers des structures prenant en compte la précarité de leur situation ;
- réglementation tarifaire en secteur 1.

2 Quels sont les différents statuts d'établissement public de santé en France ?

En France, il y a des établissements de santé privés et des établissements de santé publics. Depuis la loi HPST, il existe une seule catégorie d'établissement public de santé : les centres hospitaliers (CH). Les anciens hôpitaux locaux sont donc devenus des centres hospitaliers.

Par conséquent, les anciens hôpitaux locaux, devenus CH, doivent se découper en pôles sauf dérogation par l'ARS et sont financés par la T2A pour les activités médecine chirurgie obstétrique (MCO), depuis le 1er janvier 2016.

Il existe également des hôpitaux de proximité, dont le développement est initié par la loi du 24 juillet 2019 (voir ci-après).

3 Qu'est-ce qu'un hôpital de proximité ?

Le plan Ma Santé 2022 a annoncé l'objectif de labelliser 500 à 600 hôpitaux de proximité d'ici 2022, assurant le premier niveau de la gradation des soins hospitaliers en médecine et contribuant à des soins de proximité de qualité par des coopérations étroites avec les acteurs de ville. L'objectif est d'en faire des lieux d'excellence pour la médecine et pour le développement de l'exercice mixte entre ville et hôpital.

La loi relative à l'organisation et à la transformation du système de santé présente les nouvelles missions des hôpitaux de proximité.

L'hôpital de proximité constitue une structure exerçant une activité de médecine ou de soins de suite et réadaptation plafonnée, c'est-à-dire qu'elle ne doit pas excéder un nombre de séjours, dont la valeur est fixée par arrêté.

Les hôpitaux de proximité ont une activité de médecine polyvalente, de gériatrie, de soins de suite et de réadaptation, de suivi des maladies chroniques, de consultations avancées, de plateaux techniques ouverts aux professionnels de santé de ville, des équipes de mobiles de soins et des équipements de télé médecine.

Le modèle de financement ne dépendra pas uniquement de l'activité mais prendra en compte l'aspect populationnel.

Cette création vise à placer encore davantage le patient au cœur du soin, grâce à la mise en place des parcours dans le processus d'accentuation de la gradation de l'offre de soins sur trois échelons :

- hôpitaux de proximité ;
- établissements hospitaliers de recours ;
- établissements de référence ultra-spécialisés – CHU.

À noter

Les hôpitaux de proximité peuvent être des établissements de santé publics, privés à but lucratif ou non lucratif (on en dénombre une vingtaine début 2020), ou des sites identifiés de ces établissements.

4 Qu'est-ce qu'une CPTS ?

Le plan Ma Santé 2022 a annoncé la création de 1 000 Communautés professionnelles territoriales de santé (CPTS). L'objectif visé par le plan est de permettre un réel déploiement sur le territoire national grâce à un cadre conventionnel incitatif, un soutien financier pérenne et des politiques d'accompagnement cohérentes.

Créées par la loi de modernisation de notre système de santé de 2016, les CPTS devraient donc connaître un nouvel essor avec le plan Ma Santé 2022. Elles sont un mode d'organisation territorial de la santé et un espace de coordination des professionnels de santé. Elles répondent ainsi aux besoins sanitaires, sociaux et médico-sociaux d'une population sur un territoire donné.

Les compétences des CPTS s'exercent sur les champs relatifs à la continuité et à la permanence des soins ainsi qu'à l'organisation des soins non programmés.

Les CPTS se verront confier 6 missions principales :

- la réalisation d'actions de prévention ;
- la garantie d'accès à un médecin traitant pour tous les habitants du territoire ;
- la réponse aux soins non programmés, c'est-à-dire la possibilité d'obtenir un rendez-vous dans la journée, en cas de nécessité ;
- l'organisation de l'accès à des consultations de médecins spécialistes dans des délais appropriés ;
- la sécurisation des passages entre les soins de ville et l'hôpital, notamment pour anticiper une hospitalisation ou préparer la sortie de l'hôpital après une hospitalisation ;
- le maintien à domicile des personnes fragiles, âgées ou poly-pathologiques.

La loi du 24 juillet 2019 précise que les CPTS contribueront à l'élaboration des projets territoriaux de santé, et entreront en ligne compte dans divers dispositifs, notamment les contrats locaux et territoriaux de santé, et la mise en œuvre par les hôpitaux de proximité de leurs missions. L'exercice en CPTS peut également ouvrir des prérogatives nouvelles pour certains professionnels de santé de premier recours.

Des négociations conventionnelles avec l'Assurance-Maladie poursuivront la démarche de reconnaissance des CPTS, notamment au plan tarifaire.

5 Qu'est-ce que le GHT ?

Le Groupement Hospitalier de Territoire a « pour objet de permettre aux établissements de mettre en œuvre une stratégie de prise en charge du patient commune et graduée dans le but d'assurer une égalité d'accès à des soins sécurisés et de qualité. Il assure la rationalisation des modes de gestion par une mise en commun de fonctions ou par des transferts d'activités entre établissements ».

L'objectif premier du GHT est de mettre en œuvre un **projet médical partagé entre les membres qui sont des établissements publics de santé**, sur un territoire donné, en coordonnant la place de chacune des structures hospitalières de celui-ci.

La constitution d'un GHT pour les établissements publics de santé est obligatoire, il en existe 136 validés par la tutelle (ARS).

Le GHT n'étant pas doté de personnalité morale, chaque établissement peut conserver ses instances propres, même si le pilotage des GHT est organisé par les textes. En effet, le GHT est piloté par un comité stratégique (composés des directeurs d'établissement, des présidents de CME et des directeurs des soins) et par l'établissement support et son directeur (d'autres instances de GHT doivent être mis en place comme, par exemple, la CMG-commission médicale de groupement).

En effet, un établissement dit « support » assure, pour le compte des établissements membres, 8 fonctions mutualisées :

- la gestion d'un système d'information, avec un objectif de compatibilité des logiciels entre les membres d'un même GHT ;
- le département de l'information médicale de territoire ;
- la fonction achats ;

- la coordination des instituts et écoles de formation paramédicale et des plans de formation continue et de développement professionnel continu des personnels des établissements du groupement ;
- la pharmacie à usage intérieur ;
- les laboratoires d'analyse médicale ;
- la radiologie ;
- et plus récemment, depuis la loi de transformation du système de santé de 2019, la gestion des ressources médicales (applicable depuis le 1re janvier 2021).

Enfin, sous couvert de « coopération médicale », les directions auront la « possibilité » de mettre en place des pôles de soins inter-établissements.

La loi du 24 juillet 2019 met en place un GHT plus intégratif. À titre d'exemple, depuis 2021, les établissements doivent également mutualiser les ressources médicales.

6 Comment sont financés les établissements publics de santé ?

En 2004, la réforme de l'assurance maladie a modifié le mode de financement de l'hôpital pour les activités de médecine, chirurgie et obstétrique (MCO), jusqu'alors assuré par une dotation globale versée à chaque établissement. La grande majorité des ressources hospitalières dépend désormais du nombre et de la nature des actes et des séjours réalisés. Certaines d'entre elles - comme les missions d'intérêt général, les activités d'urgence ou les prélèvements d'organes - continuent cependant de bénéficier d'un financement forfaitaire.

Les coûts sont détaillés, afin d'identifier les différentes activités de l'hôpital. Ce mode de financement des hôpitaux s'appelle la « tarification à l'activité » (T2A), car il s'appuie sur l'activité réalisée.

La notion de budget est remplacée par l'état prévisionnel des recettes et des dépenses, car ce sont les produits de l'activité qui déterminent les ressources de l'hôpital. Les établissements (hôpital ou maison de retraite) sont autonomes dans leur gestion, mais soumis aux contrôles exercés par les pouvoirs publics (agence régionale de santé, chambre régionale des comptes...).

La tarification à l'activité actuellement en vigueur dans les établissements de santé ne permet pas de répondre aux enjeux de la prise en charge des pathologies chroniques puisqu'elle ne rémunère que l'épisode aigu et très peu la prévention de son apparition. La réforme « Ma santé 2022 » propose de mettre en place une rémunération sous la forme d'un forfait pour inciter les professionnels et les structures à développer les actions de prévention, d'éducation du patient et à assurer la fonction de coordination des soins nécessaires à une prise en charge de qualité.

Pour 2019, le forfait a été initié pour la prise en charge hospitalière du diabète et de l'insuffisance rénale chronique. Il sera élargi à partir de 2020 à d'autres pathologies et cette démarche s'ouvrira par la suite sur la ville et les coordinations ville-hôpital.

En outre, la réforme « Ma santé 2022 » a annoncé des mesures relatives au financement à la qualité. La loi de financement de la sécurité sociale pour 2018 introduit en effet une modification de ce dispositif, qui constitue un des piliers de la réforme du financement des établissements de santé.

Deux points sont à retenir à cet égard :

- la dotation de financement à la qualité passe de 60 à 300 millions d'euros, créant un véritable levier incitatif pour les établissements, et contrebalançant le financement à l'activité (T2A), construit autour d'une logique quantitative ;

  Le décret n° 2019-121 du 21 février 2019 portant modification de dispositions réglementaires du code de la sécurité sociale relatives à l'amélioration de la qualité et de la sécurité des soins est venu préciser les conditions de cette mesure, qui concerne les établissements exerçant une activité de MCO (médecine, chirurgie, obstétrique) ou de soins de suite (SSR).

  Les catégories des indicateurs liés à la qualité et la sécurité des soins dont le respect par les établissements peut ouvrir droit à la dotation complémentaire (art. L.162-23-15 CSS) sont les suivantes :
  - qualité des prises en charge perçue par les patients ;
  - qualité des prises en charge cliniques ;
  - qualité des pratiques dans la prévention des infections associées aux soins ;
  - qualité de la coordination des prises en charge ;
  - performance de l'organisation des soins ;
  - qualité de vie au travail ;
  - démarche de certification.

- La réforme introduit également un dispositif de pénalité financière. Ainsi, pour certains des indicateurs liés à la qualité et la sécurité des soins, un seuil minimal de résultats est requis. Lorsqu'un établissement de santé n'atteint pas, pendant trois années consécutives, un tel seuil minimal pour un même indicateur, l'établissement concerné peut faire l'objet d'une pénalité financière notifiée par le directeur général de l'agence régionale de santé (DG ARS).

  Toutefois, le DG ARS peut estimer, par décision spécialement motivée, qu'il n'y a pas lieu à sanction au regard de circonstances particulières propres à l'établissement concerné.

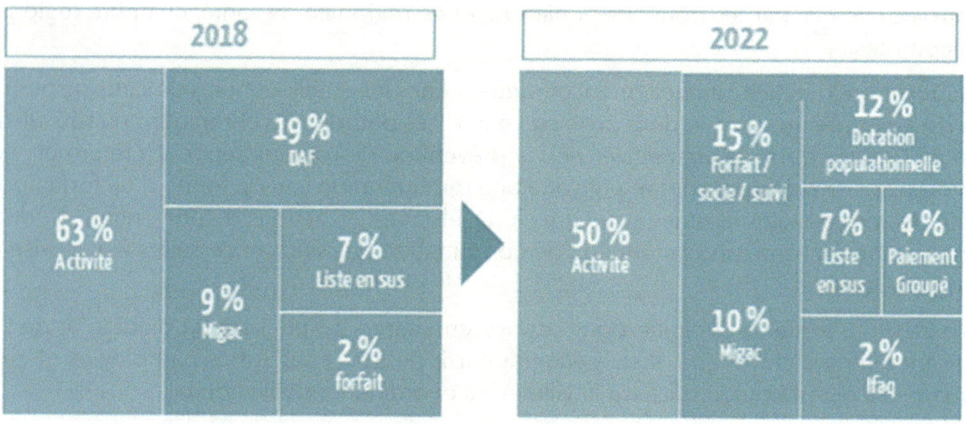

Source : ministère des Solidarités et de la Santé

7 Quelles sont les différentes instances à l'hôpital ?

- Il y a deux organes décisionnels à l'hôpital :
  - **le Conseil de surveillance** : il est compétent sur les orientations stratégiques et exerce le contrôle permanent de la gestion de l'établissement ;
  - **le directeur** : il est chef d'établissement, le représentant légal de l'établissement et il exécute les décisions du Conseil de surveillance. Il assure le règlement des affaires générales de l'établissement. Il est responsable du maintien du bon ordre et de la discipline de l'établissement. Il met en œuvre le projet d'établissement, voté par le Conseil de surveillance qui est chargé de l'animation et la coordination des actions. Le directeur est le seul ordonnateur des dépenses publiques. Il est le seul à pouvoir déléguer sa signature, il a autorité sur l'ensemble de son personnel.
- Il y a **une instance « concertative » et de légitimité** : le directoire. Instance de légitimité, réunissant du personnel administratif et du personnel médical mais à majorité médicale. Il conseille le directeur dans la prise de décisions.
- Il existe plusieurs **instances consultatives** telles que :
  - La commission médicale d'établissement (CME). Instituée dans chaque établissement public de santé, la CME est une instance consultative essentielle dans la gestion interne de l'établissement. La CME est constituée de représentants du personnel médical.
  - Le comité technique d'établissement (CTE). Il est composé des représentants du personnel non médical, élu tous les 4 ans et son président est le directeur.
  - La commission des usagers (CDU). La loi du 4 mars 2002 et le décret n° 2005-213 du 2 mars 2005 ont instauré la création, dans chaque établissement de santé public ou privé, d'une commission des relations avec les usagers et de la qualité de la prise en charge. La loi du 26 janvier 2016 l'a transformé en CDU. Elle permet d'associer les représentants des usagers au fonctionnement des établissements de santé. La CDU a pour mission de veiller au respect des droits des usagers, de faciliter leurs démarches et de contribuer à l'amélioration de la prise en charge des malades en associant les représentants des usagers.
  - Le comité d'hygiène de sécurité et des conditions de travail (CHSCT). Il étudie et émet des avis sur les problèmes liés à l'hygiène, à la protection de la santé et à la sécurité des travailleurs. Le comité d'hygiène, de sécurité et des conditions de travail (CHSCT) est, une institution représentative du personnel au sein de l'administration. Contribuer à la protection de la santé et de la sécurité des salariés et à l'amélioration des conditions de travail est l'objectif essentiel du CHSCT.
  - La commission de soin infirmier, rééducation médico-technique (CSIRMT). Elle est plus spécifiquement consultée sur l'organisation générale des soins, la recherche, la formation et l'évaluation des professionnels, ainsi que sur les thématiques de qualité et de sécurité des soins.
  - La commission administrative paritaire locale, départementale ou nationale (CAPL, CAPD ou CAPN), compétente pour donner un avis que les questions individuelles concernant les fonctionnaires.

8 Quelles sont les instances décisionnelles ?

Il y a **deux organes décisionnels à l'hôpital**, le conseil de surveillance et le directeur :

- Le **Conseil de surveillance** a remplacé le conseil d'administration depuis la loi HPST. Il se prononce sur les orientations stratégiques de l'établissement et exerce un contrôle permanent sur la gestion et la santé financière de l'établissement.
- Le **directeur** est chef d'établissement, il est le représentant légal de l'établissement et exécute les délibérations du Conseil de surveillance. Il assure le règlement des affaires générales de l'établissement. Il est responsable du maintien du bon ordre et de la discipline de l'établissement. Il met en œuvre le projet d'établissement, voté par le Conseil de surveillance. Le directeur est le seul ordonnateur des dépenses publiques. Il est le seul à pouvoir déléguer sa signature, il a autorité sur l'ensemble de son personnel.

Il y a également **une instance « concertative » et de légitimité** : le directoire. Instance de légitimité, réunissant du personnel administratif et du personnel médical mais à majorité médical. Il conseille le directeur de la prise de décision. L'instance se réunit au moins 8 fois par an.

9 Quelles sont les instances consultatives ?

Il existe plusieurs **instances consultatives** (c'est-à-dire des instances qui sont amenées à rendre des avis) telles que :

- **La commission médicale d'établissement :** instituée dans chaque établissement public de santé, la CME est une instance consultative essentielle dans la gestion interne de l'établissement. La CME est constituée de représentants du personnel médical.
- **Le comité technique d'établissement :** il reste une instance consultative. Il est composé des représentants du personnel non médical, élus tous les 4 ans et son président est le directeur.
- **La commission des usagers :** elle a pour mission de veiller au respect des droits des usagers, de faciliter leurs démarches et de contribuer à l'amélioration de la prise en charge des malades en associant les représentants des usagers.
- **Le comité d'hygiène de sécurité et des conditions de travail :** il étudie et émet des avis sur les problèmes liés à l'hygiène, à la protection de la santé et à la sécurité des travailleurs. Le comité d'hygiène, de sécurité et des conditions de travail (CHSCT) est, une institution représentative du personnel au sein de l'administration.
- **La commission de soin infirmier, rééducation médico-technique :** elle est plus spécifiquement consultée sur l'organisation générale des soins, la recherche, la formation et l'évaluation des professionnels, ainsi que sur les thématiques de qualité et de sécurité des soins.

10 Quelle est la mission du directoire ?

Le directoire est **une instance « concertative » et de légitimité**. Réunissant du personnel administratif et du personnel médical mais à majorité médical, il conseille le directeur de la prise de décision. L'instance se réunit au moins 8 fois par an.

Une grande partie des décisions du directeur d'établissement sont prises, après **concertation** du directoire

Remarque

La concertation (et non l'avis ou la consultation) illustre la souplesse managériale.

La concertation dispense de voter (l'avis implique le vote).

L'instance est concertée sur plusieurs sujets dans le domaine stratégique, social, financier, juridique et divers... (***voir question 9 sur les missions du directeur***)

Il est composé de membres de droit (directeur, président CME et président de la CSIRMT) et de membres nommés par le directeur, sur présentation d'une liste de 3 noms établie par le président de la commission médicale d'établissement pour les personnels médicaux.

11 Quelles sont les missions du directeur ?

Le **directeur** est chef d'établissement, il est le représentant légal de l'établissement et exécute les décisions du Conseil de surveillance. Il assure le règlement des affaires générales de l'établissement. Il est responsable du maintien du bon ordre et de la discipline de l'établissement. Il met en œuvre le projet d'établissement, voté par le conseil de surveillance est chargé de l'animation et la coordination des actions.

Le directeur est le seul ordonnateur des dépenses publiques. Il est le seul à pouvoir déléguer sa signature, il a autorité sur l'ensemble de son personnel.

On peut distinguer un pouvoir décisionnel et un pouvoir de nomination.

a. Un pouvoir décisionnel

Dans le domaine stratégique

Le directeur, après **concertation** du directoire :

- conclut le CPOM ;
- soumet au conseil de surveillance le projet d'établissement ;
- **arrête l'organisation interne** de l'établissement ;
- **signe les contrats de pôle** ;
- décide, **conjointement** avec le président de la CME, de la politique d'amélioration continue de la qualité et de la sécurité des soins ainsi que les conditions d'accueil et de prise en charge des usagers.

Dans le domaine social

Le directeur, après **concertation** du directoire :

- **décide de l'organisation du travail** et des temps de repos, à défaut d'un accord avec les organisations syndicales ;
- **arrête le bilan social** ;
- définit les modalités d'une politique d'intéressement.

Dans le domaine financier

Le directeur, après **concertation** du directoire :

- fixe l'EPRD, le plan global de financement pluriannuel et les propositions de tarifs de prestations ;
- détermine le programme d'investissement après avis de la CME en ce qui concerne les équipements médicaux ;
- présente à l'ARS le plan de redressement.

Dans le domaine juridique

Le directeur, après **concertation** du directoire :

- conclut les acquisitions, aliénations, échanges d'immeubles et leur affectation, les baux de plus de 18 ans ;
- conclut les baux emphytéotiques, les contrats de partenariats et les conventions de location ;
- conclut les DSP (délégation de service public) ;
- arrête le règlement intérieur.

b. Un pouvoir de nomination

Le président du directoire possède un pouvoir de nomination ou de proposition de nomination des :

- **chefs de pôle** : les chefs de pôle sont nommés par le directeur sur proposition du président de la CME pour les pôles médicaux et médicotechniques ;
- **responsables de structure interne :** les RSI sont nommés par le directeur sur proposition du président de la CME et après avis du chef de pôle ;
- membres du directoire : les membres médicaux du directoire sont nommés par le directeur sur proposition d'une liste établie par le président de la CME ;
- praticiens hospitaliers : les PH sont nommés par le CNG sur proposition du directeur et après avis du président de la CME.

Remarque

Il faut connaître le nom du directeur, du président de la CME et de votre chef de pôle.

Note

Dans le cadre des GHT, il faut distinguer les pouvoirs du directeur de l'établissement support qui intervient pour le compte des autres établissements sur les fonctions mutualisées (achat, formation, DIM, SIH, imagerie, PUI, laboratoire et prochainement la gestion des ressources médicales) des autres directeurs d'établissement non-support dont une partie des missions ont été déléguées au directeur de l'établissement support.

12 Quelles sont les compétences du conseil de surveillance ?

Le Conseil de surveillance est une instance décisionnelle, qui a une compétence d'attribution, c'est-à-dire que le Code de la santé publique lui attribue 8 points de compétences limitatives.

Le Conseil de surveillance se prononce sur la stratégie et exerce le contrôle permanent de la gestion de l'établissement. À ce titre, il communique au directeur général de l'ARS ses observations sur rapport annuel du directeur et sur la gestion de l'établissement. À tout moment, il opère les vérifications et les contrôles qu'il juge opportuns et se fait communiquer les documents qu'il estime nécessaires à l'accomplissement de sa mission et CS nomme le commissaire aux comptes pour la certification des comptes. Le conseil de surveillance entend le directeur sur l'EPRD ainsi que sur le programme d'investissement.

Il est composé de 3 collèges :

- **Au plus 5 représentants des collectivités territoriales et de leurs groupements** dont le maire de la commune siège, ou son représentant, et le président du conseil général ou son représentant.
- **Au plus 5 représentants du personnel médical et non médical :** un désigné par la Commission des soins infirmiers, au plus 4, désignés à parité par la CME et les organisations syndicales les plus représentatives lors élections au CTE.
- **Au plus 5 personnalités qualifiées** : 2 désignées par le DG ARS, 3 désignées par le préfet dont au moins 2 représentants des usagers.

Le président est nommé parmi le collège 1 ou 3. Il délibère sur :

- le projet d'établissement ;
- la convention constitutive des CHU ;
- le compte financier et l'affectation des résultats ;
- tout projet de fusion de l'établissement ;
- le rapport annuel d'activité de l'EPS ;
- toute convention intervenant entre l'EPS et l'un des membres du directoire ou du Conseil de surveillance ;
- les statuts des fondations hospitalières créées par l'établissement ;
- les prises de participations et la création de filiales (CHU).

En outre, il donne son avis sur :

- la politique d'amélioration continue de la qualité, de la sécurité des soins et de la gestion des risques ainsi que les conditions d'accueil et de prise en charge des usagers ;
- les acquisitions, aliénations, échanges d'immeubles et leur affectation, les baux de plus de 18 ans, les baux emphytéotiques et les contrats de partenariat ;
- le règlement intérieur ;
- la participation à un GHT.

Au final, c'est une instance dont la composition a été réduite depuis 2009, et dont la compétence se réduit au contrôle, avec transfert des compétences de gestion au président du directoire (le directeur).

13 Quel est le rôle de la CME ?

Instituée dans chaque établissement public de santé, la CME est une instance consultative essentielle dans la gestion interne de l'établissement.

La CME est constituée de représentants du personnel médical.

a. Composition

Depuis la loi HPST, chaque hôpital détermine désormais librement, dans son règlement intérieur, la composition et l'organisation interne de cette commission, dans la limite des dispositions spécifiques applicables aux CH et CHU et en veillant à assurer une représentation minimale et équilibrée de l'ensemble des disciplines de l'établissement.

b. Compétence

La mission principale de la CME est de contribuer à l'élaboration de la politique d'amélioration continue de la qualité et de la sécurité des soins (gestion des risques liés aux infections nosocomiales, effets indésirables et événements iatrogènes, dispositifs de vigilance sanitaire, politique du médicament, prise en charge de la douleur et développement professionnel continu) ainsi qu'à l'élaboration de projets relatifs aux conditions d'accueil et de prise en charge des usagers (réflexion éthique, soins palliatifs, prise en charge urgente, permanence des soins, organisation du parcours de soins). Des compétences précises lui sont conférées en cette matière, comme le pouvoir de proposer au président du directoire un programme d'actions (s'appuyant notamment sur les informations contenues dans le rapport de la CDU) assorti d'indicateurs de suivi présentés notamment dans le rapport annuel de la CME.

La CME demeure par ailleurs une instance consultative à part entière, consultée et informée dans tous les domaines de la vie de l'établissement (organisation interne, politique sociale, investissements, financements...).

À noter

- Depuis la loi HPST, la CME est davantage orientée sur la qualité des soins et les relations avec les usagers. Il lui revient désormais de définir l'organisation la plus adaptée afin de répondre à ses missions en matière de politique d'amélioration continue de la qualité et de la sécurité des soins.
- La réforme « Ma santé 2022 » prévoit l'élargissement des compétences de la Commission médicale d'établissement. Il s'agit de renforcer la participation des médecins au pilotage des hôpitaux en associant mieux la CME en amont à l'élaboration des décisions structurantes pour la politique médicale, la qualité et la pertinence des soins ; d'élargir les compétences de la CME à de nouveaux domaines (renforcement des prérogatives concernant la politique de formation médicale, participation à la gestion prévisionnelle des emplois et des compétences, responsabilité de la mise en œuvre d'un projet social et managérial médical).
- La loi du 24 juillet 2019 a surtout renforcé les compétences de la commission médicale du groupement (CMG) qui impose une articulation nouvelle des CME : les CME vont devoir déléguer plusieurs points de compétences à la CMG.

14 Quel est le rôle du CTE ?

Le comité technique d'établissement reste une instance consultative. Il est composé des représentants du personnel non médical, élu tous les 4 ans et son président est le directeur.

Le code de la santé publique définit les questions sur lesquelles le comité d'établissement est obligatoirement consulté.

Il existe un bloc de compétences consultatives commune CTE et CME comprenant notamment toutes les délibérations du conseil de surveillance (projet d'établissement, compte et affection, bilan annuel d'activité) et un bloc de compétences consultatives propres telles que :

- l'organisation du temps de travail et des conditions de travail ;
- la politique sociale, des modalités de la politique d'intéressement ainsi que du bilan social ;
- mais aussi la politique d'amélioration continue de la qualité, de la sécurité des soins et de la gestion des risques, ainsi que les conditions d'accueil et de prise en charge des usagers ;
- le règlement intérieur de l'établissement.

Le comité technique d'établissement est également consulté sur le plan du développement professionnel continu.

Enfin, le comité technique d'établissement est désormais informé et non plus consulté sur le contrat pluriannuel d'objectifs et de moyens, l'état des prévisions de recettes et de dépenses, et les actions de coopération proposées par le président du directoire au directeur général de l'ARS.

Le comité technique d'établissement est régulièrement tenu informé de la situation budgétaire et des effectifs prévisionnels et réels de l'établissement.

Remarque

La loi du 24 juillet 2019 prévoit la fusion du CTE et du CHSCT. La nouvelle instance pourra comprendre une formation spécialisée hygiène, sécurité et conditions de travail en fonction d'un certain seuil d'effectifs (voir ci-après).

15 Quel est le rôle du CHSCT ?

Le comité d'hygiène, de sécurité et des conditions de travail (CHSCT) est, une institution représentative du personnel au sein de l'administration. Le CHSCT étudie et émet des avis sur les problèmes liés à l'hygiène, à la protection de la santé et à la sécurité des travailleurs. La constitution d'un CHSCT est obligatoire dans tous les établissements de plus de 50 agents.

Les réunions des CHSCT regroupent son président (l'employeur éventuellement assisté de proches collaborateurs), une délégation du personnel et des invités à titre consultatif.

Le comité d'hygiène, de sécurité et des conditions de travail a pour mission :

- de contribuer à la protection de la santé physique et mentale et de la sécurité des travailleurs de l'établissement et de ceux mis à sa disposition par une entreprise extérieure ;
- de contribuer à l'amélioration des conditions de travail, notamment en vue de faciliter l'accès des femmes à tous les emplois et de répondre aux problèmes liés à la maternité ;
- de veiller à l'observation des prescriptions légales prises en ces matières.

Le CHSCT effectue des **visites systématiques** de l'établissement, il contrôle l'application de la réglementation par son **droit de regard** sur certains documents, et joue un rôle dans la **procédure d'alerte** en cas de danger grave et imminent.

Les missions du CHSCT, **fixées par le Code du travail, s'appliquent aux établissements hospitaliers** (C. trav., art. L 4611-1 et s.). Il est obligatoirement consulté :

- avant toute décision d'aménagement important modifiant les conditions de santé et de sécurité ou les conditions de travail ;
- avant toute transformation importante des postes de travail découlant de la modification de l'outillage, d'un changement de produit ou de l'organisation du travail ;
- avant toute modification des cadences et des normes de productivité ;
- en cas de projet d'introduction et lors de l'introduction de nouvelles technologies, si elles sont susceptibles d'avoir des conséquences sur l'emploi, la qualification, la rémunération, la formation ou les conditions de travail ;
- en cas de mise en œuvre de mutations technologiques importantes et rapides ;
- sur les mesures prises afin de faciliter la mise, la remise ou le maintien au travail des accidentés du travail, des invalides de guerre, des invalides civils et des travailleurs handicapés (notamment sur l'aménagement des postes de travail) ;
- sur les documents se rattachant à sa mission (notamment sur le règlement intérieur) ;
- sur toute autre question de sa compétence dont il est saisi (par l'employeur, le comité d'entreprise et les délégués du personnel).

Le CHSCT rend des avis concernant les sujets sur lesquels il est consulté. L'employeur présente au CHSCT, une fois par an minimum :

- un rapport écrit faisant le bilan de la situation générale de la santé, de la sécurité et des conditions de travail dans l'entreprise, et qui présente les actions menées au cours de l'année écoulée ;
- un programme annuel de prévention des risques professionnels et d'amélioration des conditions de travail.

Remarque

La loi du 24 juillet 2019 prévoit la fusion du CTE et du CHSCT. La nouvelle instance pourra comprendre une formation spécialisée hygiène, sécurité et conditions de travail en fonction d'un certain seuil d'effectifs (voir ci-après).

16 Qu'est-ce que le CSE ?

La loi du 24 juillet 2019 crée un comité social d'établissement (CSE) dans chaque établissement public de santé (article L.6144-3 du code de la santé publique). Cette création sera aussi valable pour les groupements de coopération (article L.6144-3-1 du code de la santé publique) et les établissements sociaux et médico-sociaux publics (article L.315-13 du code de l'action sociale et des familles).

Ainsi, le CSE vient en remplacement du CTE et du CHSCT. Cette instance sera consultative et ses compétences variées :

- orientations stratégiques de l'établissement et celles l'inscrivant dans l'offre de soins au sein de son territoire ;

- accessibilité des services et qualité des services rendus ;
- organisation interne de l'établissement ;
- orientations stratégiques sur les politiques de ressources humaines.

D'autres champs de compétences seront prévus ultérieurement, par un décret en Conseil d'État.

Dans les conditions définies par décret, ce CSE disposera d'une « formation spécialisée en matière de santé, de sécurité et de conditions de travail ». Formation qui viendra remplacer l'actuel comité d'hygiène, de sécurité et des conditions de travail (CHSCT).

Tout comme dans le code du travail (Ordonnance du 22 septembre 2017), il y aura dans la fonction publique une fusion des instances CTE/CHSCT.

17 Quel est le rôle de la CSIRMT ?

La commission de soin infirmier, rééducation, médico-technique est une instance consultative de l'hôpital. Elle est comporte 3 collèges :

- les cadres de santé ;
- les personnels infirmiers, de rééducation et médico-techniques ;
- les aides-soignants.

Ainsi que des membres avec voix consultative. Le nombre de sièges est fixé par le règlement intérieur de l'établissement avec un maximum de 30 agents pour les CH et de 40 pour les CHU). Le Mandat des membres est de 4 ans.

La CSIRMT donne son avis sur :

- le projet de soins infirmiers, de rééducation et médico-techniques élaboré par le coordonnateur général des soins ;
- l'organisation générale des soins ainsi que l'accompagnement des malades ;
- la politique d'amélioration continue de la qualité, de la sécurité des soins et de la gestion des risques ;
- les conditions générales d'accueil et prise en charge
- la recherche et l'innovation dans le domaine des soins infirmiers, de rééducation et médico-techniques ;
- la politique de DPC (développement professionnel continu).

Remarque

Le président de la CSIRMT est le Directeur des soins.

18 Qu'est-ce que le PMSI ?

Le Programme de Médicalisation des Systèmes d'Information, est un **outil de description et de mesure médico-économique de l'activité hospitalière**. Le PMSI est obligatoire depuis la loi du 31 juillet 1991 qui oblige les établissements de santé à procéder à l'évaluation et à l'analyse de leur activité. Depuis la loi du 31 juillet 1991, les établissements, qu'ils soient publics ou privés, doivent transmettre les informations concernant leurs activités à l'État et à l'assurance-maladie. Depuis 2005, le PMSI permet la mise en place d'un système de rémunération des hôpitaux en fonction de leur activité, c'est ce que l'on appelle la tarification à l'activité (T2A). D'abord utilisé en court séjour MCO (Médecine, Chirurgie et Obstétrique), le PMSI est maintenant utilisé pour les soins de suite et de réadaptation (PMSI SSR) et la psychiatrie (PMSI PSY). Les données médicales recueillies dans le cadre du PMSI sont protégées par le Secret Professionnel. Le département d'information médicale des hôpitaux et des cliniques (DIM) organise le recueil, la circulation et le traitement des données médicales et est placé sous l'autorité d'un médecin.

Le premier but du PMSI est d'être un **outil d'allocation budgétaire.** Pour cela, l'activité de prise en charge des malades de tous les établissements de santé est déclarée. En offrant une description précise de l'activité médicale de chaque établissement de santé, le PMSI doit permettre de mesurer les coûts des différentes pathologies en groupant les malades par famille de pathologies (GHM). Le GHM est permis par un classement des malades au moyen des résumés standards de sortie (RSS).

L'objectif est de calculer l'allocation budgétaire à allouer aux unités concernées dans un but de réduction des inégalités des ressources entre les établissements de santé. Pour la mise en place d'un nouveau système de rémunération des hôpitaux, le **PMSI** concourt à la mise en place de la tarification à l'activité (T2A).

En outre, la mise en place du PMSI a permis de générer **la première base de données permanente et médicalisée** au niveau national. Outre sa vocation d'outil d'allocation budgétaire, il est utile à de nombreuses autres fins :

- il permet de disposer de données sur les types et le volume des pathologies hospitalisées ;
- la base de données médicalisée peut servir de support à la mise en place de tableaux de bord stratégiques, moyennant quelques aménagements, qui constituent un outil d'aide aux décisions stratégiques des directions ;
- le PMSI permet enfin de disposer du coût réel des hospitalisations en France, données essentielles aux études économiques.

19 Qu'est-ce que les CAP ?

Les commissions administratives paritaires (CAP) sont les instances de représentation des personnels titulaires de la fonction publique, c'est-à-dire des fonctionnaires. Elles traitent des **sujets relatifs aux carrières individuelles.** Les représentants du personnel y sont élus pour quatre ans. Les CAP sont obligatoirement saisies pour donner un avis sur **les actes ayant un impact sur la gestion du corps de l'agent** (détachement, disponibilité), **et sur la carrière de chaque agent de ce corps** (titularisation, avancement de grade ou promotion de corps, recours en évaluation).

Les CAP se composent paritairement du même nombre de représentants de l'administration et de représentants du personnel. Les représentants du personnel sont élus en fonction des résultats des élections professionnelles sur les listes présentées par les syndicats des fonctionnaires.

Dans la fonction publique hospitalière, il existe plusieurs types de CAP :

- les CAP locales qui examinent la situation des agents d'un établissement public de santé ;
- les CAP départementales qui examinent la situation des agents ne disposant pas de CAPL dans leur établissement ;

- les CAP nationales qui examinent la situation des membres du corps des directeurs d'hôpital.

La loi du 26 juillet 2019 a modifié la composition et les compétences des CAP. Ainsi, Les CAP seront désormais organisées par catégorie et non plus par groupes hiérarchiques (plus de CAP différenciant les corps et grades). Elles ne seront plus consultées en matière d'avancement et de promotion (compétences du Conseil social d'établissement pour les lignes directrices). En contrepartie les agents pourront se faire assister par un représentant du personnel pour exercer un recours administratif contre une décision individuelle défavorable.

À ce jour dans la loi, les futures CAP restent compétentes sur les refus de titularisation et le licenciement en cours de stage ; la recherche d'affectation au CNG ; le licenciement après le refus de 3 postes en retour de disponibilité ; la connaissance par la CAP des notes et des éventuelles contestations s'y rapportant (sachant que la note dans la FPH disparaît en 2021 afin d'homogénéiser la pratique de l'évaluation de la valeur professionnelle dans les trois versants de la fonction publique, à compter du 1er janvier 2021, c'est donc le compte-rendu de l'entretien professionnel qui pourra être révisé, suite à l'avis de la CAP) ; la discipline ; et le licenciement pour insuffisance professionnelle.

Les autres matières sont définies par décret en Conseil d'État.

À noter

Les Commissions consultatives paritaires (CCP) ont également été mises en place depuis le 1er janvier 2019 pour se prononcer sur les questions individuelles relatives aux contractuels de droit public.

20 Qu'est-ce que mon Ségur de la santé ?

La forte mobilisation des personnels soignants et non soignants dans le cadre de la gestion de crise Covid-19 s'est faite malgré les difficultés de notre système de santé. Les accords du Ségur marquent la reconnaissance de la nation à ses soignants. Ces accords sont le fruit d'un dialogue social entre le ministre des Solidarités et de la Santé et les organisations syndicales représentatives des professions paramédicales, des médecins, des étudiants et des internes en médecine, ainsi que la Fédération hospitalière de France. Ces accords constituent la première étape des conclusions du Ségur de la santé.

Par la suite, une proposition de loi visant à améliorer le système de santé par la confiance et la simplification a été adoptée en première lecture le 8 décembre 2020. « Cette proposition de loi vient concrétiser les engagements pris lors du Ségur de la santé : accorder aux établissements plus de souplesse dans leur organisation, remédicaliser la gouvernance des hôpitaux, redonner au service hospitalier une plus grande place dans la décision et mettre un terme aux mercenariat de l'intérim médical. » (Communiqué de presse, O. Veran, le 8 décembre 2020)

3 Cours
L'organisation médicale

1 Comment sont nommés les chefs de pôle ? Quel est leur rôle ?

Les chefs de pôle sont nommés par directeur d'établissement sur proposition du président de la Commission médicale d'établissement (CME), pour un mandat de 4 ans renouvelable.

Ils ont autorité fonctionnelle sur l'ensemble de l'équipe du pôle c'est-à-dire une autorité de gestion sans pouvoir de nomination ni de sanction.

Les chefs de pôles proposent la nomination de leurs collaborateurs aux directeurs, il s'agit souvent d'un cadre supérieur de santé et d'un cadre administratif. Ils doivent signer un contrat de pôle avec le directeur et le président de la CME. Ce contrat définit les objectifs et les moyens du pôle pour les 4 ans à venir. La mise en œuvre du contrat de pôle sera définie dans le projet de pôle.

2 Comment sont nommés les responsables de structures internes ? Quel est leur rôle ?

Les responsables de structures internes (RSI), anciens chefs de service, sont nommés par le directeur sur proposition du président de la commission médicale d'établissement (CME) et après avis du chef de pôle pour un mandat de 4 ans renouvelable.

Ils représentent les personnels médicaux référents en matière de décision médicale.

Il peut être mis fin par le directeur aux fonctions de responsable de structure interne, d'unité, de service, par le directeur, après avis préalables du président de CME et du chef de pôle.

Le code de la santé publique prescrit aux directeurs des établissements publics de santé une obligation de « formation adaptée à l'exercice de leurs fonctions » « dans les deux mois suivant leur nomination ». La loi conforte ces responsables en manager d'équipe.

Enfin, le texte exige que « les principes essentiels du fonctionnement des pôles et des relations entre les chefs de pôle, les chefs de services et les responsables des départements, unités fonctionnelles et structures internes » soient définis au sein du « règlement intérieur de l'établissement ». L'article R.6146-9-2 du CSP contient une liste non limitative de sept matières concernées par la définition de ces principes essentiels :

1. la recherche clinique et l'innovation ;
2. l'enseignement, dans le cadre de la formation initiale et continue ;
3. la qualité et la sécurité des soins et des prises en charge ;
4. l'organisation de la continuité et de la permanence des soins ;
5. la coordination des parcours de soins, l'organisation et l'évaluation de la prise en charge médicale du patient ;
6. la gestion des ressources humaines et l'autorité fonctionnelle sur les personnels composant les services et autres structures ;
7. les principes de la formation et de l'évaluation des fonctions des chefs de service et des responsables des départements, unités fonctionnelles et autres structures internes.

3 Comment sont nommés les praticiens hospitaliers ?

Les praticiens hospitaliers sont nommés par le centre national de gestion (CNG) sur proposition du directeur d'établissement et après avis du président de la commission médicale d'établissement (CME).

Cette procédure a été mise en place par la loi HPST de 2009.

4 Quel est le rôle du président de la CME ?

La loi HPST de 2009 définit désormais les missions du président de la CME, qui portent sur les aspects stratégiques de la politique médicale de l'établissement (CSP, art. L. 6143-7-3).

Le président de la CME est le vice-président du directoire, il :

- suit la politique qualité et sécurité des soins de l'établissement ;
- élabore, avec le directeur et en conformité avec le CPOM, le projet médical de l'établissement ;
- coordonne la politique médicale de l'établissement ;
- a aussi un rôle consultatif sur des aspects stratégiques :
  - il propose la nomination des chefs de pôles
  - il donne un avis sur les contrats de pôles des pôles cliniques et médico-techniques
  - il donne un avis sur les nouveaux contrats d'admission de libéraux à l'exercice de missions de service public et d'activités de soins de l'établissement

Remarque

Parmi les nouveautés issues de la loi LMSS du 26 janvier 2016 :

- le président de la CME contresigne le contrat de pôle ;
- le président de la CME émet un avis lors de la désignation des membres du directoire en cas de nouveau désaccord (à noter : abandon de la nomination des membres de son choix mais maintien ici, à la différence de la nomination des chefs de pôle, du système des listes).
- La réforme « Ma santé 2022 » prévoit de renforcer le leadership du président de la CME et de l'équipe constituée autour de lui en le dotant des moyens nécessaires a l'exercice de sa fonction et en lui permettant d'entretenir et renforcer effectivement ses compétences managériales.

5 Qu'est-ce qu'un contrat de pôle ?

Le directeur signe avec le chef de pôle un contrat de pôle précisant les objectifs et les moyens du pôle. Pour les pôles d'activité clinique et médico-technique, du président de la CME signe également le contrat et vérifie la cohérence du contrat avec le projet médical.

Le contrat définit **les objectifs**, notamment en matière de politique et de qualité des soins, assignés au pôle ainsi que les moyens qui lui sont attribués.

Il précise éventuellement les **modalités d'intéressement** du pôle aux résultats de sa gestion.

Le contrat définit le **champ et les modalités** d'une **délégation de signature** permettant d'engager les dépenses dans les domaines suivants :

- Crédits de remplacement des personnels non permanents.

- Médicaments et dispositifs médicaux.
- Caractère hôtelier.
- Formation de personnel.
- Entretien et réparation équipements à caractère médical et non médical.

Le contenu du contrat de pôle doit responsabiliser le chef de pôle en précisant les conditions de son implication dans la gestion.

À noter

Le contrat peut permettre un transfert de compétences du chef de pôle aux responsables de structure interne ou aux collaborateurs du chef de pôle

Le projet de pôle formalise alors les modalités concrètes d'exercice des compétences dévolues au chef de pôle

6 Qu'est-ce que l'organisation en pôle

Les EPS « définissent **librement** leur organisation interne » (principe).

Le **chef d'établissement** a désormais compétence pour définir l'organisation **en pôles d'activité** en conformité avec le **projet médical**, et **après avis** du président CME, et dans les CHU du doyen (ce n'est plus le conseil d'administration).

Tous les hôpitaux publics se conforment à cela, y compris les hôpitaux locaux. Toutefois, DG ARS peut autoriser un établissement à ne pas créer de pôles lorsque l'effectif médical ne le justifie pas.

Le directeur signe avec le chef de pôle un contrat de pôle précisant les objectifs et les moyens du pôle, après avis, pour les pôles d'activité clinique et médico-technique, du président de la CME pour vérifier la cohérence du contrat avec le projet médical.

Le contrat définit **les objectifs**, notamment en matière de politique et de qualité des soins, assignés au pôle ainsi que les moyens qui lui sont attribués.

Le contrat précise éventuellement les modalités d'intéressement du pôle aux résultats de sa gestion. Il précise également le rôle du chef de pôle dans les domaines suivants :

- Gestion du tableau prévisionnel des effectifs rémunérés et répartition des moyens humains affectés entre les structures internes du pôle.
- Gestion des tableaux de service des PM et PNM.
- Définition profils de poste PM et PNM.
- Proposition au directeur de recrutement personnel non titulaire du pôle.
- Affectation des personnels au sein du pôle.
- Organisation de la continuité des soins, notamment de la permanence médicale ou pharmaceutique.
- Participation à l'élaboration du plan de formation des PM et des PNM.

Le contenu du contrat de pôle doit responsabiliser le chef de pôle en précisant les conditions de son implication dans la gestion.

Entraînement

1. Qu'est-ce qu'un ESPIC ?
   - ❒ **a.** Un établissement de santé privé
   - ☒ **b.** Un établissement de santé privé à but non lucratif
   - ❒ **c.** Un établissement de santé public d'intérêt collectif
2. Qui signe le CPOM ?
   - ❒ **a.**Les établissements de santé et les chefs de pôle
   - ☒ **b.** Les directeurs d'établissements de santé et les directeurs des ARS
   - ❒ **c.** Les établissements de santé et l'HAS
3. Pour combien de temps le PRS est-il constitué ?
   - ❒ **a.** 3 ans
   - ❒ **b.** 5 ans
   - ❒ **c.** 10 ans
4. Qu'est-ce que la conférence régionale de santé et de l'autonomie ?
   - ❒ **a.** Une instance indépendante
   - ❒ **b.** Une instance de l'ARS
   - ❒ **c.** Une instance territoriale
5. Qui peut exercer les missions de service public hospitalier ?
   - ❒ **a.** Uniquement les hôpitaux
   - ☒ **b.** Uniquement les hôpitaux et les ESPIC
   - ❒ **c.** Les hôpitaux, les ESPIC et les établissements privés à but lucratif
6. Quelles sont les instances décisionnelles à l'hôpital
   - ❒ **a.** Le directeur et le conseil de surveillance
   - ❒ **b.** Le directeur, le président de la CME et le conseil de surveillance
   - ☒ **c.** Le directeur, le conseil de surveillance et la CME
7. De combien de membre est composé de directoire ?
   - ❒ **a.** 5 membres
   - ❒ **b.** 3 membres
   - ❒ **c.** 7 membres
8. Quelles sont les sous-commissions de la CME ?
   - ❒ **a.** Le CLIN
   - ❒ **b.** Le CLUD
   - ❒ **c.** La COPS

9. Quelle instance donne un avis sur la gestion individuelle des carrières des fonctionnaires ?

- ❒ **a.** Le CTE
- ❒ **b.** La CAPD ou CAPL
- ❒ **c.** Le CHSCT

10. Les avis de la CME s'impose-t-il au directeur ?

- ❒ **a.** Oui
- ❒ **b.** Non

11. Qui signe le contrat de pôle clinique et médico-technique ?

- ❒ **a.**Le directeur et le chef de pôle
- ❒ **b.** Le directeur, le chef de pôle et les membres du directoire
- ❒ **c.** Le directeur, le chef de pôle et le président de la CME

12. Qui nomme le responsable de structure interne ?

- ❒ **a.** Le directeur
- ❒ **b.** Le chef de pôle
- ❒ **c.** Le président de la CME

13. Qui nomme les praticiens hospitaliers (PH)

- ❒ **a.** Le président de la CME
- ❒ **b.** Le directeur
- ❒ **c.** Le Centre national de gestion

14. Quelle autorité est donnée au chef de pôle ?

- ❒ **a.** L'autorité hiérarchique
- ❒ **b.** L'autorité fonctionnelle
- ❒ **c.** Pas d'autorité juridique

15. Qu'est-ce que le CLIN ?

- ❒ **a.** Une sous-commission de la CME
- ❒ **b.** Le comité de lutte contre les infections nosocomiales
- ❒ **c.** La commission de lutte contre les infections nutritionnelles.

16. La notion de service public se rattache :

- ❒ **a.** À la gratuité
- ❒ **b.** À la continuité
- ❒ **c.** À l'égalité
- ❒ **d.** À l'adaptabilité

17. La certification est mise en œuvre par l'établissement et par

❒ **a.** L'ARS

❒ **b.** L'HAS

❒ **c.** L'ANSM

18. Qui compose le CTE ?

❒ **a.** Les représentants du personnel non médical

❒ **b.** Les représentants du personnel médical

❒ **c.** Les organisations syndicales

19. La CSIRMT est-elle obligatoire dans les établissements publics de santé ?

❒ **a.** Oui

❒ **b.** Non

20. La participation à un GHT est obligatoire pour :

❒ **a.** Tous les établissements publics de santé

❒ **b.** Les ESPIC

❒ **c.** Tous les établissements de santé publics et privés

21. Les hôpitaux de proximité sont :

❒ **a.** Des structures publiques

❒ **b.** Des structures privées

❒ **c.** Des structures publiques et privées

22. Quel est le rôle des CCP (Commission consultative paritaire) ?

❒ **a.** Donner un avis sur des décisions individuelles concernant les fonctionnaires

❒ **b.** Donner un avis sur les décisions individuelles concernant le personnel médical

❒ **c.** Donner un avis sur les décisions individuelles des contractuels de droit public

Corrigés

1. **Réponse b.** Le sigle ESPIC signifie « Établissement de santé privé d'intérêt collectif ». Il s'agit bien d'un établissement privé mais qui exerce des missions de service public et qui est à but non lucratif.
2. **Réponse b.**
3. **Réponse c.** Le PRS instauré par la loi HPST de 2009 prévoyait une durée de 5 ans. Depuis la loi de santé de 2016, le PRS est constitué pour 10 ans.
4. **Réponse b.** Cette instante représente la « démocratie sanitaire ».
5. **Réponse c.**
6. **Réponse c.** Le Directoire est parfois présenté comme une instance décisionnelle car politiquement il a un pouvoir fort mais juridiquement elle reste une instance de concertation.
7. **Réponse c.**
8. **Réponses a., b.** et **c.**
9. **Réponse b.**
10. **Réponse b.** Politiquement les avis de la CME sont très influent car elle représente la communauté médicale.
11. **Réponse c.**
12. **Réponse a.**
13. **Réponse c.** Les PH sont nommés par le directeur du CNG mais sur proposition du directeur d'établissement et après avis du président de la CME.
14. **Réponse b.** L'autorité fonctionnelle peut se définir comme l'autorité hiérarchique sans le pouvoir de nomination ni de sanction.
15. **Réponses a. et b.**
16. **Réponses b., c. et d.** La notion de service publique hospitalier fait référence à l'accessibilité financière (service proposé en secteur 1), à ne pas confondre avec la gratuité.
17. **Réponse b.**
18. **Réponses a. et c.**
19. **Réponse a.**
20. **Réponse a.** Cette coopération a été mise en place par la loi de santé du 26 janvier 2016.
21. **Réponse c.**
22. **Réponse c.** Les CCP ont été mises en place au 1er janvier 2019.

Connaissances n° 2

Réglementations relatives au droit des malades

- Les droits des patients et le malade hospitalisé en hôpital général
- Le malade hospitalisé en psychiatrie
- L'éthique en milieu hospitalier, le malade non hospitalisé et les consultations externes

1

Cours

Les droits des patients et le malade hospitalisé en hôpital général

1 Que doit-on fournir pour l'admission dans le cadre de l'identitovigilance ?

L'identitovigilance est un système de surveillance et de gestion des risques et des erreurs liés à l'identification des patients. L'objectif est d'éviter les erreurs dans les traitements médicamenteux ou dans les résultats de laboratoire. Tous les professionnels de l'établissement sont donc amenés à vérifier régulièrement l'identité du patient.

Lors de l'admission, il est demandé au patient de fournir une pièce d'identité. Attention, la réglementation prévoit que seuls sont reconnus valables :

- le passeport ;
- la carte d'identité ;
- le titre de séjour pour les étrangers.

Avant de donner des médicaments ou de faire une prise de sang, l'infirmière demandera au patient de décliner son identité afin de ne pas commettre d'erreur.

2 Quelques droits de la charte du patient hospitalisé

La **charte de la personne hospitalisée** est une présentation synthétique des **droits des patients** tels qu'ils sont affirmés par divers textes juridiques (notamment par la loi du 4 mars 2002 relative aux droits des malades et à la qualité du système de santé). L'objectif de cette charte, issue de la circulaire du 2 mars 2006, est de faire connaître de manière simple et concrète aux usagers **accueillis dans les établissements de santé** leurs droits essentiels. La Charte doit donc être portée à la connaissance de chaque personne hospitalisée. Elle sera affichée dans les salles d'attente, la chambre des patients et inscrite au livret d'accueil.

On y retrouve les droits suivants :

- Toute personne est libre de choisir son établissement de santé (liberté de choix de l'établissement).
- Les établissements garantissent la qualité de l'accueil, des traitements et des soins (égalité dans l'accueil, le traitement et les soins).
- Le droit à la dignité. Le non-respect de la dignité d'un individu est considéré comme un acte de maltraitance.
- L'information donnée au patient doit être accessible et loyale, claire et appropriée à l'état du patient (droit à l'information).
- Le droit de participer aux choix thérapeutiques et de désigner une personne de confiance
- Le droit au consentement libre et éclairé et le droit au refus des traitements.
- Le droit de rédiger des directives anticipées afin de déterminer ses souhaits en fin de vie.

- La charte précise qu'il existe un régime spécifique en matière de recherche biomédicale.
- Le droit de quitter à tout moment l'établissement (liberté d'aller et venir).
- La personne hospitalisée est traitée avec égards, ses croyances sont respectées.
- Le droit au respect de sa vie privée et à la confidentialité des informations personnelles, administratives, médicales et sociales (droit au secret professionnel).
- Le droit à l'accès direct ou indirect à son dossier médical.
- Toute personne a droit d'être entendue pour exprimer ses griefs et demander réparation dans le cadre d'une procédure de règlement amiable des litiges et/ou devant les tribunaux.

3 Le patient peut-il désigner une personne de confiance, qui est-elle ?

La personne de confiance peut :

- l'accompagner dans ses démarches et l'assister lors de ses rendez-vous médicaux ;
- être consultée par les médecins pour rendre compte des volontés du patient s'il n'est pas en mesure d'être lui-même consulté.

Dans le cas où son état de santé ne lui permet plus de donner son avis ou de faire part de ses décisions, le médecin ou l'équipe médicale consulte en priorité la personne de confiance.

Son avis est l'avis non médical le plus important à recueillir pour le médecin afin de le guider dans ses décisions. En effet, la personne de confiance sera la personne consultée en priorité par l'équipe médicale lors de tout questionnement sur la mise en œuvre, la poursuite ou l'arrêt de traitements et recevra les informations nécessaires pour pouvoir exprimer ce que le patient aurait souhaité.

Tout personne de l'entourage (parent, proche, médecin traitant) et qui accepte de jouer ce rôle peut être désignée personne de confiance. Cette désignation doit être proposée au patient obligatoirement dans le cadre d'une hospitalisation ou en établissement d'hébergement pour personnes âgées dépendantes (Ehpad).

Cette désignation se fait par écrit, lors de l'admission ou au cours de l'hospitalisation, sur les formulaires proposés ou à défaut, sur papier libre.

La désignation peut être annulée ou modifiée à tout moment.

Remarque

Depuis la loi du 26 janvier 2016, la personne de confiance doit donner son accord pour assurer ses missions.

4 Le patient peut-il rédiger des directives anticipées, comment ? À quoi servent-elles ?

Toute personne majeure peut rédiger des directives anticipées pour le cas où elle serait un jour hors d'état d'exprimer sa volonté. Ces directives anticipées expriment la volonté de la personne relative à sa fin de vie en ce qui concerne les conditions de la poursuite, de la limitation, de l'arrêt ou du refus de traitement ou d'acte médicaux.

Les directives anticipées **s'imposent** au médecin, sauf en cas d'urgence vitale et lorsqu'elles apparaissent manifestement inappropriées ou non conformes à la situation médicale.

Conditions pour que les directives anticipées soient prises en compte :

1. Condition d'âge : la personne qui rédige les directives doit être majeure.
2. Conditions de forme : le médecin traitant informe ses patients de la possibilité et des conditions de rédaction des directives anticipées. Le document doit être écrit et authentifiable. Elles doivent être datées et signées et vous devez préciser vos noms, prénoms, date et lieu de naissance. Si le patient ne peut pas les écrire, il peut faire appel à deux témoins, qui attesteront que le document exprime bien votre volonté libre et éclairée.
3. Conditions de fond : L'auteur du document doit être en état d'exprimer sa volonté libre et éclairée au moment de sa rédaction.

Les directives sont révocables à tout moment.

Les directives anticipées ont **une valeur contraignante** pour le médecin.

Elles s'imposent au médecin pour toute décision d'investigation, d'intervention ou de traitement, sauf en cas d'urgence vitale pendant le temps nécessaire à une évaluation complète de la situation et lorsque les directives anticipées apparaissent manifestement inappropriées ou non conformes à la situation médicale.

La décision de **refus** d'application des directives anticipées, jugées par le médecin manifestement inappropriées ou non conformes à la situation médicale du patient, est prise à l'issue d'une procédure collégiale définie par voie réglementaire et est inscrite au dossier médical. Elle est portée à la connaissance de la personne de confiance désignée par le patient ou, à défaut, de la famille ou des proches.

Les directives anticipées peuvent notamment être conservées sur un registre national faisant l'objet d'un traitement automatisé dans le respect de la loi n° 78-17 du 6 janvier 1978 relative à l'informatique, aux fichiers et aux libertés. Lorsqu'elles sont conservées dans ce registre, un rappel de leur existence est régulièrement adressé à leur auteur.

5 Qu'est que la protection universelle maladie (PUMa) ?

La protection universelle maladie, prévue par l'article 59 de la loi de financement de la sécurité sociale pour 2016, donne droit à toute personne qui travaille ou réside en France de manière stable et régulière à la prise en charge de ses frais de santé à titre personnel et de manière continue tout au long de sa vie.

La protection universelle maladie poursuit 4 objectifs principaux :

- Simplifier la vie des assurés.
- Assurer la continuité des droits à la prise en charge des frais de santé.
- Réduire au strict nécessaire les démarches administratives.
- Garantir davantage d'autonomie et de confidentialité à tous les assurés dans la prise en charge de leurs frais de santé.

La protection universelle maladie parachève ainsi la logique initiée par la couverture maladie universelle (CMU) de base en 1999, qui visait à ouvrir des droits à l'assurance maladie aux personnes résidant en France de façon stable et régulière, et qui ne relevaient d'aucune couverture maladie obligatoire.

6 Quels sont les modes de prise en charge à l'hôpital ?

On distingue habituellement quatre modes de prise en charge à l'hôpital :

- L'hospitalisation complète.
- L'hospitalisation à temps partiel.
- L'hôpital de jour ou la chirurgie ambulatoire.
- L'hospitalisation à domicile (HAD).

7 Quelle information donner au patient ?

Le droit à l'information est inscrit dans la chartre du droit de la personne hospitalisée. L'information doit être donnée à tout patient, elle doit être claire, loyale et appropriée. L'information concerne plusieurs domaines : médical, administratif, social et financier.

Toute personne a notamment le droit d'être informée sur son état de santé.

Il existe un renversement de la charge de la preuve s'agissant de l'information. Ce sera donc à l'établissement ou au professionnel de prouver qu'il a bien informé le patient. Ce principe a été renforcé par la loi MSS du 26 janvier 2016 sur 3 points : le coût, la lettre de liaison, le mode de prise en charge en soins palliatifs.

a. Le coût

Afin de sensibiliser les usagers sur le coût et de responsabiliser les usagers, pour toute prise en établissement de santé, le patient reçoit lors de sa sortie un document l'informant :

- du coût de l'ensemble des prestations dont il a bénéficié ;
- de la part couverte par l'assurance maladie ;
- le cas échéant, la part couverte par son assurance complémentaire ;
- de la part qui lui reste à charge.

L'ensemble des prestations sont concernées (Soins, Hébergement, Prestations particulière : chambre individuelle, tv..., Hospitalisation, Consultations, Urgence).

b. La lettre de liaison

Une lettre de liaison est remise, au moment de sa sortie, au patient ou, avec son accord à la personne de confiance. Elle comporte les éléments utiles à la continuité des soins. Le praticien adresseur et le médecin traitant sont destinataires, à la sortie du patient, de la lettre de liaison sauf opposition du patient.

c. Le mode de prise en charge en soins palliatifs

Outre le droit du patient au libre choix de son praticien et de son établissement de santé, le code de la santé publique ajoute le libre choix de **son mode de prise en charge sous la forme ambulatoire ou à domicile, en particulier lorsqu'il relève de soins palliatifs.**

Cours

2 Le malade hospitalisé en psychiatrie

1 Quelles sont les différentes modalités d'hospitalisation en psychiatrie ?

Les modalités d'hospitalisation en milieu psychiatrique sont régies par la loi du 27 juin 1990 (modifiée par les lois du 5 juillet 2011 et du 27 septembre 2013). Le Code de la santé publique pose le principe du consentement aux soins « des personnes atteintes de troubles mentaux », énonce l'exception des soins sans consentement.

Ainsi, les patients qui nécessitent des soins en psychiatrie peuvent être pris en charge dans un établissement selon 4 modalités de placement différent :

- les soins psychiatriques libres qui demeurent la règle. Les patients ont alors les mêmes droits que les autres malades ;
- les soins sur décision du directeur d'établissement de santé (SDDE) : les soins à la demande d'un tiers, en urgence ou non (SDT ou SDTU) ;
- Les soins en péril imminent sans tiers (SPI) ;
- et les soins psychiatriques sur décision du représentant de l'État (SDRE).

2 Le consentement aux soins est-il toujours obligatoire ?

Même si les soins psychiatriques libres demeurent la règle, il existe plusieurs modalités de soins psychiatriques sans consentement (voir question 1).

Depuis 2011, les modalités de soins sans consentement se sont diversifiées. On retrouve, en plus de l'hospitalisation complète, plusieurs types de soins ambulatoires sans consentement : hospitalisation partielle, soins à domicile, consultations ambulatoires, activités thérapeutiques.

Seuls certains établissements de santé, publics ou privés, sont habilités à soigner, sans leur consentement, des personnes atteintes de troubles mentaux. L'habilitation est donnée par le directeur général de l'ARS après avis du préfet du département.

3 Un patient en psychiatrie est-il libre de sortir de l'établissement ?

En hospitalisation libre, le patient est libre de sortir de l'établissement comme tout patient soigné pour d'autres pathologies.

En hospitalisation complète sans consentement, il existe des sorties non accompagnées de 48 heures ou plus. L'autorisation est accordée par le directeur après avis favorable d'un psychiatre. Dans le cadre d'un SDRE, la demande est transmise 48 heures avant au préfet. Dans le cadre d'un STD, le tiers est informé.

4 Comment sont financés les hôpitaux en psychiatrie ?

L'activité de psychiatrie est financée à l'hôpital par un financement alloué par les régions intégralement en dotation, via la dotation annuelle de financement (DAF). Cette dotation est rattachée à l'objectif de dépenses assurance maladie (ODAM) et concerne les établissements appartenant au secteur public et les structures privées à but non lucratif (ESPIC).

Chaque année, l'ARS notifie aux établissements sous DAF (qu'ils soient intégralement financés en DAF ou qu'ils exercent une activité mixte, par exemple MCO, EHPAD et psychiatrie) le taux d'évolution de leur budget de psychiatrie.

La réforme, mise en œuvre au 1er janvier 2022, décompose le financement en plusieurs dotations, dont deux sont majeures :

1. La dotation populationnelle qui va financer 75 % environ de la psychiatrie

Censée garantir l'équité entre les régions, elle est basée sur quatre critères (plus un), dont la pondération sera révisée tous les cinq ans :

- le taux de pauvreté par département des habitants de la région, mesuré par l'Insee ;
- le taux de densité de médecins généralistes et de psychiatres ;
- le taux d'isolement (personnes vivant seules) ;
- le taux de places médico-sociales adaptées aux patients psychiatriques ;
- en plus, il faut survaloriser la population mineure.

2. La dotation à l'activité (15 % du financement) comprendra un tarif dégressif pour les activités à temps complet, un tarif unique à la journée pour le temps partiel, et un tarif progressif pour l'ambulatoire.

D'autres dotations sont prévues dans le nouveau modèle de financement :

- une dotation « nouvelle activité » pour encourager la créativité des établissements et permettre aux régions de développer de nouveaux modes de prise en charge ;
- une dotation « structuration à la recherche » ;
- une dotation « qualité » sur des indicateurs à recueillir dans les établissements ;
- une dotation exhaustivité et qualité du codage ;
- une dotation « activité interrégionale ».

5 Quels sont les modes de sortie en psychiatrie sous contrainte ?

Le psychiatre peut demander, tout comme la personne ayant signé le tiers, la levée de contrainte. Cependant, le directeur de la structure d'accueil peut s'opposer à la levée de soin demandé par un tiers s'il y a péril imminent.

Le préfet peut également s'opposer à la décision du psychiatre. Le directeur demande alors, sous un délai de 72 heures, qu'un psychiatre différent donne son avis sur la sortie.

Deux cas se présentent alors :

- dans le cadre d'une **sortie avec continuité des soins** sous contrainte à l'extérieur (sortie d'essai d'HDT), s'il confirme les dires du premier psychiatre, la sortie est confirmée et le préfet prend un arrêté de transformation de l'hospitalisation sous contrainte en programme de soin ; dans le cas contraire l'hospitalisation sous contrainte se poursuit ;
- dans le cadre d'une **sortie sèche**, si le second psychiatre contredit les dires du psychiatre demandant la sortie, le directeur de la structure d'accueil saisit immédiatement le juge des libertés et de la détention (JLD) pour trancher le désaccord psychiatre/préfet. Le préfet peut alors maintenir l'hospitalisation sous contrainte sauf si le JLD impose la sortie.

Le préfet peut également s'opposer à un allégement du programme de soin en extra-hospitalier, les modifications sont donc annulées et le programme continue comme il avait été défini. Un recours auprès du JLD est possible ;

Le préfet peut s'opposer à la fin de la mesure d'un patient bénéficiant d'un programme de soin, la mesure est alors renouvelée.

Un recours auprès du JLD reste toujours possible.

6 Quels sont les nouveaux droits des patients en psychiatrie sans consentement introduits par les lois de 2011 et 2013

Des restrictions à l'exercice des libertés individuelles doivent être adaptées aux nécessités de l'état mental de la personne hospitalisée sans consentement. Dans tous les cas, la dignité de la personne doit être respectée, il faut toujours privilégier l'information du patient et recherché son consentement.

Parmi les droits introduits par les dernières réformes, on peut citer :

- La période d'observation de 72 heures maximum en hospitalisation complète sans consentement, avant de proposer un type de prise en charge (sortie, soins ambulatoires, hospitalisation complète).
- L'obligation de réaliser un examen somatique complet par un médecin, dans les 24 heures suivant l'admission prononcée par le directeur.
- Le droit à l'information de la décision d'admission, de sa situation juridique, de ses droits et des voies de recours possibles (saisine de la CDSP, de la CDU ou des tribunaux).
- Le contrôle du Juge des Libertés uniquement pour les hospitalisations complètes dans les 12 jours et 6 mois et saisine dans les 8 jours. L'audience doit être tenue dans l'établissement de santé ou dans la salle de conseil à la demande du patient, et avec l'assistance d'un avocat. La vidéoconférence est supprimée. Cette saisine systématique n'exclut par les saisines facultatives du JLD.
- La loi du 26 janvier 2016 a également adopté des dispositions relatives à l'isolement et à la contention. Elles sont maintenant encadrées : elles ne doivent être utilisées qu'en dernier recours, que pour prévenir un dommage imminent, sur décision d'un psychiatre et pour une durée limitée. Un registre est tenu par l'établissement, et un rapport d'activité annuelle est transmis à la commission des usagers.

3 Cours
L'éthique en milieu hospitalier, le malade non hospitalisé et les consultations externes

1 Quel est le rôle du conseil consultatif national d'éthique ?

La vocation du conseil consultatif national d'éthique (CCNE) est de soulever les enjeux des avancées de la connaissance scientifique dans le domaine du vivant et de susciter une réflexion de la part de la société.

Si les questions posées par l'Assistance Médicale à la Procréation et l'expérimentation sur l'homme sont parmi les premiers sujets abordés par le CCNE, sa réflexion se poursuit sur ces sujets et s'étend très vite à d'autres thèmes tels que la recherche sur l'embryon humain, l'accès à l'information génétique, les neurosciences, le statut des éléments du corps humain, la biodiversité.

Le CCNE reste un organisme strictement consultatif. Depuis sa création, le CCNE a publié 127 avis.

2 Comment s'organise le prélèvement d'organes ?

Toute personne est présumée avoir consenti au don de ses organes sauf si elle s'inscrit au registre national des refus. Elle peut également demander une carte de donneur d'organes. Le prélèvement est gratuit et anonyme. La mort du donneur doit être médicalement constatée par 2 médecins. Un entretien avec les proches est organisé par l'équipe médicale. Le médecin qui procède à un prélèvement d'organes sur une personne décédée est tenu d'assurer la meilleure restauration possible du corps.

La loi française pose le principe du consentement présumé au don d'organes. Cela signifie que toute personne qui n'a pas fait connaître de son vivant son refus au don est présumée consentir au prélèvement de ses organes au moment de son décès.

Cependant la recherche d'informations permettant d'apprécier et de respecter la position du défunt au sujet d'un éventuel refus est obligatoire.

3 Quelle actualité connaissez-vous sur l'interruption volontaire de grossesse (IVG) ?

Les modalités de l'interruption volontaire de grossesse ont été modifiées par la loi de modernisation de notre système de santé du 26 janvier 2016. Ces nouvelles dispositions visent à améliorer l'accès des femmes à l'IVG, améliorer l'information donnée sur les méthodes et préserver le libre choix des femmes.

Quatre éléments sont à retenir :

- l'extension des pratiques d'IVG par méthode instrumentale aux centres de santé, alors qu'ils peuvent déjà réaliser des IVG médicamenteuses. Cette possibilité pour les médecins en centre de santé de réaliser des IVG instrumentales vise à renforcer l'offre de proximité et proposer un réel choix de la méthode aux femmes qui souhaitent interrompre une grossesse ;
- la suppression du délai minimal de réflexion d'une semaine entre la première et la deuxième consultation pour l'IVG afin de ne pas entraver le choix de la femme ;
- l'autorisation donnée aux sages-femmes de pratiquer cet acte, ce qui devrait augmenter l'offre sur tout le territoire et contribuer à une meilleure reconnaissance du rôle des sages-femmes ;
- un plan d'accès à l'IVG formalisé par l'ARS dans chaque région afin d'assurer l'accès à l'IVG sur l'ensemble du territoire.

4 Qu'est-ce que l'HAD ?

L'hospitalisation à domicile (HAD) est une forme d'hospitalisation qui permet d'assurer au domicile du patient des soins médicaux et paramédicaux importants, pour une période limitée mais renouvelable en fonction de l'évolution de son état de santé. L'HAD intervient exclusivement sur prescription médicale et avec l'accord du médecin traitant, qui assure la prise en charge médicale tout au long du séjour. Elle est prise en charge par l'assurance maladie.

L'HAD peut être envisagée si les 3 conditions suivantes sont réunies :

- le patient est hospitalisé et le médecin qui le suit à l'hôpital estime que les soins peuvent être poursuivis au domicile du patient ou s'il juge que l'état du patient n'exige pas qu'il reste à l'hôpital ;
- les conditions de domicile le permettent (l'assistante sociale fera une enquête). La notion de domicile recouvre le domicile personnel, mais aussi les établissements d'hébergement collectif (Ehpad par exemple) ;
- le patient et sa famille sont d'accord.

5 Comment s'organisent les soins ambulatoires ?

Les soins ambulatoires (ou soins de ville) comprennent les soins effectués en cabinet de ville, en dispensaire, centres de soins ou lors de consultations externes d'établissements hospitaliers publics ou privés. Ils se composent des soins dispensés au titre de l'activité libérale par les médecins, les dentistes et les auxiliaires médicaux (les infirmiers, les kinésithérapeutes, les orthophonistes, les orthoptistes), des actes d'analyse effectués en laboratoire et des soins dispensés en cures thermales.

On retrouve par exemple une prise en charge ambulatoire dans les services de dialyse ou de chimiothérapie, où le patient reçoit son traitement à l'hôpital, puis rentre chez lui pour poursuivre ses activités quotidiennes. La prise en charge ambulatoire peut aussi s'appliquer à la chirurgie, quand l'acte chirurgical est peu important. Elle permet de libérer des chambres, de laisser le patient mener une vie normale et de réduire les coûts.

6 Qu'est-ce que la procréation médicale assistée (PMA) ? Qui peut en bénéficier ?

La **procréation médicale assistée** (PMA), également appelée **assistance médicale à la procréation** (AMP) et **procréation assistée médicalement** (PAM), est un ensemble de pratiques cliniques et biologiques où la médecine intervient plus ou moins directement dans la procréation afin de permettre à des couples infertiles d'avoir un enfant. La fécondation *in vitro* (FIV, ou FIVETE pour « fécondation in vitro et transfert d'embryon ») est une des méthodes les plus connues de la PMA.

L'AMP est encadrée en France par la loi de bioéthique du 6 août 2004, dispositions qui ont été révisées par la loi du 7 juillet 2011.

En France, l'assistance médicale à la procréation est définie par l'article L.2141-1 du Code de la santé publique.

L'AMP s'adresse aux couples hétérosexuels (mariés, pacsés ou en concubinage) en âge de procréer et qui se trouvent dans l'une des situations suivantes :

- le couple ou l'un des membres présente une stérilité (ou infertilité) pathologique médicalement constatée (bilan d'infertilité) ;
- l'un des membres du couple est porteur d'une maladie grave, susceptible d'être transmise au conjoint ou à l'enfant.

Remarque

L'avis du Comité consultatif national d'éthique (CCNE) qui s'est prononcé pour l'ouverture de la PMA aux couples de femmes et aux femmes célibataires, laisse à penser que la législation va évoluer.

4 Cours
La Commission des usagers

1 Quel est le rôle de la Commission des usagers (CDU) ?

La loi du 4 mars 2002 et le décret n° 2005-213 du 2 mars 2005 ont instauré la création, dans chaque établissement de santé public ou privé, d'une commission des relations avec les usagers et de la qualité de la prise en charge. La CRUQPC permet d'associer les représentants des usagers au fonctionnement des établissements de santé. En 2016 (Loi de modernisation de notre système de santé du 26 janvier 2016, loi dite « Touraine »), elle devient CDU.

La CDU a pour mission de veiller au respect des droits des usagers, de faciliter leurs démarches et de contribuer à l'amélioration de la prise en charge des malades en associant les représentants des usagers.

Elle est composée a minima de 2 médiateurs (un médiateur médical et un médiateur non médical) et de représentants des usagers. Son président est soit le directeur de l'établissement ou son représentant soit un représentant des usagers/association de patients.

Le rôle de la CDU est théoriquement central dans le cadre de la politique qualité de l'établissement, même si elle reste une instance **consultative :** tous les éléments qui permettent de juger de la qualité de la prise en charge sont recueillis et analysés par les membres de la CDU, y compris les éléments traités par les autres instances non obligatoires de l'établissement (comité de lutte contre les infections nosocomiales, comité de lutte contre la douleur, commission alimentation nutrition...).

L'implication des représentants des autres instances (CME, comité technique l'établissement, commission des soins infirmiers...) constitue des leviers pour relayer la politique qualité.

Par ailleurs, la CDU est en charge de la rédaction annuelle d'un rapport sur les droits des usagers et les recommandations sur la politique qualité. Ce rapport est transmis et débattu en CME et au sein du conseil de surveillance ou de l'organe qualifié. Dans ce cadre, le rôle du représentant des usagers est important car il doit veiller à ce qu'il y ait un véritable échange au sein du conseil de surveillance sur ces sujets et que les constats et propositions de la Commission soient bien intégrés et repris dans les axes de la politique d'amélioration de la qualité menée par l'établissement.

Ce rapport est transmis à l'agence régionale de santé puis à la conférence régionale de la santé et de l'autonomie, il fait partie des documents obligatoirement remis aux experts-visiteurs de la Haute autorité de santé (HAS) dans le cadre de la certification. Cette nécessaire communication externe constitue un levier sur lequel le représentant des usagers peut faire « pression » pour que le rapport de la CRUQPC ne reste pas un document formel mais devienne bien un outil d'amélioration de la qualité.

À cet effet, le rôle de la CDU a été renforcé depuis la loi HPST qui a confié à la CME la construction d'un programme d'actions relatif à la qualité des soins, la sécurité des patients et les conditions de leur prise en charge. La CDU contribue à l'élaboration de ce programme notamment grâce à son rapport annuel.

Depuis 2016, elle peut s'auto-saisir, est tenue informée des événements indésirables graves et est informée des suites qui sont données à ses propositions concernant notamment la politique qualité.

2 Quelles sont les procédures de gestion des plaintes et des réclamations à l'hôpital ?

La CDU a pour mission de veiller au respect des droits des usagers, de faciliter leurs démarches et de contribuer à l'amélioration de la prise en charge des malades en associant les représentants des usagers.

L'ensemble des réclamations adressées à l'établissement de santé par les usagers ou les proches ainsi que les réponses apportées par les responsables de l'établissement doivent être à la disposition des membres de la commission, selon des modalités définies par le règlement intérieur de l'établissement. Elle doit permettre des modalités de règlement des litiges centrés sur le dialogue avec les usagers grâce à la création et à l'intervention de deux médiateurs : le médiateur médecin et le médiateur non médecin.

Les informations relatives à la politique d'accueil et de prise en charge des personnes malades et de leurs proches doivent également lui être communiquées.

3 Quelles sont les voies de recours du patient si la CDU n'apporte pas satisfaction ?

Si la CDU n'apporte pas de satisfaction à la plainte ou à la réclamation de l'usager, celui-ci peut toujours porter l'affaire devant les tribunaux administratifs.

S'il s'agit d'une infection nosocomiale ou d'un aléa thérapeutique, le patient peut saisir la commission de conciliation et d'indemnisation des accidents médicaux (CCI)

Le délai moyen de remise d'un avis par la commission est de 12 mois. Si celui-ci aboutit à une proposition d'indemnisation, le dossier est transmis soit à l'assureur, soit à l'ONIAM, en fonction des situations.

Placé sous la tutelle du Ministère de la Santé, l'ONIAM, établissement public, a pour mission d'organiser le dispositif **d'indemnisation amiable**, rapide et gratuit des victimes d'accidents médicaux fautifs (en cas de défaillance de l'assurance) et non fautifs, sans passer par une procédure en justice.

4 Comment saisir la CDU ?

En cas d'insatisfaction, l'usager (ou son ayant droit) contacte le médecin ou les responsables du service pour exprimer le motif de sa réclamation. Si la réponse apportée ne convient pas, il écrit à la direction de l'établissement, ou au président de la CDU, ou aux représentants des usagers. La plainte sera examinée et l'usager sera informé de la possibilité de saisir un médiateur ainsi que des voies de recours dont il dispose.

La CDU prendra connaissance du dossier, peut consulter le dossier médical du patient si besoin et s'il n'y est pas opposé puis donnera son avis. Elle pourra émettre des recommandations. L'usager recevra par courrier le rapport de médiation.

Toutes ces informations sont disponibles dans le document remis à chaque patient hospitalisé (le livret d'accueil).

5 Comment la CDU est-elle composée ?

Anciennement CRUQPC, la CDU siège au sein de chaque établissement de santé. Elle est composée d'au moins 5 membres « obligatoires » :

- le directeur de l'établissement ou son représentant
- 2 médiateurs (un médecin et un professionnel du soin), et leurs suppléants, désignés pour 3 ans par le directeur de l'établissement
- 2 représentants des usagers (RU) et leurs suppléants, nommés pour 3 ans par le directeur de l'Agence Régionale de Santé (ARS).

Peuvent y siéger également des membres « invités ». Depuis 2016, elle peut être présidée par un représentant des usagers.

Conseil

Connaître le nom du président de la CDU.

Entraînement

1. Quelles sont les missions de la CDU ?
   - ❒ **a.** Gérer les plaintes et les réclamations
   - ❒ **b.** Défendre le droit des patients
   - ❒ **c.** Défendre les soignants
2. Quelles sont les voies de recours proposé par la CDU en hôpital public ?
   - ❒ **a.** Le tribunal d'instance
   - ❒ **b.** Le tribunal administratif
   - ❒ **c.** La commission de conciliation et d'indemnisation
3. Qu'expriment les directives anticipées ?
   - ❒ **a.** Les souhaits en fin de vie
   - ❒ **b.** Les volontés en fin de vie
4. Un patient en hospitalisation libre en psychiatrie est-il libre de quitter l'établissement ?
   - ❒ **a.** Oui
   - ❒ **b.** Non
5. Le prélèvement d'organe s'effectue
   - ❒ **a.** Après recherche d'informations concernant la volonté du patient
   - ❒ **b.** Avec accord de la personne de confiance ou de la famille
   - ❒ **c.** Sans recherche, le consentement étant présumé
6. La CDU est composée :
   - ❒ **a.** De deux médiateurs
   - ❒ **b.** De représentants d'associations de patient
   - ❒ **c.** D'un représentant du directeur d'établissement
7. Lors de l'admission, il est demandé au patient de fournir une pièce d'identité, comme par exemple :
   - ❒ **a.** Le passeport,
   - ❒ **b.** La carte d'identité
   - ❒ **c.** La carte vitale
8. La personne de confiance participe aux entretiens médicaux
   - ❒ **a.** Avec accord du patient
   - ❒ **b.** Avec accord du médecin

9. Le don d'organes s'effectue

❒ **a.** Si le patient ne s'y est pas opposé de son vivant

❒ **b.** Avec accord de la personne de confiance, à défaut de la famille, à défaut des proches

❒ **c.** Si le patient a une carte de donneur

10. Les directives anticipées

❒ **a.** S'imposent aux médecins

❒ **b.** Représentent l'avis non médical le plus important

❒ **c.** Sont obligatoirement proposées au patient

11. Les activités hospitalières sont financées

❒ **a.** Totalement par la tarification à l'activité

❒ **b.** En partie par la tarification à l'activité et par la dotation globale

❒ Par la dotation globale, la tarification à l'activité et le prix de journée

12. Les MIGAC sont

❒ **a.** Les missions d'intérêt général et d'aide à la contractualisation

❒ **b.** Des enveloppes financières négociées avec la tutelle

❒ **c.** Conditionnées à l'exercice de certaines missions

13. La responsabilité médicale est réglementée par

❒ **a.** La loi « HPST » du 21 juillet 2009

❒ **b.** La loi dite Kouchner du 4 mars 2002

❒ **c.** La loi du 2 février 2016 sur la fin de vie

14. L'ONIAM peut indemniser les patients en cas

❒ **a.** D'infections nosocomiales

❒ **b.** D'aléa thérapeutique

❒ **c.** De faute du médecin

15. Le patient a des droits, a-t-il également des obligations ?

❒ **a.** Oui

❒ **b.** Non

16. En cas d'hospitalisation sans consentement, le juge des libertés et de la détention est consulté

❒ **a.** Après 12 jours maximum

❒ **b.** Tous les 6 mois

❒ **c.** Après 15 jours maximum

17. Les directives anticipées sont valables
   - ❒ **a.** 3 ans
   - ❒ **b.** 10 ans
   - ❒ **c.** Jusqu'à ce que le patient les modifie

18. La lettre de liaison peut-elle remplacer le compte rendu d'hospitalisation ?
   - ❒ **a.** Oui
   - ❒ **b.** Non

19. Quelles sont les activités financées par la T2A ?
   - ❒ **a.** Les activités psychiatriques
   - ❒ **b.** Les activités médecine, chirurgie, obstétrique
   - ❒ **c.** Les activités de soins de suite et de réadaptation

20. En psychiatrie, le contrôle automatique du JLD dans les 12 jours concerne
   - ❒ **a.** L'ensemble des soins sans consentement
   - ❒ **b.** Uniquement les hospitalisations complètes sans consentement
   - ❒ **c.** Tous les soins sauf les programmes de soins sans hospitalisation

Corrigés

1. **Réponses a. et b.**
2. **Réponses b. et c.**
3. **Réponse b.** Elles expriment les volontés en fin de vie depuis 2016.
4. **Réponse a.**
5. **Réponse a.**
6. **Toutes les réponses sont correctes.**
7. **Réponses a. et b.**
8. **Réponse a.**
9. **Réponse a.**
10. **Réponse a.** Depuis 2016, elles s'imposent aux médecins, le refus de les appliquer est soumis à une procédure spécifique.
11. **Réponse b. :** il y a toujours un reste de dotation globale à négocier, même pour les activités MCO qu'on appelle généralement les MIGAC.
12. **Toutes les réponses sont correctes.**
13. **Réponse b.**
14. **Réponses a. et b.**
15. **Réponse a.** Les obligations des patients ne sont pas spécifiques à leur qualité de patient, ce sont des obligations essentiellement civiles et citoyennes.
16. **Réponses a. et b.**
17. **Réponse c.** Depuis 2016, les directives sont révocables à tout moment.
18. **Réponse a.** Beaucoup d'établissement continue à rédiger le compte rendu d'hospitalisation souvent en plus de la lettre de liaison.
19. **Réponses b. et c.** Une partie des activités SSR est financée par la T2A depuis le 1er mars 2017.
20. **Réponse b.**

Connaissances n° 3

Opérations médico-administratives

- Les règles de la correspondance Médicale
- Les certificats médicaux
- Les imprimés CERFA
- Les ordonnances
- Le fonctionnement du secrétariat médical
- Le secret professionnel et le secret médical
- Dossier patient et dossier informatisé du patient, classement, archive et communication du dossier patient

1 Cours
Les règles de la correspondance médicale

1 L'évolution de la correspondance médicale

Le métier de secrétaire médicale a évolué avec l'arrivée de nouvelles technologies, même dans les petites structures.

Aujourd'hui dans les établissements de la Fonction Publique Hospitalière, sauf sur des postes de secrétaire médicale spécifiques (ex. : à l'Hygiène) où l'AMA est amenée à prendre des notes lors des réunions et à les retranscrire, majoritairement sur les autres postes la secrétaire à un rôle uniquement de saisie des informations ou de mise en forme des documents. **Elle n'a pas la responsabilité de rédiger elle-même un courrier.**

Peu de médecins dictent encore leur courrier directement à la secrétaire (prise de notes rapide ou sténographie).

Désormais, les médecins dictent leurs courriers via un logiciel de dictée numérique et la secrétaire médicale récupère alors ce fichier directement sur son ordinateur et fait la saisie informatique de ce courrier. Dans ce cas, il lui appartient soit de compléter les « champs informatiques » déjà paramétrés dans des documents, soit de saisir ce courrier et d'en faire la mise en forme, en veillant à la « cohérence des données ».

Dans certains établissements de santé (ou cabinets médicaux) on utilise la « reconnaissance vocale » (via un logiciel qui permet de retranscrire directement la voix du médecin sur un document informatique). Dans ce cas l'AMA est amené·e à faire uniquement la « mise en forme » de ce courrier ou compte rendu (opératoire ou d'hospitalisation) en vérifiant toutefois la « cohérence des données » (ex. : en vérifiant s'il s'agit bien d'une personne de sexe féminin lorsqu'il s'agit d'un compte-rendu de césarienne).

Attention

Quelques règles sont à connaître qui relèvent majoritairement du bon sens, sans oublier les obligations légales en fonction des différents types de correspondance.

À chaque courrier saisi l'AMA se doit de revérifier l'orthographe du nom du patient. Une simple erreur d'orthographe peut conduire à une erreur de dossier pouvant aboutir à une faute médicale.

2 Le courrier médical

Il doit comporter :

- les règles de bienséance : formule introductive « Cher Confrère, Cher Ami... » qui sera reprise dans la formule de politesse : « Bien confraternellement ou Amicalement ». Traditionnellement lorsqu'un médecin ou spécialiste écrit à un « professeur » il utilisera « Monsieur et Cher Maître » (pour rappel on n'adresse pas de sentiments à une personne du sexe opposé) ;

- l'en-tête de l'établissement (adresse postale, numéro FINESS, coordonnées téléphoniques...) ;
- les coordonnées du Médecin ayant dicté le courrier, sa spécialité, le service auquel il est rattaché (s'il exerce dans un établissement de santé) ;
- l'adresse du ou des destinataire(s) ;
- l'identité du patient (nom de naissance, date de naissance, nom marital) ;
- la date d'hospitalisation et son motif, le résumé de l'examen clinique le traitement de sortie, la conduite à tenir, la date de sortie du service. Pour les services de Psychiatrie il est noté le mode d'admission ;
- la date de saisie du courrier ;
- la signature du médecin.

Instituée par la loi de modernisation de notre système de santé du 26 juillet 2016, la lettre de liaison a vocation à être transmise au patient à sa sortie.

Ce document synthétise les informations nécessaires à la prise en charge du patient dont le praticien dispose sur son lieu d'intervention. Cette lettre comprend notamment les motifs de la demande d'hospitalisation, les traitements en cours et les allergies connus. Elle est adressée par messagerie sécurisée, ou par tout moyen garantissant la confidentialité des informations. Elle est versée dans le dossier médical partagé du patient si ce dossier a été créé, ou lui est remise.

Lors de la sortie de l'établissement de santé, une lettre de liaison, rédigée par le médecin de l'établissement qui l'a pris en charge, est remise au patient par ce médecin, ou par un autre membre de l'équipe de soins qui l'a pris en charge, et qui s'assure que les informations utiles à la continuité des soins ont été comprises.

Sauf opposition du patient, la lettre de liaison est transmise le même jour, au médecin traitant et le cas échéant, au praticien qui a adressé le patient.

3 Le compte rendu opératoire

On n'y retrouve ni les coordonnées du destinataire, ni les formules d'introduction ou de politesse. En revanche certains items doivent être complétés :

- nom de l'opérateur ;
- nom du médecin anesthésiste ;
- nom de l'aide opératoire ;
- date de l'intervention ;
- identité complète du patient ;
- type d'intervention chirurgicale permettant le codage de l'acte ;
- technique d'anesthésie (locorégionale, générale...).

Après la saisie informatique par la secrétaire médicale (AMA), ce compte rendu doit être signé pour validation par l'opérateur.

4 Le courrier type

Il est utilisé pour adresser des résultats ou une convocation.

Il s'agit souvent d'une trame informatique à en-tête de l'établissement et du service avec une formule d'introduction et une formule de politesse et à compléter par :

- l'adresse du patient ;
- la date ;
- les coordonnées du secrétariat qui l'adresse.

Attention

Le courrier doit être adapté à la situation et au destinataire :

S'il est adressé par voie postale, le nom d'une personne physique doit obligatoirement figurer sur l'enveloppe. La mention « secret médical » ou « confidentiel » peut être écrite sur l'enveloppe.

Certains documents (certificats) adressés au patient à sa demande, doivent être envoyés en lettre recommandée.

En cas de remise « en mains propres » une pièce d'identité doit être exigée par la secrétaire médicale si le patient est le destinataire. Si c'est une autre personne qui vient chercher ce document il doit être muni de sa propre pièce d'identité, d'un « pouvoir de délégation » signé par le destinataire ainsi que la copie de la pièce d'identité du destinataire du document.

La mention « certificat rédigé à la demande de l'intéressé et remis en main propre, pour servir et faire valoir ce que de droit » est obligatoire.

5 L'e-mail

Il est d'office déjà daté, il comporte également une formule d'introduction (Madame, Monsieur) ainsi qu'une formule de politesse.

Il peut être utilisé pour adresser un courrier ou un compte rendu en pièce jointe, via une messagerie sécurisée à un médecin.

Il faut veiller à l'orthographe, éviter les abréviations.

2 Les certificats médicaux

1 Les certificats médicaux

Vous trouverez en annexe 2 un modèle de certificat médical.

Sur papier à en-tête du médecin ou de l'établissement, le certificat sera rédigé soit de façon manuscrite par le médecin, soit il sera dicté par celui-ci à l'AMA qui devra le saisir informatiquement et le faire signer.

RAPPEL

« Le médecin doit apposer sa signature immédiatement sous la dernière ligne du certificat ou rendre inutilisable l'espace laissé libre entre cette dernière ligne et sa signature par tout moyen approprié »

Un certificat ne doit comporter que des faits exacts et véritables dans le respect du secret médical. **Il est rédigé après l'examen clinique** du patient et si possible dactylographié.

Il doit être daté, signé et un exemplaire est conservé dans le dossier du patient.

2 Le certificat d'Incapacité Temporaire de Travail Personnel ou ITTP

Il est établi pour évaluer l'impossibilité pour le patient de se livrer à un des actes essentiels de la vie courante : faire ses courses, se nourrir, s'habiller, sortir seul...

3 Le certificat médical d'Incapacité Temporaire de Travail ou ITT

Cette incapacité s'évalue en durée et en taux d'incapacité, souvent totale les premiers jours elle devient « partielle » dès la reprise d'une certaine autonomie.

Attention

L'arrêt de travail est une notion différente de l'ITT.

L'arrêt de travail correspond à l'évaluation des conséquences des blessures ou violences sur l'activité professionnelle du patient **alors que l'ITT** correspond à la géne constatée dans les actes de la vie courante (conduire, manger, se laver...).

Remarque

Les certificats médicaux doivent être remis en mains propres à l'intéressé ou adressés en lettre recommandée à l'intéressé. La mention « certificat établi à la demande de l'intéressé pour servir et faire valoir ce que de droit » est obligatoire.

3 Cours
Les imprimés CERFA

Les imprimés CERFA sont des imprimés utilisés pour les patients relevant du régime de l'Assurance Maladie. Voici quelques exemples :

- **Certificat de déclaration d'Accident du Travail (Imprimé CERFA s6201C – modèle en annexes 3 et 4)**

Le blessé déclare l'accident à son employeur dans les 48 heures L'employeur lui remet cet imprimé qui va permettre la prise en charge complète des frais pendant la totalité des soins (Médecins – pharmacie – Infirmière – Hospitalisation - Imagerie médicale...)

- **Certificat pour Maladie Professionnelle (imprimé CERFA s6100 - modèle en annexe 5)**

Cet imprimé sera complété par le médecin en présence du patient lors de la 1re constatation médicale de la maladie professionnelle

- **Certificat Médical Accident du Travail (imprimé CERFA s6909 a - modèle en annexe 5)**

Il est établi par le médecin lors :

- du 1er examen médical du blessé on l'appelle CMI = certificat médical initial ;
- de prolongation des soins avec ou sans prolongation d'arrêt de travail ;
- d'une rechute en lien avec l'accident du travail déclaré ;
- du dernier examen médical on l'appelle CFD = certificat final descriptif.

- **Certificat de déclaration de grossesse (imprimé CERFA s4110 – modèle dans les compléments en ligne sur le site Dunod)**

Cet imprimé sera complété soit par un médecin soit par une sage-femme lors du 1er examen médical constatant la grossesse.

- **Prescription médicale de transport (imprimé Cerfa s3138 d - modèle en annexe 6)**

Cet imprimé est complété dans sa partie administrative par la secrétaire médicale, la partie renseignant l'état de santé du patient, les modalités de transport sont à remplir exclusivement par le médecin prescripteur qui signera cette prescription.

Les ordonnances

Définition

L'ordonnance « c'est l'écrit qui contient les prescriptions du médecin pour un patient ».

Il existe cinq types d'ordonnances :

1 L'ordonnance « classique »

Bien que certains considèrent encore que le médecin est libre d'utiliser tout type de support du moment que des mentions obligatoires y figurent.

La plupart du temps l'ordonnance classique est établie sur papier à en-tête du service de l'établissement (ou d'un médecin libéral) on y retrouve : l'identité du médecin prescripteur, sa qualification, son adresse, son numéro de conseil de l'ordre (pour le libéral) son numéro RPPS (Répertoire Partagé des Professionnels de Santé) l'identité du patient et s'il s'agit d'un enfant le poids de celui-ci doit être indiqué. Cette ordonnance est datée, signée et comme pour les certificats médicaux l'espace libre doit être annulé entre le dernier mot et la signature du prescripteur.

En pratique, les supports d'ordonnances sont désormais imprimés via un logiciel de prescription ou pré-imprimés pour pouvoir répondre à l'arrêté du 10 août 2010 fixant les caractéristiques permettant la lecture automatique des éléments d'identification du prescripteur sur les ordonnances.

Depuis 2010, le prescripteur doit apposer par codes-barres normés conformes au code 128 (défini par la norme NF EN 799) :

- son numéro RPPS (numéro individuel d'inscription au Répertoire Partagé des Professionnels de Santé attribué à vie) ;
- le numéro de sa structure : ADELI pour l'exercice libéral et FINESS pour les structures de soins.

Ces codes-barres doivent être pré-imprimés, et selon un dispositif transitoire dont la date limite n'est pas fixée, apposés par étiquette.

2 L'ordonnance « bizone »

Elle doit être utilisée pour les soins et les traitements en rapport avec une Affection (exonérante) de Longue Durée (ALD) (*cf.* les compléments en ligne sur le site Dunod).

L'ordonnance bizone comporte deux zones distinctes :

- une partie haute réservée aux soins en rapport avec l'ALD, pris en charge à 100 % ;
- une partie basse, réservée aux soins sans rapport avec l'ALD remboursés aux taux habituels de la Sécurité sociale.

Les traitements prescrits en partie haute ouvrent droit à une exonération du ticket modérateur, l'assurance maladie prenant en charge à 100 % les médicaments, analyses ou soins y figurant.

Il faut uniquement mentionner dans cette partie les prescriptions ayant un rapport direct et incontestable avec l'affection de longue durée exonérante. Ces actes et prestations figurent sur le protocole de soins établi par le médecin traitant du patient et validé par le médecin conseil de sa caisse d'Assurance Maladie.

Toutes les autres prescriptions, sans rapport avec l'A.L.D., doivent être inscrites en partie basse de l'ordonnance bizone.

3 L'ordonnance sécurisée

L'utilisation des ordonnances dites sécurisées est obligatoire pour toute prescription ou commande à usage professionnel de médicaments classés comme stupéfiants ou soumis à la réglementation des stupéfiants, en application de l'article R.5132-5 du Code de la santé publique.

Description des ordonnances sécurisées :

- elles sont réalisées sur du papier filigrané blanc naturel ;
- l'identification du prescripteur (en bleu, d'une teinte et d'une intensité donnée) et le code-barres de son numéro RPPS (Répertoire Partagé des Professionnels de Santé) sont pré-imprimés ;
- l'identification de la structure : N° ADELI du prescripteur ou n° FINESS (Fichier National des Établissements Sanitaires et Sociaux) de l'établissement de santé et le code-barres correspondant pré imprimé ;
- une numérotation d'identification du lot d'ordonnance est inscrite dessus ;
- un carré en micro-lettres où est indiqué le nombre de médicaments prescrits.

Elles existent en format classique et en format « bizone » et ne peuvent être commandées que dans des imprimeries aux normes AFNOR.

5 Cours
Le fonctionnement du secrétariat médical

Circuit des documents : réception-traitement-transmission

Pour tout nouveau patient dans un établissement de santé il y a l'obligation de créer un dossier médical version papier ou version informatique, en indiquant le nom de naissance, le prénom, le nom marital, la date de naissance, le sexe. Un numéro d'identification patient sera attribué (NIP)

Pour la version papier (toujours existante à ce jour dans les établissements de santé le « zéro papier » n'étant encore que très peu développé) la demande est faite par la secrétaire médicale au service des archives médicales aussi bien pour une consultation que pour une hospitalisation, soit par mail, soit le logiciel de prise de rendez-vous génère directement cette demande informatiquement. Il s'agit de la création d'un **dossier médical unique** pour l'ensemble des services médicaux.

1 Dans un secrétariat de consultations externes

Quelle que soit la pathologie chaque document utilisé devra comporter l'identité complète du patient.

La mission de l'AMA impliquant le circuit du dossier sera :

- de demander les dossiers médicaux aux archives afin de préparer la consultation du médecin ;
- une fois la consultation effectuée, elle récupère le dossier médical ;
- elle fait la saisie du courrier et la saisie du codage des actes de la consultation ;
- après signature de ce courrier par le médecin elle l'envoie soit par messagerie sécurisée, soit par voie postale au médecin traitant et/ou à d'autres destinataires ;
- elle classe les différents documents (résultats d'examens...) ;
- elle fait repartir le dossier médical aux archives centrales.

2 Dans un secrétariat d'hospitalisation

Le circuit du dossier est à peu près identique si ce n'est que le dossier médical reste au sein du service d'hospitalisation (poste infirmier) durant la totalité du séjour.

- La secrétaire médicale demande les dossiers médicaux pour les hospitalisations programmées soit par mail, soit par un logiciel interfacé avec le service des archives médicales.
- Durant le séjour du patient, chaque jour elle classe dans le dossier médical les nouveaux résultats d'examen pour la visite du médecin (bien que dans certains établissements, les médecins font la visite dans le service à l'aide d'un ordinateur portable ce qui permet d'accéder directement aux résultats des examens du patient).

- À la fin du séjour, elle prépare les documents de sortie (saisie du courrier, saisie du traitement, arrêt de travail, organisation du retour à domicile ou du transfert vers un autre établissement, saisie du codage).
- Elle classe ensuite le dossier papier en respectant les différentes rubriques et en vérifiant que chaque document comporte bien l'identité du patient.
- Elle retourne ensuite le dossier médical aux archives médicales.

Pour la transmission d'un dossier de service à service il est indispensable de respecter les règles de confidentialité, il peut être glissé dans une pochette kraft et doit être remis en mains propres soit à la secrétaire du nouveau service, soit à l'infirmière.

Conseils

L'AMA doit veiller à la confidentialité des données médicales et administratives renseignées dans le dossier du patient. Aucun dossier ne doit être visible et/ou accessible par une autre personne en dehors de l'équipe ayant en charge ce patient. L'AMA ne doit pas laisser des dossiers sur la banque d'accueil du secrétariat et faire en sorte que les données figurant à l'écran de son ordinateur ne puissent pas être visibles. Si elle quitte son secrétariat elle doit impérativement fermer sa session informatique afin d'empêcher une personne d'utiliser l'ordinateur sinon l'AMA serait tenue responsable.

6 Cours
Le secret professionnel et le secret médical

1 Quelle est la différence entre le secret professionnel et le secret médical ?

Les agents publics ne doivent pas divulguer les informations relatives aux personnes dont ils ont connaissance du fait de leur profession ou de leurs fonctions. Cette obligation s'applique aux informations à caractère personnel et secret : informations relatives à la santé, au comportement, à la situation personnelle ou familiale d'une personne, etc.

Le secret professionnel enjoint aux membres de certains corps de métier de ne divulguer aucun renseignement confidentiel concernant leur activité ou leurs patients. Il est apparenté à la confidentialité.

Le secret médical est une partie du secret professionnel qui concerne l'état de santé du patient.

Le code de la santé publique dispose que « toute personne prise en charge par un professionnel, un établissement, un réseau de santé ou tout autre organisme participant à la prévention et aux soins a droit au respect (de sa vie privée) du secret des informations la concernant ».

Le secret médical fait parti du secret professionnel. Il s'agit de toute l'information relative à l'état de santé du patient. Le champ du secret professionnel est plus large, il englobe le secret médical mais également toutes les autres informations relatives au patient (informations paramédicales, administratives et sociales notamment) jusqu'à la présence des patients.

2 Qu'est-ce que l'information partagée ?

Le Code de la santé publique autorise le partage de l'information couverte par le secret dans le cadre de l'équipe de soin :

« Lorsque ces professionnels appartiennent à la même équipe de soins, au sens de l'article L. 1110-12, ils peuvent partager les informations concernant une même personne qui sont strictement nécessaires à la coordination ou à la continuité des soins ou à son suivi médico-social et social. Ces informations sont réputées confiées par la personne à l'ensemble de l'équipe.
Le partage, entre des professionnels ne faisant pas partie de la même équipe de soins, d'informations nécessaires à la prise en charge d'une personne requiert son consentement préalable, recueilli par tout moyen, y compris de façon dématérialisée, dans des conditions définies par décret pris après avis de la Commission nationale de l'informatique et des libertés. ».

Remarque

L'équipe de soins se définit comme l'ensemble des professionnels qui participent directement au profit d'un même patient :

- à la réalisation d'un acte de diagnostic, thérapeutique, de compensation du handicap, de soulagement de la douleur ;
- ou de prévention de perte d'autonomie ;
- ou aux actions nécessaires à la coordination de plusieurs de ces actes.

Et qui :

- soit exercent dans le même établissement de santé, ou le même établissement ou service social ou médico-social, ou dans le cadre d'une structure de coopération, d'exercice partagé ou de coordination sanitaire ou médico-sociale ;
- soit se sont vus reconnaître la qualité de membre de l'équipe de soins par le patient qui s'adresse à eux pour la réalisation des consultations et des actes prescrits par un médecin auquel il a confié sa prise en charge ;
- soit exercent dans un ensemble, comprenant au moins un professionnel de santé, présentant une organisation formalisée et des pratiques conformes à un cahier des charges fixé par un arrêté du ministre de la Santé.

3 Quelles sont les dérogations au secret professionnel ?

Les informations tenues au secret ne peuvent être divulguées qui si elles sont prévues par un texte de loi. On peut distinguer une dérogation générale appelée « secret partagé » et des dérogations spécifiques prévues par la loi.

- Dans le cas du « secret partagé », il s'agit du partage possible de l'information couverte par le secret (voir question 2).
- Dans le cas des dérogations légales, il existe plusieurs dérogations au secret qui nécessitent très souvent l'accord du patient. On peut citer à titre d'exemple :
  - l'information donnée aux ayants droit en cas de décès
  - l'information donnée lorsque le patient est hors d'état d'exprimer sa volonté
  - l'information donnée en présence de la personne de confiance
  - l'accès aux informations personnelles par le médecin expert de l'HAS

Enfin, d'autres professionnels dans certains cas auront besoin de partager l'information pour gérer la situation du patient. Mais ils ne devront avoir accès qu'à l'information strictement nécessaire à cette gestion (c'est le cas des AMA par exemple).

4 Quelles sanctions peuvent être données aux agents ne respectant pas le secret professionnel ?

Les sanctions en cas de non-respect du secret peuvent être de plusieurs sortes :

- sanction pénale (voir art. 226-13 du Code pénal : 1 an d'emprisonnement et 15 000 euros d'amande) ;
- sanction disciplinaire (de l'avertissement à la radiation des cadres) ;

- sanction administrative (dommages et intérêts à verser après jugement du tribunal administratif) ;
- sanction déontologique pour les professions réglementées.

5 Qui est concerné par le secret professionnel ?

Les établissements sont tenus de protéger la confidentialité des informations qu'ils détiennent sur les patients qu'ils accueillent.

Tout professionnel de santé intervenant dans la prise en charge du patient est concerné par cette obligation (voir par exemple pour les IDE, l'art.R.4312-4 CSP ; pour les médecins, l'art. R.4127-4 CSP)

Mais aussi tout membre du personnel de ces établissements ou organismes et toute personne en relation, de par ses activités, avec ces établissements ou organismes (dont les AMA bien sûr).

7 Cours
Dossier patient et dossier informatisé du patient, classement, archive et communication

1 Qui peut consulter le dossier patient ?

En dehors du patient lui-même, plusieurs personnes bénéficient d'un droit d'accès à son dossier médical. Il s'agit de son représentant légal si le patient est mineur ou majeur sous tutelle, du médecin choisi par le patient comme intermédiaire et de l'ayant droit du patient après son décès. Peut consulter le dossier patient :

- quand le patient est mineur, celui qui a autorité parentale sauf s'il y a eu demande de secret du mineur, validée par le médecin ;
- quand le patient est majeur protégé, le mandataire de justice a accès au dossier médical ;
- l'ayant droit d'un patient décédé si le motif est valable (connaître la mort du défunt, faire valoir un droit ou défendre la mémoire du défunt) et que le patient ne s'y est pas opposé de son vivant ;
- tout mandataire désigné par le patient ;
- le médecin prescripteur d'une hospitalisation ;
- tout médecin désigné par le patient.

2 Combien de temps doit-il être conservé ?

Le décret du 4 janvier 2006 fixe la durée de conservation des dossiers médicaux à **20 ans à compter de la date du dernier séjour de son titulaire dans l'établissement** ou de la dernière consultation en son sein. **Pour les patients décédés** ce délai est de **10 ans à compter de la date du décès.** Pour les mineurs, ce délai peut être de **28 ans au maximum,** la possibilité pour un mineur de mettre en cause la responsabilité d'un praticien commençant à courir à compter de sa majorité. Soulignons également que l'article 4 de la Directive Européenne 2005/61 du 30 septembre 2005 portant application de la directive 2002/98/CE du Parlement européen et du Conseil en ce qui concerne les exigences en matière de traçabilité et la notification des réactions et incidents indésirables graves dispose « Les États membres veillent à ce que les établissements de transfusion sanguine, les dépôts de sang hospitaliers ou les établissements conservent les données (...) sur un support approprié et lisible pendant **au moins 30 ans**, afin d'assurer la traçabilité. » Enfin, il convient également de tenir compte des délais de prescription en matière de **mise en cause de la responsabilité médicale** (**prescription de 10 ans à compter de la consolidation du dommage** et non de sa réalisation - article L. 1142-28 du code de la santé publique). Ainsi que le précise le décret de 2006, ces délais sont par ailleurs suspendus « par l'introduction de tout recours gracieux ou contentieux tendant à mettre en cause la responsabilité médicale de l'établissement de santé ou de professionnels de santé à raison de leurs interventions au sein de l'établissement. »

3 Quels sont les délais de transmission prévus par la loi ?

Le patient majeur peut accéder à ces informations directement ou par l'intermédiaire d'un médecin qu'il désigne. Ces documents sont communiqués au patient :

- au plus tard dans les 8 jours suivant sa demande ;
- et au plus tôt après qu'un délai de réflexion de 48 heures a été observé.

Ce délai est porté à 2 mois lorsque :

- les informations médicales datent de plus de 5 ans ;
- ou la commission départementale des soins psychiatriques est saisie.

4 Peut-on détruire les dossiers ? dans quelles conditions ?

À l'issue du délai de conservation, le dossier médical peut être éliminé. La décision d'élimination est prise par le directeur de l'établissement après avis du médecin responsable de l'information médicale.

Dans les établissements publics de santé et les établissements de santé privés participant à l'exécution du service public hospitalier, cette élimination est en outre subordonnée au visa de l'administration des archives, qui détermine ceux de ces dossiers dont elle entend assurer la conservation indéfinie pour des raisons d'intérêt scientifique, statistique ou historique.

5 Les ayants droit peuvent-ils consulter le dossier patient ?

Sauf volonté contraire exprimée par la personne avant son décès, le dossier médical peut être consulté par les ayant droit si le patient est décédé. Lors de sa demande écrite envoyée à l'établissement de santé, l'ayant droit doit motiver sa demande en expliquant que les informations peuvent être notamment :

- nécessaires pour connaître les causes de la mort ;
- défendre la mémoire du défunt ;
- faire valoir un droit.

L'acceptation de la demande ne donne pas accès à la totalité du dossier médical mais aux éléments susceptibles de répondre aux différents motifs.

Le refus de la demande est motivé mais il ne fait pas obstacle à la délivrance d'un certificat médical. Ce dernier ne doit pas comporter d'informations couvertes par le secret médical.

6 Qu'est-ce que le dossier médical partagé DMP ?

Dès 2013, le « dossier médical personnel », est envisagé afin de remplacer le fameux carnet de santé édité sur support papier, qui lui-même rencontra bien des difficultés et qui se solda par un échec. La ministre de la santé Agnès Buzyn a lancé officiellement le 6 novembre 2018 la généralisation du dossier médical partagé (DMP) en le qualifiant de « symbole de la stratégie de transformation du système de santé engagée par le gouvernement ». Le souhait du ministère de la santé est d'atteindre un objectif de 40 millions de dossiers ouverts d'ici 2022. Le fait est que le DMP est à présent disponible pour tous, gratuit, sécurisé et non obligatoire. Sa non-création n'a aucune incidence sur la prise en charge financière du patient et ses remboursements.

Le DMP est un dossier médical numérique destiné à favoriser la prévention, la qualité, la continuité et la prise en charge coordonnée des soins des patients. Il peut être créé pour tout bénéficiaire de l'assurance-maladie à certaines conditions.

a. Le DMP, un document de partage d'information

Afin d'assumer son enjeu essentiel de continuité et de qualité des soins, le DMP est accessible au bénéficiaire ainsi qu'aux professionnels de santé participant à la prise en charge du patient. Dès lors que ces professionnels font partie de la même équipe de soins (qu'elle soit hospitalière ou définie par le patient en cas de prise en charge en ville), l'autorisation d'accès au DMP sera réputée donnée à l'ensemble de l'équipe. A contrario, si un professionnel de santé qui ne fait pas partie de cette équipe de soins a nécessité d'accéder au DMP d'un patient, il lui faudra obtenir le consentement du patient.

Enfin, tous les accès par un professionnel au dossier sont tracés, notamment la première connexion. Il en va de même pour toutes actions réalisées dans le dossier (dépôts de documents, inscription d'une information, prescription...). Le patient en sera systématiquement averti par le moyen qu'il aura lui-même déterminé lors de la création de son dossier.

A contrario, il est clairement précisé dans les textes que certains professionnels n'auront aucun droit d'accéder au DMP : les laboratoires pharmaceutiques, les mutuelles, les banques et les assurances privées, le médecin du travail, les personnels administratifs des établissements sanitaires ou médico-sociaux... Il s'agit ici de protéger l'usager de tout abus d'utilisation de ces informations.

b. Le DMP, un document réceptacle des informations confidentielles

Puisque le DMP a vocation à regrouper l'ensemble des informations relatives à la santé du patient, il doit être alimenté, sauf à perdre tout son intérêt. Aussi, il est prévu que dès son ouverture, il soit alimenté par l'assurance-maladie à partir de l'historique des soins et des traitements remboursés des 24 derniers mois. Puis, chaque professionnel lors de la prise en charge du patient quelle qu'elle soit, se doit d'intégrer les données utiles à la coordination et la continuité des soins qu'il estime nécessaire de partager avec d'autres professionnels. Les textes précisent que dans le respect des règles déontologiques qui lui sont applicables, chaque professionnel de santé, quels que soient son mode et son lieu d'exercice, reporte dans le DMP, à l'occasion de chaque acte ou consultation, les éléments diagnostiques et thérapeutiques nécessaires à la coordination des soins de la personne prise en charge. De plus, lors de séjours en établissement de santé, les professionnels de santé reportent dans le DMP un résumé des principaux éléments relatifs à ce séjour . Cette transcription doit cependant se faire dans le respect des obligations définies par la Haute autorité de santé (HAS). Quant au médecin référent, il devra verser périodiquement, au moins une fois par an, une synthèse dont le contenu est aussi défini par la Haute Autorité de santé.

Sans être exhaustif, il est intéressant de relever que le DMP doit comporter notamment :

- les lettres de liaison d'entrée et de sortie d'établissement, documents obligatoires et incontournables de la coordination et continuité des soins (CSP, art. R1112-1-2) ;

- les directives anticipées (CSP, art. R1111-18) ;
- la personne de confiance désignée par le patient dans les conditions prévues par l'article L1111-6 du CSP ;
- les informations relatives au don d'organes ou de tissus.

c. La création du DMP

Le DMP ne peut être créé qu'avec le consentement de l'usager, il n'est donc pas obligatoire. Une fois créé, le bénéficiaire du dossier en devient le seul titulaire. Cependant, le dispositif juridique tient naturellement compte de la situation des usagers mineurs et de ceux qui bénéficient d'une protection tutélaire, à savoir qu'il revient au représentant légal de faire la démarche de l'ouverture du dossier pour la personne qu'il représente. Cependant, concernant le mineur, si l'atteinte de l'âge de la majorité nécessite de **recueillir son consentement** pour conserver son DMP, le dispositif ne reflète pas l'ensemble des droits dont dispose le mineur dans le cadre de sa prise en charge. Dans cette situation, le DMP semble atteindre ses limites.

Le DMP est donc un dossier qui ne peut se substituer ni au dossier médical que tout établissement ou professionnel doit tenir pour chaque patient pris en charge selon les obligations définies par le code de la santé publique, ni au dossier pharmaceutique, lequel répond à d'autres objectifs.

d. Le DMP et la responsabilité des professionnels

Au regard du droit du patient, le texte prévoit que la responsabilité du professionnel de santé ne peut être engagée en cas de litige portant sur l'ignorance d'une information qui lui était masquée et dont il ne pouvait légitimement avoir connaissance par ailleurs. A contrario, le médecin qui ne tient pas compte d'une information inscrite au DMP ou qui ne consulte pas le DMP ou encore qui ne remplit pas le DMP pourrait voir sa responsabilité engagée en cas de dommage subi par le patient. Quelques jurisprudences ont déjà retenu la responsabilité soit du professionnel soit de la structure en cas de mauvaise tenue du dossier médical.

7 La personne de confiance peut-elle consulter le dossier patient ?

La personne de confiance ne dispose pas d'une dérogation au secret professionnel pour consulter le dossier médical. Elle ne pourra consulter le dossier médical que si elle a une autre qualité qui le lui permet (mandataire de justice, ayants droit en cas de décès).

8 Quelles sont les différentes parties du dossier patient ? Qu'est-ce qui est communicable et non communicable ?

Toute personne a le droit d'accéder à son dossier médical. Cependant, certains éléments ne sont pas communicables.

Toute personne a accès à l'ensemble des informations concernant sa santé, c'est-à-dire à toutes les **données qui sont formalisées** et ont contribué à l'élaboration et au suivi du diagnostic et du traitement ou à une action de prévention, ou ont fait l'objet d'échanges écrits entre professionnels de santé.

Ceci correspond notamment aux résultats d'examens, aux comptes rendus de consultation, d'intervention, d'exploration ou d'hospitalisation, aux protocoles et prescriptions thérapeutiques mis en œuvre, aux feuilles de surveillance, ainsi qu'aux correspondances entre professionnels de santé, **à l'exception** des informations mentionnant qu'elles ont été recueillies auprès de tiers n'intervenant pas dans la prise en charge thérapeutique et des informations concernant des tiers.

Ces informations sont communicables quelle qu'en soit la forme (papier, support informatique...).

9 Quelles sont les voies de recours en cas de refus de communication ?

En cas de refus de communication du dossier dans un établissement public de santé, le demandeur doit saisir la Commission d'accès aux documents administratifs (Cada), dans un délai de deux mois suivant le refus ou l'absence de réponse.

La Cada dispose alors d'un délai d'un mois pour faire connaître son avis. Si cet avis n'est pas suivi par l'établissement (maintien du refus), vous pouvez former un recours pour excès de pouvoir devant le tribunal administratif.

Entraînement

1. L'information médicale peut être partagée entre les membres de l'équipe de soins
   - ❒ **a.** Sauf opposition du patient
   - ❒ **b.** Avec accord du patient
2. Les sanctions prévues en cas de non-respect du secret médical peuvent être des :
   - ❒ **a.** Sanctions pénales
   - ❒ **b.** Sanctions disciplinaires
   - ❒ **c.** Sanctions administratives
   - ❒ **d.** Sanctions déontologiques pour les professions réglementées
3. Combien de temps conserve-t-on les dossiers médicaux ?
   - ❒ **a.** 10 ans
   - ❒ **b.** 20 ans
   - ❒ **c.** 30 ans
4. La personne de confiance a-t-elle accès au dossier médical ?
   - ❒ **a.** Oui
   - ❒ **b.** Non
5. Quels sont les délais de communication du dossier médical pour les patients ayant été hospitalisé dans les 5 ans ou moins ?
   - ❒ **a.** 15 jours
   - ❒ **b.** 8 jours
   - ❒ **c.** 21 jours
6. Les ayants droit peuvent consulter le dossier médical
   - ❒ **a.** Dans sa totalité
   - ❒ **b.** Uniquement les éléments répondant au motif indiqué
   - ❒ **c.** À condition que le patient décédé ne s'y soit pas opposé de son vivant
7. Tous les médecins de l'établissement peuvent consulter les dossiers médicaux de tous les patients de l'établissement
   - ❒ **a.** Oui
   - ❒ **b.** Non
   - ❒ **c.** Oui mais avec l'accord du directeur
8. Qu'est-ce que la CADA
   - ❒ **a.** La commission annuelle du dossier administratif
   - ❒ **b.** La commission d'accès au document administratif
   - ❒ **c.** Le centre d'accueil des départements actuels

9. Combien de temps conserve-t-on le dossier d'un patient décédé ?

❒ **a.** 10 ans

❒ **b.** 20 ans

❒ **c.** 30 ans

10. Le patient peut consulter son dossier médical :

❒ **a.** Dans sa totalité

❒ **b.** Si les médecins sont d'accord

❒ **c.** Partiellement : les annotations personnelles et les informations relatives aux tiers ou concernant les tiers ne sont pas communicables

11. Le secret médical concerne

❒ **a.** Le personnel médical uniquement

❒ **b.** Le personnel médical et les soignants

❒ **c.** Tous les professionnels de santé

12. Les experts de l'HAS peuvent consulter les dossiers médicaux lors des visites de certification

❒ **a.** Vrai

❒ **b.** Faux

13. La destruction des dossiers médicaux se fait

❒ **a.** Sur décision du directeur d'établissement

❒ **b.** Après avis de la CDU

❒ **c.** Après accord de l'administration nationale des archives

14. Le DMP, introduit pas la loi de santé de 2016, signifie

❒ **a.** Dossier médical personnel

❒ **b.** Dossier médical partagé

15. Le tri des informations communicables dans un dossier médical s'effectue par

❒ **a.** La secrétaire médicale

❒ **b.** L'infirmière

❒ **c.** Le médecin

16. La personne de confiance est désigné pour

❒ **a.** 3 ans

❒ **b.** 10 ans

❒ **c.** La totalité de l'hospitalisation

17. Le médecin traitant peut-il être désigné comme personne de confiance ?

❒ **a.** Oui

❒ **b.** Non

18. Le personnel soignant peut être le tiers dans la prise en charge d'une personne en soins sans consentement sur la demande d'un tiers

❒ **a.** Oui

❒ **b.** Non

19. Ou retrouve-t-on le numéro RPPS ?

❒ **a.** Sur les courriers médicaux

❒ **b.** Sur les ordonnances

❒ **c.** Sur les imprimés CERFA

20. L'ordonnance bizonne est utilisée pour :

❒ **a.** Une déclaration de grossesse

❒ **b.** Les accidents du travail

❒ **c.** Les traitements d'affection longue durée

Corrigés

1. **Réponse a.**
2. **Toutes les réponses sont correctes.**
3. **Réponse b.** 30 ans uniquement pour les transfusions sanguines
4. **Réponse b.**
5. **Réponse b.**
6. **Réponses b. et c.**
7. **Réponse b.**
8. **Réponse b.**
9. **Réponse a.**
10. **Réponse c.**
11. **Réponse c.** Les AMA sont donc bien concernées
12. **Réponse b.** Seuls les médecins experts de l'HAS peuvent consulter les dossiers médicaux
13. **Réponses a. et c.** Le directeur recueille également l'avis du médecin responsable de l'information médicale
14. **Réponse b.**
15. **Réponse c. S**eul le médecin est responsable du tri. Si en pratique, l'AMA ou l'infirmière réalise ce tri, ce sera sous la responsabilité du médecin
16. **Réponse c.**
17. **Réponse a.**
18. **Réponse b.** Le tiers est la personne qui formule la demande de soins. Ce peut être soit un membre de la famille du patient, soit une personne justifiant de l'existence de relations avec le patient antérieures à la demande de soins, qui lui donnent qualité pour agir dans l'intérêt de celui-ci (ami, tuteur ou curateur...). Les personnels soignants exerçant dans l'établissement d'accueil ne peuvent pas agir comme tiers.
19. **Réponses b. et c.** RPPS signifie Répertoire Partagé des Professionnels de Santé. Le numéro RPPS est le numéro sous lequel chaque professionnel de Santé est inscrit dans ce répertoire national. Composé de 11 chiffres ce numéro est attribué à vie, c'est l'identification du médecin.
20. **Réponse c.**

Connaissances n° 4

La terminologie médicale

- Que doit-on connaître en terminologie médicale ?
- Comment apprendre la terminologie médicale ?
- L'appareil locomoteur
- L'appareil respiratoire
- L'appareil digestif et les glandes annexes
- L'appareil urinaire
- L'appareil cardio-vasculaire
- Les appareils reproducteurs
- Le système nerveux et les organes des sens

Cours et méthode

Que doit-on connaître en terminologie médicale ?

Une terminologie c'est l'ensemble des termes propres à un domaine.

Lors du concours, la terminologie médicale fait partie intégrante de l'épreuve écrite.

Pour assurer une mission de secrétaire médicale la connaissance du vocabulaire médical de base est indispensable.

Il vous faudra utiliser l'étymologie* (préfixes et suffixes) pour comprendre ce vocabulaire médical et connaître les racines de ces mots pour en trouver leur signification.

*Étymologie = science qui étudie l'origine des mots.

En fonction des services où vous travaillerez, vous utiliserez les termes spécifiques aux pathologies traitées dans ce service.

L'anatomie humaine est la description de la structure du corps humain (étymologie du mot anatomie : du grec *anatomia* signifiant disséquer et dérivé du terme « couper »)

Le corps humain est constitué de plusieurs « appareils » appelés aussi systèmes : nerveux-digestif-circulatoire-locomoteur... 206 os forment le squelette à l'âge adulte et 639 muscles.

Il existe une terminologie commune à toutes les pathologies :

- le diagnostic
- la thérapeutique
- la posologie
- le pronostic.

Le médecin cherche à reconnaître, à identifier la maladie dont souffre son patient : il pose le **diagnostic** en interrogeant le patient sur les troubles ressentis par celui-ci c'est-à-dire les **symptômes** qu'il présente et en faisant l'examen physique de celui-ci. Il s'agit de **l'examen clinique**.

Le médecin fera une **prescription** sur une ordonnance médicale en notant la **posologie** qui indique le dosage mais aussi le mode d'administration (ex. : voie orale).

La **thérapeutique** désigne le traitement (ex. : corticothérapie = prescription de corticoïde, antibiothérapie = prescription d'antibiotiques)

Le **pronostic** peut être donné : il s'agit de la prévision de l'évolution de la maladie.

1 Cours
Comment apprendre la terminologie médicale ?

Cela ressemble à l'apprentissage d'une langue étrangère. Au quotidien vous développerez un vocabulaire spécifique en fonction du service où vous serez affectée.

Le jour du concours vous ne connaîtrez peut-être pas tous les mots mais l'objectif est d'utiliser vos connaissances en étymologie pour analyser le mot proposé.

1 Règles d'association entre une racine et un suffixe

La grande majorité des racines se terminent par la lettre « o »

- Si à la **racine** on ajoute un **suffixe** qui commence par une **consonne**, on conserve le **O** de la racine (voyelle + consonne)

Exemple

cardio/logie : partie de la médecine qui étudie les maladies du cœur.

cardi (o) = cœur

logie = étude de

- Si à la **racine** on ajoute un **suffixe** qui commence par une **voyelle**, la lettre **O** de la racine est supprimée (voyelle + voyelle)

Exemple

lomb/algie = douleur lombaire.

lomb(o) = région lombaire

algie = douleur

Les mots du vocabulaire médical sont composés de plusieurs éléments : ***les unités de sens***, qui permettent comme leur nom l'indique **de donner du sens précis à un mot.** On trouve deux unités de sens : ***les préfixes*** et ***les suffixes*** appelés aussi « affixes »

Il existe deux types de termes médicaux :

- Les termes ***non décomposables*** : par conséquent leur mémorisation est indispensable.
- Les termes ***décomposables*** : ce sont des termes dont l'étymologie permet la décomposition :
  - préfixe (qui précède la racine) ;
  - radical (le centre du mot, sa racine) ;
  - suffixe (qui suit la racine).

Exemple

« **ENDOCARDITE** » qui signifie l'inflammation de l'endocarde (tunique interne du cœur)

Prefixe	Radical	Suffixe
Endo à l'intérieur	**Card** cœur	**Ite** Inflammation

Parfois le terme médical est composé de 2 radicaux et d'1 suffixe.

Exemple

L'examen radiographique de la cavité utérine est une : ***HYSTERO/SALPINGO/GRAPHIE***

Le suffixe *graphie* indique un examen.

En le décomposant on obtient :

	1er radical	2e radical	Suffixe
	HYSTERO	***SALPINGO***	***GRAPHIE***
Signifiant	UTÉRUS	TROMPES	Image - écrit

2 Liste non exhaustive des radicaux à retenir (racine du mot)

Racine	Terme
Adéno	Ganglion
Arthro	Articulation
Brachio	Bras
Chiro/cheiro	Main
Cholé	Bile
Chondro	Cartilage
Copro/scato	Excrément
Coxo	Hanche
Cyto	Cellule
Entéro	Intestin
Fémoro	Fémur
Gastro	Estomac
Gest/gravido	Grossesse
Glande sébacée	Séboébo
Glosso	Langue
Gonio	Angle
Gono	Genou

Racine	Terme
Gust	Goût
Gyneco/gyno	Femme
Hépato	Foie
Ilio	Iliaque/flanc
Kerato	Cornée
Labio/chélio	Lèvre
Lacryo	Larme
Lacto/galacto	Lait
Laparo	Abdomen
Laryngo	Larynx
Mano	Main
Myelo/médullo	Moelle
Mytho	Mensonge
Odonto	Dent
Oro	Langage
Patho	Maladie
Pelvi	Bassin
Phréno	Diaphragme
Phréno/psycho	Esprit
Pinéal	Epiphyse
Procto/ano	Anus
Pyélo	Bassinet
Scapulo	Epaule
Somato	Corps
Thérato	Malformation
Thrombo	Caillo-
Toco	Accouchement
Vaso	Canal

3 Préfixes les plus courants à connaître

a. Préfixes qui expriment un nombre

1	2	3	4	5	6	7	8	9	10
Uni-	Bi- Di-	Tri-	Quadri- Tetra-	Quint- Penta-	Hexa-	Hepta- Septa-	Octa- Octo-	Nona-	Deca-

Exemples

- **Uni**latéral : qui n'affecte qu'1 seul côté.
- **Uni**vitellin : qui provient d'1 seul œuf. (Voir jumeaux)
- **Bi**pare : femme qui a eu 2 enfants
- **Di**plopie : trouble de la vision se caractérisant par une vision double d'un seul objet.
- **Tri**somie : pathologie génétique caractérisée par la présence dans les cellules d'un 3e chromosome sur une paire chromosomique.

- **Quadri**thérapie : association de 4 médicaments.
- **Tétra**plégie : paralysie simultanée des 4 membres.
- **Quin**tuplés : désigne 5 enfants d'une même grossesse.
- **Hexa**dactylie : anomalie génétique qui se traduit par un 6e doigt ou un 6e orteil.
- **Oct**ane : fièvre octane qui se répète tous les 8 jours laissant un intervalle sans fièvre.
- **Nona**génaire : âge d'une personne compris entre 90 et 99 ans.

b. Préfixes indiquant la localisation

Préfixe	Localisation
topo-	lieu, position
acro-	extrémité
juxta-	à côté
ana- rétro-	en arrière
péri-	autour
para-	contre
ex-, extra-	hors de
exo-, ecto-	en dehors

Préfixe	Localisation
in-, intra-	dans, dedans
épi-	sur
sub-	sous
pré-	devant
pro-	en avant
ante-	en avant
meso-	milieu
dia-	à travers

Exemples

- **Acro**phobie **:** en psychiatrie c'est la peur insurmontable des endroits élevés
- **Pro**nostic : prévision de l'évolution probable de la maladie
- **Épi**gastre : partie au-dessus de l'abdomen
- **Sub**lingual : sous la langue
- **Pré**natal : examen pratiqué pendant la grossesse, avant la naissance
- **Rétro**vesical **:** qui se situe en arrière de la vessie ou d'une vésicule
- **Exo**phtalmie **:** c'est une saillie du globe oculaire hors de l'orbite

c. Préfixes indiquant la taille

Préfixes	Exemples
Brachy : court	Brachypnée : respiration anormalement courte
Dolicho : long	Dolichocôlon : allongement du colon
Giga- : géant	Gigantisme : développement exagéré du squelette
Macro, Méga- : grand	Macrophage : grande cellule d'origine sanguine
Micro- : petit	Microcéphale : anomalie, taille exagérément petite de la tête
Mini : petit	Minima : (au minimum) tension artérielle diastolique (2e chiffre)

d. Préfixes indiquant la forme, l'aspect

Préfixe	Exemples
Ankyl- : recourbé	Ankylose
Bactéri(o)- : bâton	Bactériologie
Bio – vie	Biologie
Coron- : couronne	Coronaire
Cotyl- : creux	Cotyloïdien
Cypho- : bosse, courbure	Cyphose
Disc- : disque	Discal
Granul(o)- : grain, granule	Granulocyte
Morpho- : forme	Morphologie
Pachy- : épais	Pachydermie
Piri- : poire	Piriforme
Punct- : point	Punctiforme
Sclér- (o) : dur, induré	Sclérose
Scolio- (o) : tortueux	Scoliose
Spin- : épine (dorsal)	Spinal
Sténo- : étroit, rétréci	Sténose
Unc-, uni : crochet	Unciforme

e. Préfixes indiquant le mouvement

Préfixe	Exemples
Ana- : en arrière, de bas en haut	Anamnèse
Brady- : lent	Bradycardie
Circum- : autour	Circumduction
Dia- : à travers	Dialysat
Dis- : séparer	Disséquer
Exo- : au dehors	Exophtalmie
Isch- : retenir, arrêter	Ischémie
Kinési- : mouvement	Kinésithérapie
Méta- : transformation	Métaplasie
Oscill- : se balancer	Oscilloscope
Pali- : retour en arrière	Palilalie
Para- : autour de	Paracentèse
Re, Ré- : retour en arrière	Reflux
Tachy - : rapide	Tachycardie

f. Préfixes indiquant une couleur

Préfixe	Couleur	Exemple
Cirrh-	Roux	Cirrhose
Chlor(o)-	Vert	Chlorophylle
Chryso-	Or	Chrysothérapie
Cyano-	Bleu	Cyanogène
Eburn-	Ivoire	Eburné
Erythr(o)-	Rouge	Érythrocyte
Leuc(o)-	Blanc	Leucocyte
Mélan(o)-	Noir	Mélanome
Phéo-	Brun	Phéochromocytone
Polio-	Gris	Poliomyélite
Rhodo-	Rose, rouge	Rhodopsine
Rub-	Rouge	Rubéole
Xanth(o)-	Jaune	Xanthome

4 Suffixes les plus courants

Suffixes	Exemples
Algésie, **algie** = douleur	An**algésie** = absence de douleur Cyst**algie** = douleur vésicale Lomb**algie** = douleur au niveau des lombaires Névr**algie** = douleur le long d'un nerf
Acousie = entendre	An**acousie** = absence d'audition Hypo**acousie** = baisse de l'audition
Cide = qui tue	Bactéri**cide** = qui peut tuer les bactéries Spermi**cide** = qui tue les spermatozoïdes
Cyte = cellule	Leuco**cyte** = globule blanc Érythro**cyte** = globule rouge
Ectasie = dilatation	Artériectasie = dilatation d'une artère Bronch**ectasie** = dilatation des Bronches
Ectomie = ablation totale ou partielle	Appendic**ectomie** = ablation de l'appendicite Gastr**ectomie** = ablation de l'estomac
Emèse = vomissement	Hémat**émèse** = vomissement de sang
Emie = dans le sang	Glyc**émie** = taux de sucre dans le sang Natr**émie** = taux de sodium dans le sang
Esthésie = sensibilité	An**esthésie** = absence de sensibilité Hypo**esthésie** = diminution de la sensibilité

Suffixes	Exemples
Genèse = formation, naissance	Bio**genèse** = naissance de la vie Spermato**génèse** = formation des spermatozoïdes
Geste = qui porte	Nulli**geste** = femme qui n'a jamais été enceinte Primi**geste** = femme qui est enceinte pour la 1re fois
Gramme = mesure, tracé écrit	Électrocardio**gramme** = tracé de l'activité cardiaque
Graphie = écriture, mesure, enregistrement,	Thermo**graphie** : mesure de la chaleur Radio**graphie** = enregistrement sur une photographie d'une partie du corps exposé aux rayons X
Iatre ou iatrie = soins, qui soigne	Gér**iatre** : médecin pour personnes âgées Psych**iatrie** = partie de la médecine qui traite les troubles mentaux
Ite = inflammation d'un tissu	Bronch**ite** : inflammation d'une bronche Rhin**ite** = inflammation de la muqueuse nasale
Logie-Logue = sciences, étude de	Cardio**logue** : spécialiste des maladies du cœur Neuro**logue** = médecin qui étudie les maladies du système nerveux
Lyse = destruction	Fibrino**lyse** : destruction d'une cellule
Manie-mane = qui à la manie, une obsession	Clepto**mane** = tendance maladive à voler. Pyro**manie** = besoin irrésistible d'allumer des incendies
Mégalie = augmentation du volume	Hépato**mégalie** = augmentation du volume du foie Spléno**mégalie** = augmentation du volume de la rate
Mnésie = mémoire	A**mnésie** = perte partielle ou totale de la mémoire
Mètre -métrie = mesure	Pelvi**métrie** = mesure du diamètre du bassin
Oïde = qui ressemble à	Ov**oïde** = en forme d'œuf
Ome = tuméfaction, tumeur	Hémat**ome** = collection de sang dans un tissu My**ome** = tumeur bénigne constituée de tissu musculaire
Orexie = **appétit**	An**orexie** = diminution ou perte de l'appétit
Ose = état non inflammatoire	Arthr**ose** = dégénération des cartilages
Oxie = oxygène	Hyp**oxie** = diminution de la teneur du sang en oxygène

Suffixes	Exemples
Pare = qui engendre	Primi**pare** = femme qui accouche pour la 1re fois Multi**pare** = femme qui a eu plusieurs accouchements
Parésie = paralysie légère	Hémi**parésie** = paralysie légère de la moitié du corps soit droit, soit gauche
Pathie = maladie	Pneumo**pathie** = Affection des poumons. Psycho**pathie** = maladie mentale
Pénie = Diminution	Leuco**pénie** = diminution du taux des leucocytes dans le sang
Péxie = fixation	Colpo**pexie** = fixation du vagin à la paroi abdominale
Phage -phagie = absorption	Aéro**phagie** = absorption involontaire d'air dans l'estomac
Phobe-phobie = peur	Agora**phobie** = peur des espaces, des lieux publics Claustro**phobie** = peur de se retrouver dans un local fermé
Phylaxie = prévention	Pro**phylaxie** = prévention envers une maladie
Plasie = croissance, développement	Néo**plasie** = formation d'une tumeur
Plastie = corriger la forme	Rhino**plastie** = chirurgie plastique du nez parfois réparatrice. Le chirurgien spécialisé s'appelle un plasticien
Plégie – plégique = atteint de paralysie	Hémi**plégie** = moitié du corps paralysé droit ou gauche Tétra**plégie** = les quatre membres sont paralysés
Pnée = respiration	A**pnée** = arrêt volontaire ou involontaire de la respiration (plongée) Dys**pnée** = difficulté à respirer
Ptose = position anormalement basse	Colpo**ptose** = chute, relâchement des muscles du vagin
Rragie = écoulement sanguin	Hémo**rragie** = écoulement de sang
Rrhée = écoulement non sanguin	Oto**rrhée** = écoulement non sanguin venant de l'oreille
Scope -scopie = instrument servant à un examen visuel	Hystéro**scopie** = acte permettant de visualiser la cavité utérine à l'aide d'un hystéroscope
Sepsie -septique = qui provoque une infection	Anti**septique** = (anti = contre) qui détruit les micro-organismes sur les surfaces externes

Suffixes	Exemples
Stase = qui arrête le développement ou ralentissement	**Stase** stercorale = arrêt de la progression des matières dans l'intestin Hémo**statique =** produit qui permet de ralentir ou d'arrêter un écoulement de sang
Sthénie = force	Mya**sthénie** = affection neurologique caractérisée par une faiblesse musculaire excessive
Stomie = abouchement	Colo**stomie** = abouchement d'une partie du colon à la peau destiné à créer un anus artificiel
Thérapie = traitement	Chimio**thérapie** = traitement chimique pour guérir une maladie
Thermie = chaleur	Hyper**thermie** = augmentation de la température corporelle au-dessus de la normale
Tocie = accouchement	Eu**tocie** = accouchement normal
Tomie = incision	Laparo**tomie** = incision de la paroi abdominale
Tonie = tonus	Hypo**tonie** = diminution de la tonicité musculaire
Trophie = modification du volume	Hyper**trophie** = augmentation anormale du volume d'un tissu ou d'un organe
Urie = dans l'urine	Héma**turie** = présence de sang dans les urines

5 Principaux sigles, abréviations ou acronymes

Une **abréviation**, c'est soit un mot abrégé, soit un terme forgé avec les initiales des mots d'une expression. Exemple : Echo pour échographie, scan pour scanner.

Un **acronyme** est un mot formé avec les initiales des mots d'une expression et qui se prononce de manière syllabique : SIDA est un acronyme qui veut dire Syndrome de l'Immuno Déficience Acquise.

Un **sigle** est un terme formé avec les initiales des mots. On le prononce lettre par lettre. Exemple : I.R.M. voulant dire Imagerie par Résonnance Magnétique.

Attention

Certains sigles peuvent ne pas avoir la même signification, en fonction du contexte. Exemple : IVG pouvant évoquer une insuffisance ventriculaire droite ou une interruption volontaire de grossesse.

- **ACE** : antigène Carcino-embryonnaire (marqueur tumoral)
- **ADN** : Acide Desoxyribonucléique (molécule présente dans toutes les cellules vivantes contenant les informations nécessaires au développement et au bon fonctionnement d'un organisme)
- **AG** : anesthésie générale
- **AINS** : anti-inflammatoire non stéroïdien

- **AIT** : accident ischémique transitoire
- **AL** : anesthésie locale
- **AMM** : autorisation de mise sur le marché
- **ASP** : abdomen sans préparation Radiographie)
- **AT** : accident du travail
- **ATCD** : antécédents
- **AVC** : accident vasculaire cérébral
- **AVP** : accident de la voie publique
- **AVK** : anti-vitamine K (médicament anticoagulant)
- **AZT** : azidothymidine (médicament antiviral)

- **BAV** : bloc auriculo-ventriculaire (trouble du rythme)
- **BCG** : bacille de Calmette et Guérin (vaccin contre la tuberculose)
- **BK** : bacille de Koch (agent de la tuberculose)
- **BPCO** : bronchopneumopathie chronique obstructive

- **CAT** : conduite à tenir
- **CE** : corps étranger
- **CEC** : circulation extracorporelle
- **CIA** : communication inter auriculaire (malformation cardiaque)
- **CIVD** : coagulation intravasculaire disséminée (trouble de la coagulation)
- **CMI** : certificat médical initial
- **CFD** : certificat final descriptif

- **DCI** : dénomination commune internationale (médicaments)
- **DDB** : dilatation des bronches
- **DDR** : date des dernières règles
- **Dg** : diagnostic
- **DID** : diabète insulino-dépendant
- **DIU** : dispositif intra-utérin
- **DT** : delirium tremens
- **DTTAB** : diphtérie-tétanos- thyphoïde A et B (vaccin)

- **ECBU** : examen cytobactériologique des urines
- **ECG** : électrocardiogramme (tracé écrit de l'activité cardiaque)
- **EEG** : électroencéphalogramme (tracé écrit de l'activité cérébrale)
- **EFR** : exploration fonctionnelle respiratoire
- **EMG** : électromyogramme
- **ESV** : extrasystole ventriculaire

- **FC** : fausse couche
- **FID** : fosse iliaque droite (région de l'abdomen)
- **FIG** : fosse iliaque gauche
- **FIV** : fécondation in vitro
- **FIVETE** : fécondation in vitro et transfert d'embryon
- **FO** : fond d'œil
- **FP** : face et profil (examen radiographique)
- **FSH** : hormone folliculine stimulante

- **GB** : globule blanc
- **GEU** : grossesse extra utérine
- **GH** : hormone de croissance (de l'anglais *Growth Hormon*)
- **GR** : globule rouge

- **HAD** : hypertrophie auriculaire droite ou hospitalisation à domicile
- **HAG** : hypertrophie auriculaire gauche
- **HCG** : hormone chorionique gonadotrope
- **Hb** : hémoglobine
- **HDM** : histoire de la maladie
- **HED** : hématome extra dural
- **HIV** : sigle anglais du VIH
- **HLM** : débit minute des hématies et des leucocytes
- **HSD** : hématome sous dural
- **HTA** : hypertension artérielle
- **HVD** : hypertrophie ventriculaire droite
- **HVG** : hypertrophie ventriculaire gauche

- **IA** : insuffisance aortique
- **IC** : insuffisance cardiaque
- **IDR** : intradermo réaction à la tuberculine (pour tester le BCG)
- **Ig** : Immunoglobuline
- **IM** : intra – musculaire
- **IPP** : inter-phalangienne proximale
- **IPP** : incapacité partielle permanente
- **IRC** : insuffisance rénale chronique
- **IRC** : insuffisance respiratoire chronique
- **IV** : intra – veineuse (injection)
- **IT** : interruption de travail
- **IVD** : insuffisance ventriculaire droite
- **IVG** : insuffisance ventriculaire gauche ou
- **IVG** : interruption volontaire de grossesse

- **LCR** : liquide céphalo-rachidien
- **LDL** : lipoprotéine de basse densité

- **MP** : métacarpo-phalangienne
- **MST** : maladie sexuellement transmissible

- **NFS** : numération formule sanguine

- **OAP** : œdème aigu du poumon
- **OMI** : œdème des membres inférieurs
- **ORL** : oto-rhino-laryngologie

- **P1** : première phalange (P2- P3...)
- **Pa** : pression artérielle
- **PC** : perte de connaissance // périmètre cranien
- **PET** : scanner tomographie par émission de positons
- **PL** : ponction lombaire
- **PLS** : position latérale de sécurité
- **PMA** : procréation médicalement assistée
- **PSA** : antigène spécifique de la prostate

- **RA** : rétrécissement aortique
- **RAA** : rhumatisme articulaire aigu
- **RCH** : recto-colite hémorragique
- **Rh** : rhésus
- **RMN** : résonnance magnétique nucléaire (même examen que l'IRM)
- **ROT** : réflexes ostéo-tendineux
- **RU 486** : médicament abortif

- **SC** : sous cutanée (injection)
- **SEP** : sclérose en plaques
- **SIDA** : syndrome d'immunodéficience acquise
- **SNC** : système nerveux central

- **T3 – T4** : hormones thyroïdiennes
- **TA** : tension artérielle
- **TC** : traumatisme crânien
- **TC avec PC** : traumatisme crânien avec perte de connaissance
- **TCK** : temps de céphaline kaolin
- **TDM** : tomodensitométrie (scanner ou scanographie)
- **TH** : temps de Howell (mesure le temps de recalcification d'un plasma)
- **TOGD** : transit œso-gastro-duodénal
- **TP** : taux de prothrombine
- **TR** : toucher rectal
- **TS** : temps de saignement
- **TS** : tentative de suicide
- **TT ou TTT** : traitement
- **TV** : toucher vaginal

- **UIV** : urographie intraveineuse (radiographie)
- **UV** : ultra-violet

- **VEMS** : volume expiratoire maximum par seconde
- **VGM** : volume globulaire moyen
- **VIH** : virus de l'immunodéficience humaine (nom français du HIV)
- **VS** : vitesse de sédimentation

Exemples

Si vous connaissez le nom, vous pouvez trouver l'adjectif.

Nom	Adjectif(s)
Aine	Inguinal
Aisselle	Axillaire
Alvéole	Alvéolaire
Amnios	Amniotique
Appendice	Appendiculaire
Bile	Biliaire
Bras	Brachial
Bouche	Buccal
Cerveau	Cérébral
Clavicule	Claviculaire
Cœur	Cardiaque
Côlon	Colique
Côte	Costale
Cou	Cervicale
Enfant	Infantile
Épaule	Scapulaire
Estomac	Stomacal ou gastrique
Foie	Hépatique
Gencive	Gingival
Graisse	Adipeux
Grossesse	Gravide
Hanche	Coxal
Infection	Septique
Intestin grêle	Entérique
Langue	Lingual
Larme	Lacrymal
Lèvre	Labial
Maladie	Morbide
Mésentère	Mésentérique

Nom	Adjectif(s)
Naissance	Natal
Névrose	Névrotique
Nez	Nasal
Noyau	Nucléaire
Œil	Oculaire
Ongle	Unguéal
Oreille	Auriculaire
Pancréas	Pancréatique
Paupière	Palpébrale
Peau	Cutané
Plèvre	Pleural
Poil	Pileux
Poumon	Pulmonaire
Prurit	Prurigineux
Psychose	Psychotique
Rachis	Rachidien
Rate	Splénique
Rein	Rénal
Scrotum	Scrotal
Sein	Mammaire
Testicule	Testiculaire
Tête	Céphalique
Trachée	Trachéal
Vagin	Vaginal
Vaisseau	Vasculaire
Veine	Veineux
Vésicule biliaire	Vésiculaire
Vessie	Vésical
Viscère	Viscéral

2

Cours

L'appareil locomoteur

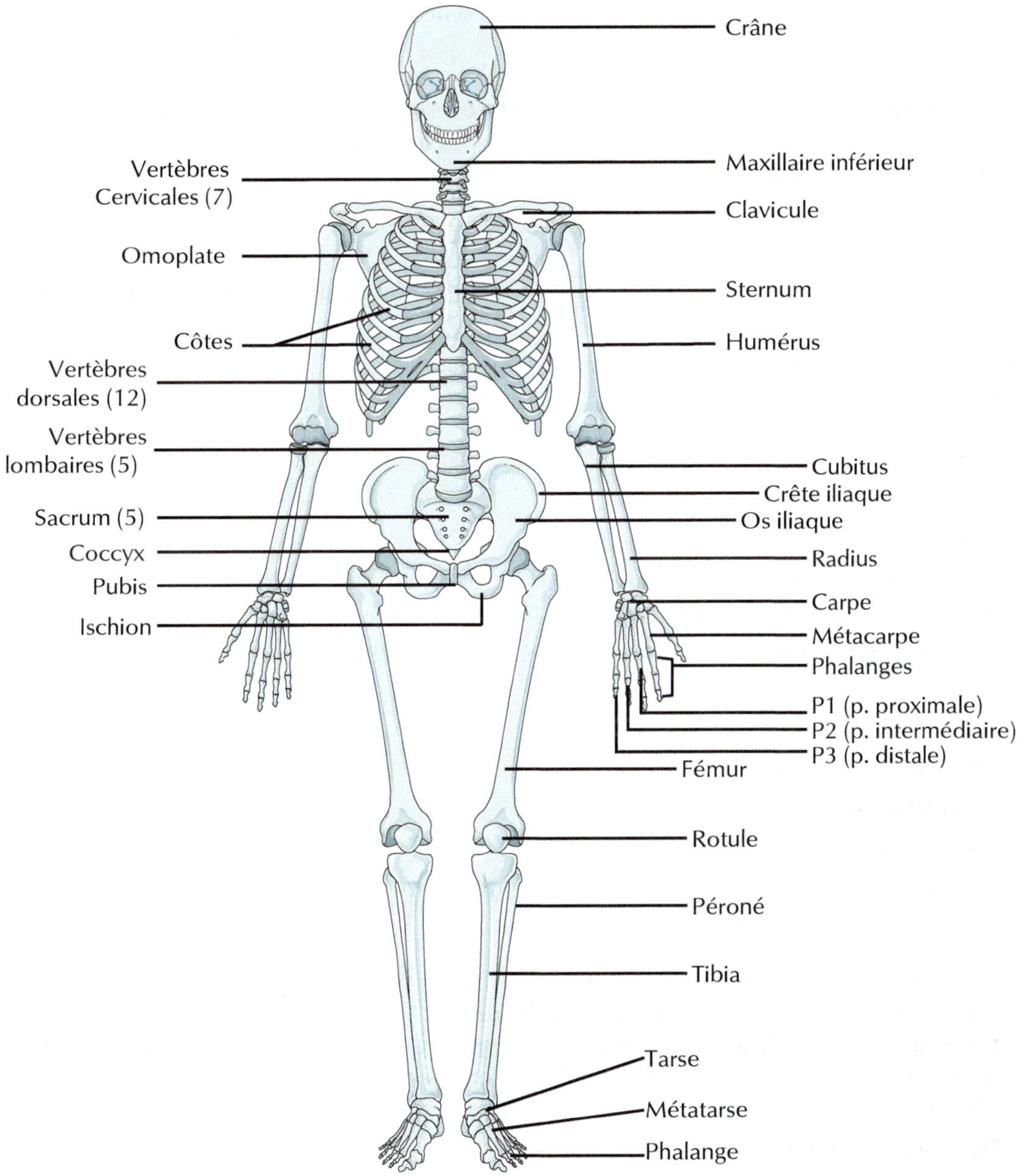

Squelette vu de face

Définition

Locomoteur : (*loco* = lieu) permet de bouger, de se déplacer.

L'appareil locomoteur humain (ou appareil musculo-squelettique) permet à l'homme de se mouvoir physiquement.

Langage médical qui se rapporte à l'appareil locomoteur : la rhumatologie et la traumatologie.

L'appareil locomoteur est constitué **du squelette** considéré comme la « charpente » du corps humain avec 206 **os (ostéo)** à l'âge adulte, des **articulations (arthro),** des **muscles (myo)** et des **nerfs (neuro, névro).**

1 Quelle est la structure du squelette ?

Avant la naissance, au stade de l'embryon le squelette est formé par du **cartilage (chondro)** qui est un tissu résistant et élastique.

À l'âge adulte on ne retrouve plus du cartilage que dans :

- le pavillon de l'oreille ;
- dans le nez ;
- à l'extrémité des os.

Au niveau des os il faut distinguer :

- le cartilage de conjugaison qui permet la croissance en longueur des os pendant l'enfance et disparaît ensuite chez l'adulte pour s'ossifier à la fin de la croissance ;
- le cartilage articulaire qui permet les mouvements des os les uns par rapport aux autres.

a. Le squelette

Le squelette est composé :

- **De la tête** avec :
  - le *crâne* (cranio) ;
  - la *face* (os frontal) ;
  - la *tempe* (os temporal) ;
  - l'*orbite* ;
  - l'os *zygomatique ou malaire* (mala = joue) « qui forme la pommette » ;
  - les *maxillaires* supérieur et inférieur (mâchoires).
- **Du tronc** : avec la *clavicule*, le *sternum*, la *colonne vertébrale* (**cavité spinale** contenant la moelle épinière) formée de 33 vertèbres (cervicales, dorsales, lombaires, sacrées et coccygiennes).
- **Des côtes** : 10 paires plus 2 paires « flottantes » non rattachées au sternum.
- **Des membres supérieurs** avec :
  - la région scapulaire avec l'omoplate (scapula) ;
  - l'humérus et la trochlée humérale ;

- le radius ;
- le cubitus (ulna) ;
- les carpes ;
- les métacarpes ;
- les phalanges.

- **Des membres inférieurs** avec :
  - la région pelvienne (pelvis) ;
  - le bassin ;
  - le fémur ;
  - la rotule (ou patella) ;
  - le tibia ;
  - le péroné (ou fibula) ;
  - les tarses ;
  - les métatarses ;
  - les phalanges.

On distingue différents types d'os :

- des **os plats** comme l'omoplate, le sternum ;
- des **os longs** comme le fémur, l'humérus. Un os long se décompose d'une partie centrale appelée **diaphyse** et de 2 extrémités appelées **épiphyses** ;
- des **os courts** qui sont de petite taille comme les vertèbres.

b. Les articulations

Les articulations sont indispensables pour permettent les mouvements de flexion, d'extension, d'a**dd**uction (mouvement qui signifie vers l'intérieur) mais aussi d'a**bd**uction (mouvement vers l'extérieur) et de rotation.

À retenir

Voici un moyen mnémotechnique pour vous souvenir de la différence entre **adduction** et **abduction** : a**dd**uction comporte **deux** « **d** » comme « **ded**ans ».

c. Les muscles

Le muscle est un organe actif du mouvement. En fonction de leur rôle dans le corps, leur forme et leur force varient. Il existe :

- **les muscles striés ou « rouges »** qui répondent à la volonté avec une contraction rapide (ex. : le biceps) ;
- **les muscles lisses ou « blancs »** qui travaillent seuls avec une contraction lente (ex. : les muscles de l'estomac).

2 Racines étymologiques specifiques au squelette

Arthr-, ex. : arthrite = inflammation au niveau d'une articulation.

Cervico-, ex. : cervicalgies = douleurs au niveau du cou.

Chondro-, ex. : chondrolyse = destruction(lyse) du cartilage.

Cox(o)-, ex. : coxalgie = douleur au niveau de la hanche.

Gon(o)-, ex : gonalgie = douleur au niveau du genou.

Kiné, ex. : dyskinésie = qui n'arrive pas à accomplir des mouvements volontaires ou involontaires.

Myo, ex. : myorelaxant = médicament ou technique permettant le relâchement musculaire.

Osté(o)/oste, ex : le périoste = membrane entourant l'os sur sa longueur et qui permet sa croissance.

Pod, ex. : podologie = étude du pied et de ses maladies.

Rachis, synonyme de colonne vertébrale ex. : rachicentèse synonyme d'une ponction lombaire.

Spondyl, ex. : spondylarthrite = inflammation des articulations des vertèbres.

3 Principales pathologies de l'appareil locomoteur

- **Les fractures :** ce sont des lésions traumatiques qui touchent le plus souvent la diaphyse (corps osseux) ou une rupture osseuse due à une déminéralisation osseuse.
- Les déminéralisations osseuses :
  - **l'ostéoporose :** déminéralisation des os ;
  - **le rachitisme :** maladie de l'enfant dans laquelle les os longs et le rachis sont déformés par une absence de minéralisation de la trame protéique de l'os.
- Les déviations de la colonne vertébrale :
  - **Scoliose** : (scolio = tortueux / en mnémotechnique on peut se souvenir de la forme du S) déviation latérale de la colonne vertébrale.
  - **Lordose lombaire** : courbure anormale de la colonne vertébrale -creux en bas du dos.
  - **Cyphose dorsale :** (cypho = bosse) dos voûté- dérivation du rachis - convexité postérieure.
- **Certaines pathologies articulaires** comme les entorses, les luxations, les rhumatismes
- Des pathologies musculaires comme :
  - **les claquages, les déchirures, les élongations** qui sont des distensions, des étirements anormales d'un muscle ;
  - la **myopathie** (myo = muscle//pathie = maladie) qui est une affection du système musculaire. Très souvent il s'agit d'une atteinte dégénérative héréditaire des muscles dont certaines formes sont très graves (ex : la myopathie de Duchenne).
- Des pathologies nerveuses (se rapportant aux nerfs périphériques) comme :
  - **une névrite** qui est une inflammation des nerfs périphériques **;**
  - **une sciatique** qui affecte le nerf sciatique.
- **Des neuropathologies** (la neuropathologie est l'étude des maladies du système nerveux) comme :
  - **la sclérose en plaques(SEP)** est une maladie de dégénérescence du système nerveux central ;

- **la poliomyélite** qui est une paralysie des réflexes tendineux par une atteinte de la substance grise de la moelle épinière.

- Au niveau des articulations traitées en rhumatologie :
  - **l'arthrose** c'est une affection qui **n'est pas** inflammatoire mais dégénérative. C'est une destruction du cartilage favorisée par le vieillissement qui peut toucher différentes régions du squelette : genou (gonarthrose) hanche (coxarthrose) cervicales (cervicarthrose) ;
  - **l'arthrite** (arthro signifiant articulation) inflammation articulaire qui peut être due à un germe dans l'articulation ;
  - **la polyarthrite rhumatoïde** (PR) c'est le rhumatisme inflammatoire le plus fréquent surtout rencontré chez la femme adulte. Affection chronique qui évolue sur plusieurs années en détruisant, en déformant et en raidissant les articulations ;
  - **la spondylarthrite ankylosante** (SPA) maladie moins fréquente qui atteint généralement les jeunes hommes avec un raidissement du rachis lombaire dû à l'ossification des articulations vertébrales ;
  - **la goutte** qui est la conséquence d'une augmentation de l'urée dans le sang (hyperuricémie) et qui provoque une réaction inflammatoire à l'intérieur de la cavité articulaire.

4 Quels sont les examens pratiqués en rhumatologie et traumatologie ?

Définitions

La **rhumatologie** est l'étude des pathologies ostéoarticulaires.

La **traumatologie** est l'étude des blessures accidentelles.

En dehors de **l'examen clinique** (interrogatoire, palpation) il est souvent nécessaire de faire des **explorations et des examens de laboratoire.**

a. Les différentes explorations

- **La radiographie** est quasi systématique en traumatologie pour déceler les éventuelles fractures. Elle est également utile en rhumatologie pour évaluer l'état de l'os, du cartilage articulaire, des parties molles de l'articulation.
- **Le scanner** ou tomodensitomètre est surtout prescrit au niveau de la colonne vertébrale pour visualiser l'état des disques vertébraux, des lésions osseuses).
- **La scintigraphie articulaire,** après injection d'un produit de contraste, permet d'évaluer la taille de la cavité articulaire ou la présence éventuelle de lésions par exemple au niveau du ménisque.
- **L'arthroscopie,** souvent pratiquée au niveau du genou, elle permet dans un même temps de faire une biopsie.
- **L'ostéodensitométrie** est un examen radiologique utilisé en rhumatologie pour connaître la densité des os (leur solidité) et dépister l'ostéoporose.

b. Les différents examens de laboratoire

Cette liste n'est pas exhaustive.

- Les examens de sang :
  - **la vitesse de sédimentation** (VS) qui est accélérée lors d'atteintes inflammatoires ;
  - **le bilan phosphocalcique** bilan effectué pour détecter par exemple le rachitisme ;
  - **la recherche d'anticorps particuliers du facteur rhumatoïde** par exemple lorsqu'une polyarthrite rhumatoïde est suspectée.
- Les examens du liquide synovial :
  - **la ponction du liquide synovial** qui permet de déceler la présence anormale de microbes dans la cavité articulaire (arthrite infectieuse) ;
  - **la biopsie ostéomédullaire** : cette recherche est effectuée pour déceler une polyarthrite rhumatoïde ou une leucémie par exemple.

5 Principaux traitements et techniques chirurgicales

- **Ostéoplastie, ostéosynthèse** : reconstruction osseuse au moyen de fragments osseux ou de matériel synthétique (clous, vis, broches).
- **Prothèses osseuses** : il s'agit du remplacement d'un os ou de l'articulation soit en totalité soit de façon partielle par un appareil prothétique de même forme et de même fonction (prothèse de hanche PTH, prothèse de genou PTG).
- **Paracentèse synoviale :** ponction du liquide synovial en cas d'épanchement au niveau de l'articulation du genou.

Exercice

L'appareil locomoteur

Comment appelle-t-on :

1. Une douleur articulaire ?
2. Une inflammation de l'articulation ?
3. Quel examen permet de voir à l'intérieur d'une articulation ?
4. Une inflammation d'un cartilage ?
5. Une arthrose de la hanche ?
6. Une ponction lombaire ?
7. Ce qui se rapporte à l'omoplate et à l'humérus ?
8. Le mouvement qui tend à écarter un membre de l'axe ?
9. Une affection musculaire ?
10. Le rhumatisme inflammatoire qui touche plusieurs articulations ?
11. L'inflammation d'un tendon ?

Corrigé

1. arthralgie
2. arthrite
3. arthroscopie
4. chondrite
5. coxarthrose
6. rachicentèse
7. scapulo-huméral (e)
8. abduction
9. myalgie
10. polyarthrite
11. tendinite

3 Cours
L'appareil respiratoire

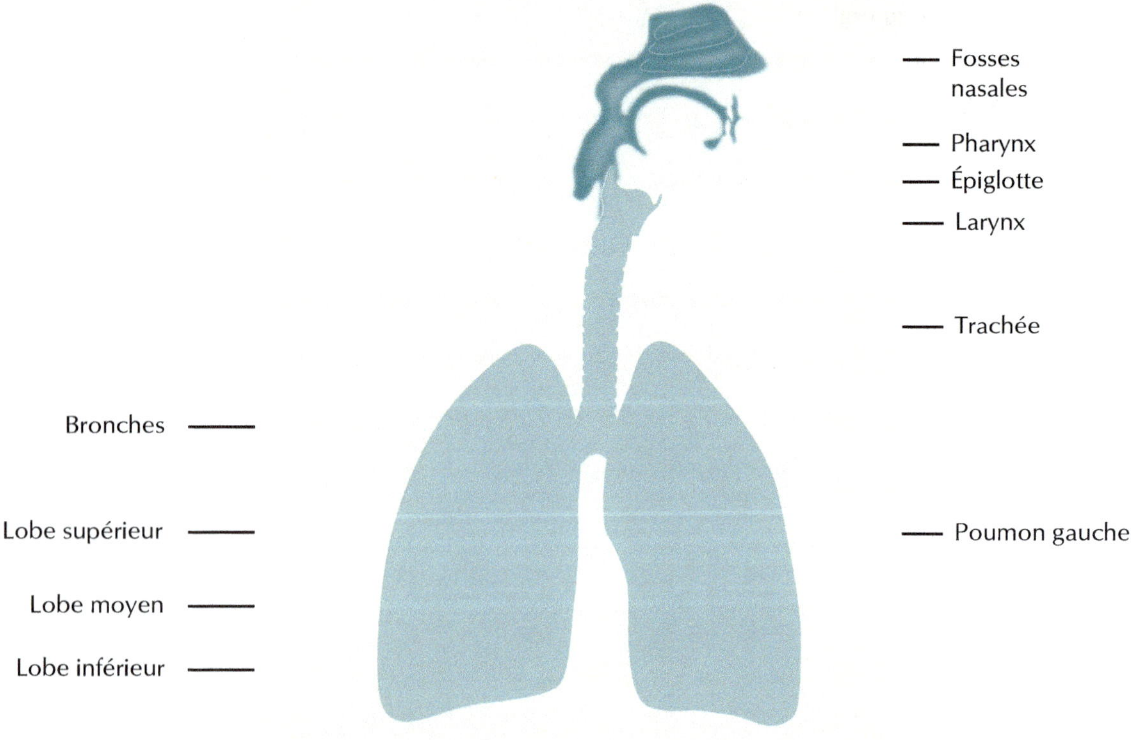

L'appareil respiratoire

Définition

L'appareil respiratoire a pour rôle de fournir de l'oxygène au sang et d'expulser du corps des déchets gazeux. Ces échanges se font au niveau des poumons.

Les racines *-pnée* et *pneum-* se rapportent à la respiration.

La racine *pneumo-* se rapporte au poumon.

1 Anatomie de l'appareil respiratoire

L'appareil respiratoire peut être divisé en deux parties : **les voies respiratoires et les poumons.**

a. Composition des voies respiratoires

- **Les fosses nasales = *nas(o)-/rhin (o)*** : qui sont deux cavités symétriques de chaque côté de la cloison nasale et qui permettent de sentir les odeurs (olfaction).
- **Le pharinx = *pharyng(o)*** situé en profondeur à l'arrière de la bouche, c'est un conduit qui est au carrefour des voies aériennes (pour respirer) et des voies digestives (pour avaler).
- **Le larynx = *laryng(o)*** organe cartilagineux essentiel de la phonation qui est situé entre la partie buccale du pharynx et la trachée.
- **La trachée-artère = traché(o)** organe du système respiratoire qui a la forme d'un gros tube d'environ une dizaine de cm de long, qui relie le larynx (au fond de la gorge) aux bronches. Il apporte de l'oxygène aux bronches lors de l'inspiration et lors de l'expiration il élimine l'air chargé de dioxyde de carbone rejeté par les poumons.

b. Composition des poumons

- **Le poumon droit et le poumon gauche** : ce sont deux masses spongieuses qui se trouvent protégées par la cage thoracique. Le poumon droit est composé de 3 lobes et le poumon gauche de 2 lobes. Chaque poumon est entouré d'une double paroi appelée : **la plèvre.**
- **Les bronches (bronch-o)** : elles se situent à l'intérieur des poumons et conduisent l'air depuis la trachée vers les poumons. Elles se subdivisent en structures de plus en plus petites appelées **bronchioles**, celles-ci se terminent par **les alvéoles** (petits sacs où les échanges gazeux entre l'air et le sang ont lieu).
- **Le diaphragme** qui est un muscle respiratoire situé sous les poumons.

2 Racines specifiques à l'appareil respiratoire

- **Broncho** : bronches
- **Capnie** : vapeur, fumée
- **Cyano** : bleu
- **Lob (o)** : le lobe
- **Oxie** : relatif à l'oxygène
- **Phone** : la voix
- **Pleur(o)** : plèvre
- **Pnée** : respiration
- **Pneum(o)** : poumon
- **Rhin (o)** : nez
- **Traché(o)** : trachée

3 Principales pathologies de l'appareil repiratoire

- **Les pneumonies** : terme générique désignant les affections pulmonaires dont les origines peuvent être des bactéries, des virus (grippe).
- **L'emphysème** : destruction du tissu pulmonaire dû à la présence d'air, de gaz au niveau des alvéoles pulmonaires.
- **La broncopneumopathie chronique obstructive** (BPCO) maladie chronique évolutive des bronches.

- **La pleurésie** : inflammation aiguë ou chronique accompagnée d'un épanchement liquidien entre les deux feuillets de la plèvre.
- **Un pneumothorax** : épanchement d'air ou de gaz dans la cavité pleurale
- **Un hémothorax** : épanchement de sang entre les deux feuillets de la plèvre.
- **La tuberculose pulmonaire** : maladie infectieuse provoquée par le bacille de Koch. Le vaccin du BCG est antituberculeux.
- **La dyspnée** : difficulté à respirer
- **La tachypnée** : accélération du rythme respiratoire
- **La bradypnée** : respiration anormalement ralentie
- **L'asthme** : affection des voies respiratoires provoquant parfois une dyspnée
- **Le mésothéliome pleural** : tumeur maligne de la plèvre
- **Le cancer primitif des bronches** : affection due au tabagisme
- **L'hémoptysie** : crachement de sang provenant des voies respiratoires.

4 Quelles sont les explorations pratiquées en Pneumologie ?

En dehors de **l'examen clinique** (interrogatoire, percussion du thorax) il est souvent nécessaire de faire des **explorations :**

- **La radiographie pulmonaire** : standard, de face, ou de profil est quasi systématique et permet de déceler d'éventuelles anomalies du tissu pulmonaire :
  - **opacités** décelant une tumeur, une métastase ;
  - **hyperclartés** observées dans le cas d'un pneumothorax par exemple.
- **Le scanner pulmonaire** ou tomodensitométrie : utilisant des rayons X, il permet de déceler des anomalies ou pathologies pulmonaires.
- **La bronchographie :** après introduction d'un produit de contraste dans la bronche permet d'observer d'éventuelles anomalies bronchiques comme la dilatation des bronches (*bronchectasie*).
- **L'angiopneumographie** : après injection d'un produit de contraste permet de déceler les anomalies de vascularisation (embolie pulmonaire, cancers pulmonaires).
- **La scintigraphie pulmonaire :** après injection d'un produit de contraste, permet comme l'angiopneumographie de déceler des anomalies.
- **La bronchoscopie** : à l'aide d'un bronchofibroscope souple permet de localiser des lésions et d'effectuer des biopsies au niveau des bronches.
- **La spiromètrie** : examen du souffle permettant de mesurer la capacité pulmonaire.

5 Techniques chirurgicales utilisées en pneumologie

Cette liste n'est pas exhaustive.

- **Lobectomie** : ablation d'un lobe pulmonaire lors d'une tumeur du poumon.
- **Pneumonectomie :** Ablation totale ou partielle d'un poumon par exemple en cas de cancer.
- **Pneumocentèse** : ponction évacuatrice d'un poumon.

- **Pneumotomie** : incision du tissu pulmonaire.
- **Thoracoplastie :** résection de plusieurs côtes pour provoquer l'affaissement du poumon.
- **Thoracotomie** : ouverture chirurgicale de la cage thoracique.
- **Thoracoscopie** : technique qui permet d'explorer la cavité thoracique au moyen d'une petite caméra et d'instruments longs et fins par exemple pour une biopsie.
- **Trachéotomie :** incision de la trachée afin de permettre de ventiler le patient grâce à une canule.

Exercice

L'appareil respiratoire

Comment appelle-t-on :

1. L'arrêt temporaire de la respiration ?
2. Une respiration lente ?
3. Une dilatation des bronches ?
4. L'inflammation des bronches ?
5. Une difficulté à respirer ?
6. Un crachement de sang venant des voies respiratoires ?
7. La présence de sang dans la cavité thoracique ?
8. L'ablation chirurgicale d'un lobe pulmonaire ?
9. Présence d'air dans la cavité thoracique ?
10. L'accélération du rythme respiratoire ?
11. L'ouverture chirurgicale de la paroi thoracique ?
12. L'examen du souffle qui permet de mesurer la capacité respiratoire ?

Corrigé

1. apnée
2. bradypnée
3. bronchectasie
4. bronchite
5. dyspnée
6. hémoptysie
7. hémothorax
8. lobectomie
9. pneumothorax
10. tachypnée
11. thoracotomie
12. spirométrie

4 Cours
L'appareil digestif et les glandes annexes

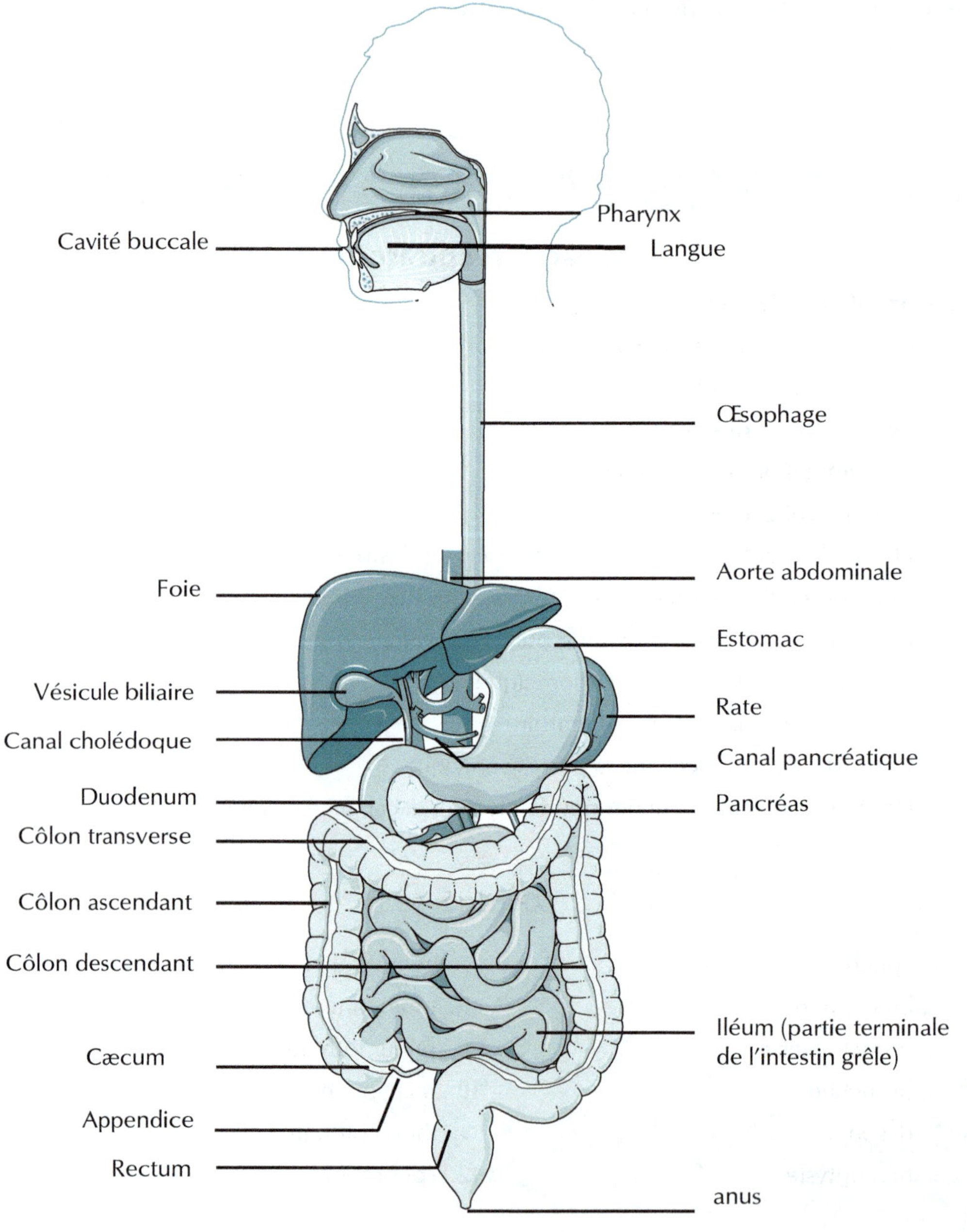

L'appareil digestif

Définition

L'appareil digestif est l'ensemble des organes qui assurent la transformation des aliments afin d'en permettre l'assimilation par les cellules de l'organisme.

La racine -digesti(o)- se rapporte à la digestion

1 L'anatomie de l'appareil digestif comprend

a. La bouche (ou cavité buccale) le pharynx et le tube digestif

La bouche (ou cavité buccale)

Elle est tapissée par la muqueuse buccale, s'ouvre à l'extérieur par un orifice que bordent les lèvres. Elle est limitée par le palais en haut, la langue et le maxillaire inférieur en bas. Sur les maxillaires inférieur et supérieur sont implantées les dents qui découpent les aliments.

La salive est déversée dans la cavité buccale par trois paires de glandes salivaires : les glandes parotides, les glandes sous-maxillaires, les glandes sublinguales.

Le pharynx : (appelé aussi gorge)

C'est une cavité continuant la bouche vers l'arrière. Le pharynx est un carrefour où se croisent l'appareil digestif (bouche-pharynx-œsophage) et l'appareil respiratoire (fosses nasales-pharynx-trachée artère). Il participe à la déglutition et à la respiration mais aussi à la phonation. *L'épiglotte* est un clapet qui se ferme lors de la déglutition de façon à diriger les aliments vers l'œsophage et de les empêcher ainsi d'entrer dans les bronches, ce qui provoquerait une « fausse route ».

Le tube digestif avec des organes creux et des organes pleins

Les organes creux de l'appareil digestif

- **L'œsophage** est un tube qui unit le pharynx (donc la bouche) à l'estomac. Il est situé entre la trachée artère et la colonne vertébrale.
- **L'estomac** est une poche disposée transversalement dans la partie supérieure de la cavité abdominale. Le muscle qui permet le passage des aliments de l'œsophage dans l'estomac s'appelle **le cardia**. Le muscle qui ouvre le passage vers l'intestin s'appelle **le pylore.**
- **L'intestin grêle** est formé du duodénum, jéjunum, iléon. L'intestin grêle est un tube fin, qui unit l'estomac, au début dilaté du gros intestin (*caecum*). Il est replié dans la cavité abdominale suivant de nombreuses anses, dont la 1ère, *le duodénum*, reçoit les canaux excréteurs de deux glandes qui sont le foie et le pancréas.
- **Le côlon** (ou gros intestin) d'environ 1,5 mètres :
  - ascendant, qui part du caecum jusqu'au 1er coude à la hauteur du foie ;
  - transverse au niveau épigastrique (épi- au dessus /*gastr*(o) ;
  - descendant à partir du 2ème coude situé sous la rate(spléno)jusqu'au sigmoïde qui est le segment terminal du gros intestin juste avant le rectum et l'anus (muscle appelé sphincter) ;
  - **le cæcum** est situé dans la fosse iliaque droite au niveau du bas de l'abdomen.

Les organes pleins de l'appareil digestif appelés glandes annexes :

- **Les glandes salivaires** font partie du système digestif supérieur avec les glandes parotides, les glandes sous- maxillaires, les glandes sublinguales qui fabriquent la salive et dont la fonction entre-autre permet d'amorcer la digestion des aliments.
- **Le foie** qui est la plus volumineuse des glandes annexes sécrète la bile (cholé-) par les cellules hépatiques. Situé dans la partie antérieure de l'abdomen, région de **l'hypochondre droit,** il est composé de plusieurs lobes. Lorsqu'on relève ces lobes pour découvrir l'estomac et le duodénum, on distingue une poche (vésicule) verdâtre où est accumulée la bile : **la vésicule billaire.**
- **Le pancréas** proche du pylore, est une autre glande annexe, ramifiée, qui s'étend transversalement dans la cavité abdominale, appliquée sur la face postérieure de l'estomac. Son canal excréteur appelé canal pancréatique (ou *canal de Wirsung*) s'ouvre dans la partie terminale du duodénum. Le rôle du suc pancréatique est essentiel dans la digestion.

La partie intra abdominale de l'appareil digestif est enveloppée par une séreuse appelée **le péritoine.**

2 Racines specifiques à l'appareil digestif

- **Cholangio-** : voies biliaires
- **Chol (é, o) -** : bile
- **Cholécyst** : vésicule biliaire
- **Coelio** : cavité abdominale
- **Col(o)-** : colon
- **Entér(o)-** : intestin, viscère
- **Gastr(o)-** : estomac
- **Gloss** : langue
- **Hépa** : foie
- **Iléo** : iléon
- **Inguin-** : aine
- **Laparo-** : abdomen
- **Laryng(o)-** : gorge, larynx
- **Lipo** : graisse
- **Odont(o)-** : dent
- **Phag(o)-** : manger
- **Rect(o)-** : rectum
- **Splén(o)-** : rate
- **Stomat(o)-** : bouche
- **Sphinctér(o)-** : qui se resserre
- **Viscér(o)-** : entrailles, viscère

3 Principales pathologies de l'appareil digestif

a. Les affections gastro-intestinales

- **Les hémorragies digestives :**
  - **hématémèse** : vomissement (de sang) d'origine digestive ;
  - **méléna** ou **maelena** : hémorragie par l'anus de sang noir (digéré) ;
  - **rectorragie** : écoulement sanguin par le rectum.
- **L'occlusion intestinale** : blocage partiel ou complet du transit intestinal.
- **La hernie hiatale** : lésion fréquente du tube digestif qui correspond à une saillie d'une partie de l'estomac. L'un des signes fonctionnesl est le reflux gastro-oesophagien (*RGO*) avec *pyrosis* (sensation de brûlure dans l'estomac).

- **La maladie de Crohn** : inflammation chronique de l'intestin.
- **La typhoïde** : maladie infectieuse causée par une bactérie transmise par voie digestive diagnostiquée par une hémoculture ou coproculture.
- **L'oesophagite** : inflammation de l'oesophage.

b. Les affections des glandes annexes

- **Les oreillons** : maladie infectieuse contagieuse atteignant les glandes parotides (douleur au niveau des oreilles).
- **La cirrhose** : maladie du foie. Son origine peut être virale, médicamenteuse ou alcoolique.
- **Une lithiase biliaire** : formation de calculs dans la vésicule biliaire.
- **L'hépatite** : infection du foie.
- **La pancréatite** : inflammation du pancréas.
- **Différentes tumeurs malignes** :
  - au niveau du foie, il peut s'agir d'un cancer primitif, un hépato-carcinome ;
  - des métastases d'un cancer du tube digestif (foyer tumoral secondaire) ;
  - adénocarcinome pancréatique : tumeur maligne du pancréas.

c. Les principales anomalies de taille dans l'appareil digestif

- **Un brachy-œsophage** : œsophage trop court.
- **Un dolichocôlon** : côlon anormalement allongé.
- **Un mégacôlon** : côlon anormalement dilaté.
- **Une sténose du pylore** : rétrécissement du sphincter situé entre l'estomac et le duodénum.

4 Quelles sont les explorations pratiquées sur l'appareil digestif ?

- **La radiographie** :
  - **ASP** : abdomen sans préparation qui est une radiographie simple de l'abdomen ;
  - **TOGD** : on utilise des produits opaques aux rayons X (produit de contraste) afin de suivre le déroulement du transit oesophagien ou du transit gastro-oesophagien (TOGD) ou du côlon ;
  - **le scanner abdominal** : tomodensitométrie de l'abdomen.

- **La fibroscopie ou endoscopie(gastroscopie) :** examen qui permet de visualiser la partie haute de l'appareil digestif, il se fait par l'introduction par la bouche ou par le nez d'une sonde souple munie d'une caméra et permet d'explorer la quasi-totalité de la muqueuse digestive, organe par organe, d'en déceler les anomalies, au besoin en pratiquant des prélèvements. **La gastroscopie** est parfois utililsée pour dilater une sténose oesophagienne.

- **La coloscopie :** qui est l'exploration directe du côlon par un coloscope introduit dans l'anus permetant de visualiser la paroi du gros intestin pour déceler des anomalies éventuellement de faire des prélèvements.
- **La rectosigmoïdoscopie** : exploration endoscopique des parois du rectum, du sigmoïde qui permet de détecter une infection, une inflammation ou une tumeur.
- **Les examens de laboratoire** :
  - examen des selles par coproculture est l'examen bactériologique des selles, la recherche des bactéries responsables d'une gastro-entérite sévère par exemple ;
  - bilans sanguins, hépatique, rénal, lipidique.

5 Techniques chirurgicales utilisées sur l'appareil digestif

Cette liste n'est pas exhaustive.

- **Appendicectomie** : ablation de l'appendice.
- **Cholecystectomie** : ablation de la vésicule biliaire.
- **Colectomie** : ablation d'une partie du côlon.
- **Colostomie :** abouchement de l'épithélium du côlon à la paroi de l'abdomen à la suite d'un acte chirurgical pour traiter par exemple un cancer du côlon.
- **Gastrectomie :** ablation chirurgicale totale ou partielle de l'estomac.
- **Hépatectomie :** ablation d'une partie du foie.
- **Pancréatectomie :** ablaction chirurgicale du pancréas

Exercice

Comment appelle-t-on :

1. Le médecin spécialisé qui étudie et traite les affections du système digestif ?
2. Un colon anormalement allongé ?
3. Un rétrécissement du sphincter entre l'estomac et le duodénum ?
4. L'inflammation de la vésicule biliaire ?
5. L'inflammation du pancréas ?
6. L'inflammation chronique de l'intestin ?
7. L'infection du foie ?
8. Les troubles de la digestion ?
9. La difficulté à avaler ?
10. L'ablation totale ou partielle de l'estomac **?**
11. L'inflammation de l'estomac et de l'intestin ?

12. L'augmentation du volume du foie ?
13. Abouchement du côlon à la paroi de l'abdomen ?
14. L'ablation d'une partie du côlon ?
15. Une hémorragie par l'anus de sang noir ?
16. L'exploration endoscopique des parois du rectum et du sigmoïde ?
17. Quel est l'examen radiographique qui utilise un produit opaque aux rayons X pour visualiser le transit gastro-oesophagien ?

Corrigé

1. gastro-entérologue
2. dolichocôlon
3. sténose du pylore
4. cholécystite
5. pancréatite
6. maladie de CROHN
7. hépatite
8. dyspepsie
9. dysphagie
10. gastrectomie
11. gastro-entérite
12. hépatomégalie
13. colostomie
14. colectomie
15. méléna ou maelena
16. recto-sigmoïdoscopie
17. TOGD

5 Cours
L'appareil urinaire

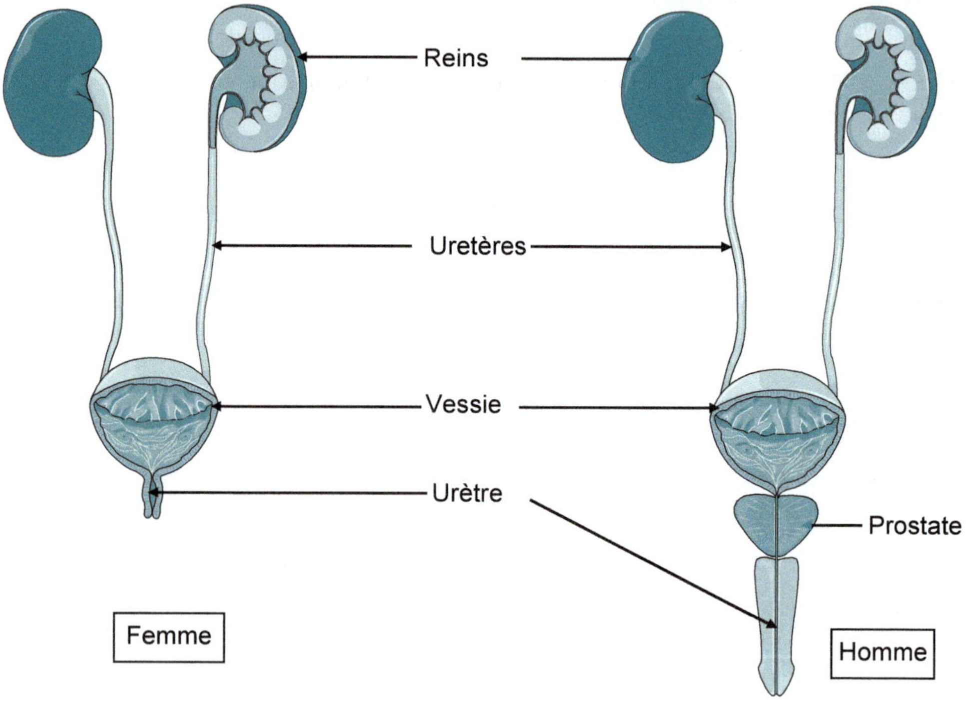

L'appareil urinaire

Définition

L'appareil urinaire qui fait partie du système excréteur est un ensemble d'organes qui permet l'évacuation des déchets du corps humain sous une forme liquide : l'urine.

L'urine fabriquée par 2 reins est évacuée par 2 uretères, stockée par la vessie et rejetée par l'urètre.

Racines retrouvées dans les termes médicaux spécifiques à l'appareil urinaire :

nephr(o) = rein // urétér(o) = uretère // cyst(o) = vessie // urétr(o) = urètre // *micti(o)* = uriner

1 Anatomie de l'appareil urinaire

L'appareil urinaire est formé d'organes essentiels : les reins, les uretères, la vessie et l'urètre.

a. Les reins (*nephr*(*o*)-)

Ils filtrent le sang et l'épurent de ses déchets pour donner ainsi l'urine.

Ils sont au nombre de deux : **rein droit et rein gauche**, de couleur rouge foncé, situés dans la région postérieure de l'abdomen, de chaque côté de la colonne vertébrale, au niveau des deux dernières vertèbres dorsales et des deux premières lombaires. Le rein droit étant situé sous le foie, le rein gauche sous la rate. Les reins fabriquent en permanence de l'urine.

De forme allongée le rein est souvent comparé à la forme d'un haricot. Chaque rein contient une grande quantité d'unités fonctionnelles appelées **néphrons** responsables de la purification et de la filtration du sang.

À l'intérieur du bord interne de chaque rein se trouve une échancrure assez visible, appelé **le hile.** Le hile permet le passage des vaisseaux et des **uretères.**

b. Les uretères (uréter(o)-)

Ce sont des conduits qui emmènent l'urine à la vessie.

L'urine formée par le rein est d'abord recueillie par les calices (*calic(o)-*) puis dans le bassinet (*pyel(o)-*) elle sera évacuée ensuite par les **uretères** jusqu'à la vessie.

L'uretère droit et l'uretère gauche sont deux longs tubes fins descendant dans la partie postérieure de la région lombaire, puis dans le bassin pour terminer dans la partie postéro-inférieure de la vessie par deux **méats urétéraux**.

c. La vessie (cyst (o)-)

C'est le réservoir où s'accumule l'urine entre les mictions. Elle est située dans le petit bassin, derrière le pubis.

Il s'agit d'une poche dans laquelle arrive et s'accumule l'urine, sa paroi est un muscle donc extensible, ce qui lui permet de contenir une plus ou moins grande quantité d'urine.

Vide elle est aplatie, pleine elle devient ovoïde.

La vessie présente 3 orifices :

- l'orifice urétral (ou col de la vessie) par lequel l'urine sort de la vessie ;
- les deux méats urétéraux, au dessus, par où arrive l'urine.

Chez l'homme, la vessie se trouve en avant de l'appareil génital et du rectum, au-dessus de la prostate et du plancher pelvien.

Chez la femme, la vessie est située en avant de l'utérus et du vagin.

d. L'urètre

Il s'agit d'un conduit qui transporte l'urine stockée dans la vessie, vers l'extérieur du corps humain, par le méat urinaire, lors d'une miction.

L'urètre est le canal excréteur de la vessie qui a chez l'homme une double fonction : urinaire et génitale.

L'urètre qui fait suite au col de la vessie est formé de 2 parties principales :

- l'urètre postérieur comprenant lui-même 2 segments : l'urètre prostatique qui traverse la prostate et l'urètre membraneux qui traverse le périnée ;
- l'urètre antérieur qui est formé par l'urètre spongieux.

2 Racines spécifiques à l'appareil urinaire

- **Néphro** : rein
- **Pyélo** : bassinet (partie du rein)
- **Urétéro-**, urétro- : urètre
- **Calic (o)** : calice
- **Cysto** : vessie
- **Urie, ur, uro- :** urine

3 Principales pathologies de l'appareil urinaire

- **Néphrite :** inflammation du rein.
- **Urétérite :** inflammation des uretères.
- **Pyélonéphrite** : inflammation du bassinet et du rein.
- **Cystite :** inflammation de la vessie.
- **Cystalgie :** douleur située dans la région vésicale.
- **Anurie :** absence d'urine dont la cause peut être une déficience du système rénal.
- **Coliques néphrétiques** : douleurs aiguës de l'abdomen et des fosses lombaires.
- **Néphroblastome** : tumeur rénale maligne chez l'enfant.
- **Lithiase (rénale) :** formation de calculs au niveau des reins.
- **Dysurie :** difficulté à uriner.
- **Pollakiurie :** émission fréquente en petite quantité d'urine.
- **Uretrostenose :** rétrécissement de l'uretère.

4 Quelles sont les explorations pratiquées en Urologie ?

- **L'ECBU :** examen cytobactériologique urinaire avec un antibiogramme qui permet de déterminer le germe pathogène de l'infection et de prescrire l'antibiotique efficace pour guérir cette infection.
- **L'UIV :** urographie intraveineuse qui est un examen radiographique (avec injection d'un produit de contraste) permettant de rechercher d'éventuelles anomalies.
- **ASP :** abdomen sans préparation qui est une radiographie de l'abdomen utilisée pour repérer un calcul.
- **L'échographie rénale :** examen d'imagerie médicale non invasif qui permet de visualiser les voies excrétrices.

- **LEC :** lithotritie extracorporelle qui sert à traiter une lithiase en fragmentant le ou les calculs par ondes de choc.
- **Dialyse péritonéale :** traitement qui permet de purifier le sang en le filtrant à travers une machine.
- **Hémodialyse :** technique extracorporelle d'épuration du sang au moyen d'un filtre (rein artificiel). Après le passage dans ce circuit, le sang épuré est restitué à l'organisme.

5 Techniques chirurgicales utilisées en urologie

Cette liste n'est pas exhaustive.

- **Cystoscopie** : examen médical à l'aide d'un endoscope visualisant la vessie.
- **Cystectomie** : ablation chirurgicale partielle ou totale de la vessie.
- **Cystopéxie** : fixation de la vessie à la paroi abdominale.
- **Cystoplastie** : opération chirurgicale réparatrice de la vessie.
- **Néphrectomie** : ablation chirurgicale d'un rein.
- **Uretèroplastie** : réparation chirurgicale de l'uretère.

Exercice

Comment appelle-t-on :

1. Le médecin spécialiste des maladies rénales
2. L'étude des maladies des voies urinaires
3. L'absence d'urine
4. La douleur située dans la région vésicale
5. L'inflammation de la vessie, aiguë ou chronique
6. L'examen visuel de la vessie
7. L'opération chirurgicale réparatrice de la vessie
8. La difficulté à uriner
9. La tumeur rénale chez l'enfant
10. La présence de sang dans les urines
11. L'ablation d'un rein
12. L'inflammation du rein et du bassinet
13. L'émission fréquente en petite quantité d'urine
14. La réparation chirurgicale de l'uretère
15. Le rétrécissement de l'urètre
16. Une LEC
17. Une UIV
18. Un ECBU

Corrigé

1. un néphrologue
2. l'urologie
3. anurie
4. cystalgie
5. cystite
6. cystoscopie
7. cystoplastie
8. dysurie
9. néphroblastome
10. hématurie
11. néphrectomie
12. pyélonéphrite
13. pollakiurie
14. urétéroplastie
15. urétrosténose
16. lithotritie extracorporelle
17. urographie intraveineuse
18. examen cytobactériologique urinaire

Cours

6 L'appareil cardio-vasculaire

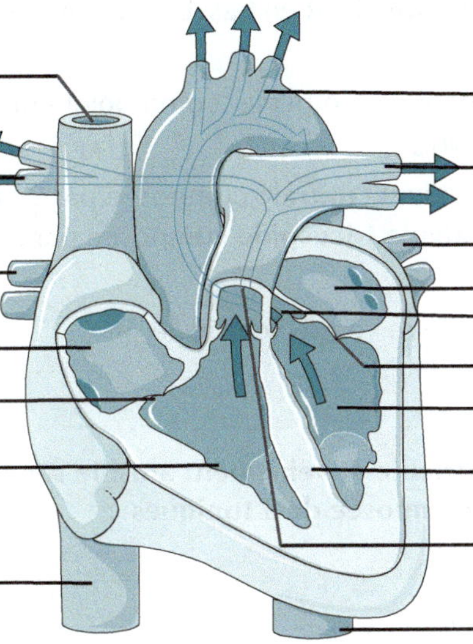

L'appareil cardio-vasculaire

Définition

L'appareil circulatoire également appelé **appareil cardio-vasculaire** comprend le cœur (organe musculaire propulseur), les vaisseaux (artères, artérioles capillaires, veines et lymphatiques) qui véhiculent le sang à travers tout l'organisme. Grâce au sang et à la lymphe chacun de nos organes reçoit l'oxygène et des substances nutritives. L'appareil cardio-vasculaire fonctionne en circuit fermé.

1 Anatomie de l'appareil cardio-vasculaire

a. Le cœur

C'est **un muscle creux** qui se dilate et se contracte spontanément. Il est situé dans le thorax entre les deux poumons. Il a une forme conique et sa pointe repose sur le diaphragme.

Il propulse **le sang** dans l'organisme.

Il est formé par un tissu musculaire spécial appelé **myocarde** (my(o)/cardi(o)-).

Il est tapissé à l'intérieur par une membrane endothéliale : l'**endocarde**.

Il est enveloppé à l'extérieur par une séreuse : **le péricarde**.

Le cœur est divisé verticalement en deux parties et horizontalement en deux parties également, soit 4 cavités.

- Verticalement : deux parties – le cœur droit chargé en CO2 et le cœur gauche chargé en oxygène. Les deux parties ne communiquent pas entre elles.
- Horizontalement : chaque moitié du cœur comprend deux parties – **une oreillette droite** en haut et **un ventricule droit** en bas. Une oreillette gauche en haut, un ventricule gauche en bas.
- Chaque oreillette et chaque ventricule communiquent au moyen de **valvules** qui empêchent le reflux du sang :
  - à gauche on trouve la **valvule mitrale** composée par 2 valves ;
  - à droite on trouve la **valvule tricuspide** composée par 3 valves.

Le sang va toujours de l'oreillette vers le ventricule.

b. Les gros vaisseaux arrivent et partent du cœur

Les artères partent du ventricule et véhiculent ainsi le sang hors du cœur, elles ont une paroi épaisse et élastique composée de 3 tuniques :

- tunique interne : **Intima** ;
- tunique moyenne : **Média** ;
- tunique externe : **Adventice.**
- **L'aorte** est l'artère qui part du ventricule gauche et va se ramifier dans tout l'organisme
- **L'artère pulmonaire** véhicule le sang vers les deux poumons. Elle se divise en 2 branches l'artère pulmonaire droite vers le poumon droit et l'artère pulmonaire gauche vers le poumon gauche.

Les veines arrivent dans les oreillettes et ramènent le sang au cœur

- Les **veines pulmonaires** (qui sont au nombre de 4) aboutissent au niveau de l'oreillette gauche.
- Les **veines caves** aboutissent au niveau de l'oreillette droite par 2 vaisseaux :
  - la **veine cave inférieure** ramène le sang de la partie inférieure de l'organisme ;
  - la **veine cave supérieure** ramène le sang de la tête et des membres supérieurs.
- **Les capillaires** ce sont des vaisseaux très fins. Le sang y circule à très faible vitesse.

2 La circulation sanguine

a. La petite circulation appelée aussi circulation pulmonaire

Elle commence à partir du ventricule droit qui chasse le sang chargé de CO_2 dans les poumons. Ce sang chargé d'O_2 rejoint l'oreillette gauche pour être expulsé dans le ventricule gauche.

b. La grande circulation (circulation générale)

Le sang part du ventricule gauche par l'aorte pour rejoindre les tissus des organes. Il se déchargera d'O_2 et des matières nutritives dont il s'est enrichi en passant par l'intestin et le foie, puis il se rechargera en CO_2 rejoindre les veines caves supérieures et inférieures.

3 La circulation lymphatique

Dans les organes, un liquide baigne directement les cellules : **le liquide interstitiel**.

Il est constitué par **du plasma** et **des leucocytes** : il s'agit de **la lymphe** (liquide jaunâtre).

a. La lymphe a 3 rôles

- Nutritif ;
- Défense par la présence des globules blancs et des ganglions lymphatiques ;
- Épuration car la lymphe véhicule une partie des déchets cellulaires.

b. Les vaisseaux lymphatiques

Ce sont des vaisseaux très plats et sinueux, relayés par des ganglions lymphatiques. Ils véhiculent la lymphe.

4 Racines spécifiques à l'appareil cardio-vasculaire

- **Artér (o) / Artéri(o)** : vaisseau conduisant le sang des ventricules aux organes
- **Cardi (o)** : cœur
- **Hémat (o) / Hémo** : sang
- **My(o)** : muscle
- **Phléb(o)** : veine
- **Thromb(o)** : caillot
- **Vaso / Vascul(o)** : vaisseaux

5 Préfixes spécifiques à l'appareil cardio-vasculaire

- **Brady** : lent
- **Macro** : grand
- **Péri** : autour
- **Tachy** : rapide
- **Leuco** : blanc
- **Endo** : interne
- **Extra** : hors de
- **Hyper** : au dessus
- **Hypo** : au dessous

6 Principales pathologies des vaisseaux – les cardiopathies – affections hématologiques

- **Anémie** : baisse du taux d'hémoglobine dans le sang entraînant une fatigue.
- **Anévrisme** : poche qui se forme sur la paroi d'une artère qui peut se rompre et provoquer une hémorragie.
- **Angor** : (angine de poitrine) insuffisance d'apport d'oxygène au myocarde dû à un rétrécissement coronaire.

- **Artérite :** atteinte inflammatoire des artères.
- **Athérosclérose** : épaississement de la paroi des artères.
- **Arythmie :** irrégularité du rythme cardiaque.
- **Bradycardie :** ralentissement du rythme des battements cardiaque.
- **Cardiomegalie** : augmentation du volume du cœur.
- **Cardiopathie** : nom générique des affections cardiaques.
- **Collapsus :** synonyme de choc cardiovasculaire (chute de tension).
- **Diastole :** mouvement de dilatation du cœur (relâchement).
- **Embolie :** obstruction d'un vaisseau sanguin par un caillot.
- **Endocardite** : inflammation de la tunique interne du cœur.
- **Extrasystole :** contraction anormale du cœur (contraction prématurée).
- **Infarctus du myocarde (IDM):** nécrose d'une zone plus ou moins importante du muscle cardiaque.
- **Ischemie** : arrêt de la circulation du sang dans un organe (ou tissu).
- **Leucemie** : cancer du sang (augmentation importante des globules blancs).
- **Maladie De Hodgkin** : cancer des ganglions lymphatiques (lymphome malin).
- **Myocardite :** inflammation du muscle cardiaque.
- **Pericardite** : inflammation de la tunique externe du cœur (péricarde).
- **Phlebite** : inflammation d'une veine.
- **Rhumatisme cardiaque :** qui est une complication du rhumatisme articulaire aigu.
- **Stenose** : rétrécissement d'un organe.
- **Systole :** contraction du cœur.
- **Tachycardie :** augmentation du rythme des battements cardiaques.
- **Thrombose :** formation d'un caillot dans un vaisseau.
- **AVC :** accident vasculaire cérébral.
- **AIT :** accident ischémique transitoire.
- **BAV :** bloc auriculo-ventriculaire (droit ou gauche).
- **CIA :** communication intra-auriculaire.
- **CIV :** communication intra-ventriculaire.
- **HTA :** hypertension artérielle.
- **IVC :** insuffisance veineuse chronique des membres inférieurs.

7 Principales méthodes d'exploration du système cardio vasculaire

a. Les explorations électriques du cœur

- **ECG** : (électrocardiogramme) c'est l'enregistrement des impulsions électriques émises par le muscle cardiaque (myocarde).

- **ECG d'effort ou épreuve d'effort** : le patient est mis en situation d'effort soit sur un vélo statique soit sur un tapis roulant, l'ECG est enregistré pendant l'effort et permet de révéler un éventuel trouble du rythme ou une souffrance au niveau des artères coronaires.
- **Holter** : il s'agit d'un dispositif portable permettant d'enregistrer en continue sur 24 heures l'activité électrique du cœur.

b. L'imagerie du cœur

- **La radiographie du thorax et des poumons** qui permet de visualiser la forme et la taille du cœur.
- **L'échographie cardiaque** : examen d'imagerie médicale qui recourt aux ultrasons.
- **Le scanner** : examen d'imagerie médicale qui permet de réaliser une cartographie des artères.
- **L'IRM** : technique d'imagerie médicale qui n'utilise pas de rayons X qui renseigne à la fois sur l'anatomie du cœur mais aussi sur son fonctionnement.

c. Les examens dits invasifs

- **La coronarographie** : technique d'imagerie médicale qui permet de visualiser les artères coronaires (par exemple lorsqu'un infarctus est suspecté) avec injection d'un produit de contraste via une artère.
- **L'angiographie numérisée** qui est une radiographie d'un vaisseau sanguin après injection d'un produit de contraste dont l'image obtenue est traitée par ordinateur.
- **L'angioplastie ou dilatation** : cela permet d'élargir une artère rétrécie par simple gonflage d'un ballonnet.

8 Techniques médico-chirurgicales utilisées pour le système cardio-vasculaire

Cette liste n'est pas exhaustive.

- **L'angioplastie avec pose d'un stent (endo-prothèse)** : technique médico-chirurgicale effectuée sous anesthésie locale visant à remodeler un vaisseau au moyen d'un stent (mini ressort souvent métallique).
- **Artériectomie** : résection d'une artère ou d'un segment artériel.
- **Pontage coronarien** : dérivation du sang de l'aorte pour contourner la partie rétrécie (sténosée).
- **Thoracotomie** : incision chirurgicale de la paroi thoracique.

Exercice

Comment appelle-t-on :

1. La dilatation d'une artère ?
2. La résection d'une artère ?
3. Le ralentissement du rythme cardiaque ?
4. L'augmentation du volume du cœur ?
5. La radiographie des artères coronaires ?
6. Tracé électrique reproduisant l'activité cardiaque ?
7. La tunique interne du cœur ?
8. L'inflammation des vaisseaux lymphatiques ?
9. Le muscle cardiaque ?
10. Inflammation de la tunique entourant le cœur ?
11. Accélération du rythme cardiaque ?
12. L'examen qui permet d'élargir une artère rétrécie ?
13. Que veut dire CIA ?
14. Que veut dire CIV ?
15. Que veut dire BAV ?
16. Que veut dire IDM ?
17. Que veut dire AIT ?

Corrigé

1. artériectasie
2. artériectomie
3. bradycardie
4. cardiomégalie
5. coronarographie
6. ECG
7. endocarde
8. lymphangite
9. myocarde
10. endocardite
11. tachycardie
12. angioplastie
13. communication intra-auriculaire
14. communication intra-ventriculaire
15. bloc auriculo-ventriculaire
16. infarctus du myocarde
17. accident ischémique transitoire

Cours

7 Les appareils reproducteurs

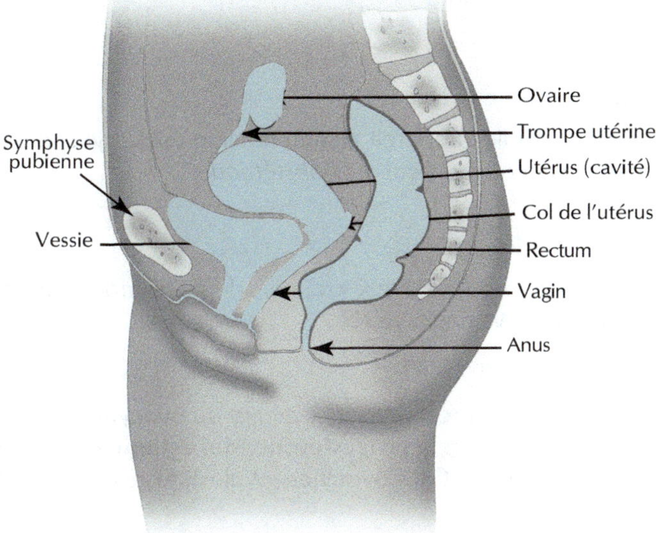

Chez la femme

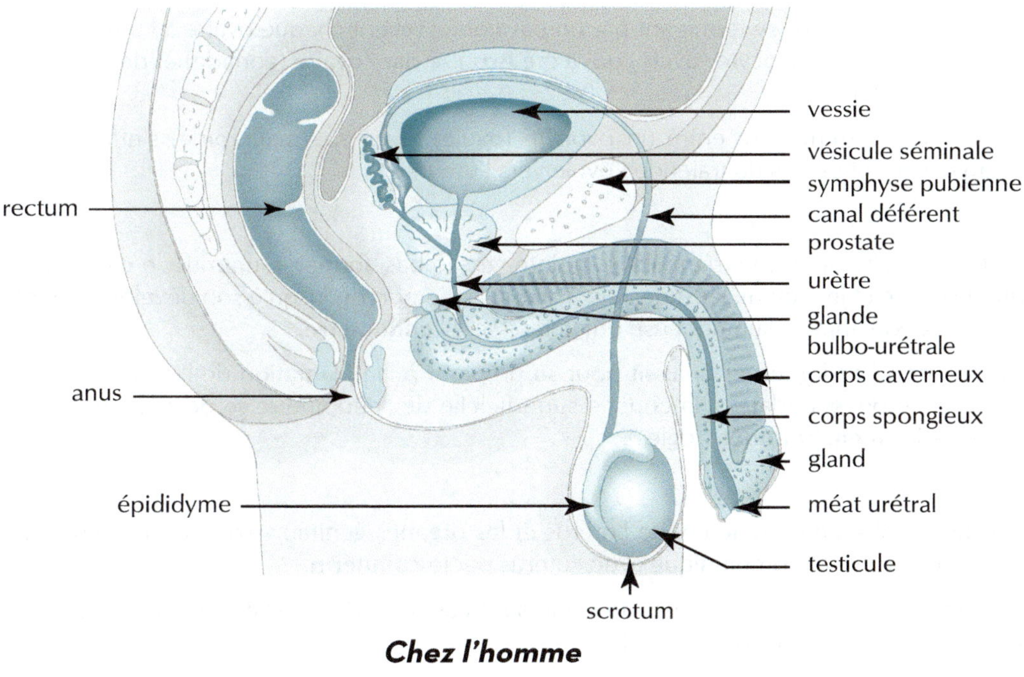

Chez l'homme

Définition

L'appareil reproducteur est un ensemble d'organes génitaux qui intervient dans le processus de reproduction.

Chez l'homme les organes génitaux sont en partie externe alors que chez la femme ils se trouvent en grande partie à l'intérieur de la cavité pelvienne.

1 L'appareil génital feminin

La discipline médicale qui étudie l'appareil génital féminin est la *gynécologie*. La discipline qui étudie la grossesse et l'accouchement est *l'obstétrique*.

a. Anatomie de l'appareil génital féminin

L'appareil génital féminin comprend deux ovaires, deux trompes utérines *(salpinx)* ou trompes de *Fallope*, l'utérus, le vagin, la vulve.

Les ovaires sont appelés gonades

Ce sont des glandes sexuelles qui produisent des *ovules* ou **ovocytes** (terme utilisé en biologie) Elles secrètent les œstrogènes et la **progestérone (qui est une hormone sexuelle).** Dès la naissance ces glandes contiennent des ovocytes (ovules). Après la puberté, chaque mois, un ovule sera expulsé.

Cet ovocyte (ovule) a la capacité d'être fécondé par le spermatozoïde.

Les trompes utérines appelées trompes de Fallope

En forme de tube elles se terminent par *un pavillon* et relient chaque ovaire à l'utérus. Leur rôle est d'accueillir l'ovocyte (ovule) qui a été expulsé par l'ovaire (gonade) et de l'acheminer jusqu'à l'utérus.

La fécondation (rencontre entre un ovocyte (ovule) et un spermatozoïde) s'effectue au niveau des trompes lors du trajet de l'ovule vers l'utérus.

L'utérus

C'est une poche de forme triangulaire, pointe vers le bas, formée d'un muscle creux situé entre la vessie et le rectum. Il est destiné à accueillir l'embryon jusqu'à son développement. À l'intérieur on appelle la muqueuse qui le tapisse : l'**endomètre.**

Chaque mois l'endomètre s'épaissit pour se préparer à l'implantation de l'ovule fécondé. En l'absence de fécondation, la couche superficielle de l'endomètre se desquame, ce qui provoque les **menstruations** (règles).

Le vagin

C'est un canal situé entre le col de l'utérus et les organes génitaux externes. Il s'ouvre au niveau de la vulve et communique avec l'utérus par le **col utérin**.

Les parois musculaires et fibreuses du vagin sont capables de se dilater de façon considérable au moment de l'accouchement.

La vulve

C'est l'ensemble des organes génitaux externes chez la femme. **La vulve** comprend les **grandes** et les **petites lèvres** (servant à protéger les organes génitaux internes). Celles-ci entourent le **méat urinaire**.

De forme ovoïde la vulve est située en bas de l'abdomen, elle a une fonction sexuelle notamment avec le clitoris (organe érectile) qui est l'équivalent du pénis chez l'homme.

b. Gestation (synonyme de grossesse)

C'est un phénomène physiologique lié à la reproduction. **La gestation** correspond à la période qui s'écoule entre **la fécondation de l'ovule** par le spermatozoïde jusqu'à la naissance environ 280 à 290 jours. Pendant les 2 premiers mois de la grossesse on parle d'**embryon** pour désigner le produit de la fécondation, puis c'est la période fœtale. Le fœtus baigne dans la poche des eaux ou **liquide amniotique**

Une femme qui n'a jamais été enceinte est une **nulligeste.** Elle est **primigeste** (primo = 1er) si elle est enceinte pour la 1re fois.

Une femme qui accouche pour la 1re fois est une **primipare**. Elle est **multipare** si elle a eu plusieurs accouchements.

Un accouchement qui se déroule facilement est dit **eutocique**, au contraire c'est un accouchement **dystocique** s'il y a des difficultés.

Une **éclampsie** est un syndrome survenant pendant la grossesse (souvent dans le dernier trimestre) associé à une poussée hypertensive pouvant provoquer des convulsions parfois accompagnées de coma. Il s'agit d'une urgence obstétricale, une cécarienne est pratiquée.

Une grossesse **gémellaire** signifie que la parturiente attend des jumeaux. Le diagnostic est fait au cours des échographies.

Une césarienne désigne l'extraction du nourrisson par une **hystérotomie** (ouverture de l'utérus).

L'IVG est l'interruption volontaire de la grossesse.

c. Racines spécifiques à l'appareil reproducteur féminin

- **Amni(o)** : membrane interne qui entoure le fœtus.
- **Cervic(o)** : col.
- **Colp(o)** : vagin.
- **Episio** : membrane.
- **Eu-** : normal.
- **Follicul(o)** petit sac.
- **Génèse** : formation, naissance.
- **Gest-** : gestation.
- **Gyn-, gynéco** : femme.
- **Mamm(o)- :** sein, glande mammaire.
- **Meno- Menstru-** : mensuel.
- **Metr(o)- Hystér-** : matrice, utérus.
- **Ovar-, ovario** : ovaire.
- **Oestr-** : période d'ovulation.
- **Part-, -pare** : accouchement.
- **Périné(o)** : périnée.
- **Salping(o)- salpinx** : trompes.
- **Toc(o), toci-** : accouchement.
- **Uter-** : utérus.

- **Vagin(o)-** : vagin.
- **FIVETE** : fécondation in vitro et transfert d'embryon.
- **GEU** : grossesse extra-utérine.
- **HCG** : hormone gonadotrophine chorionique.

d. Principales pathologies de l'appareil reproducteur féminin

- **Aménorrhée :** absence de règle après la puberté.
- **Bartholinite** : inflammation des glandes de Bartholin.
- **Blennorragie** : maladie vénérienne contagieuse (le gonocoque est le germe responsable).
- **Cervicite** : inflammation du col utérin.
- **Dysménorrhée :** régles difficiles et douloureuses.
- **Dysplasie cervicale :** présence de cellules anormales au niveau du col de l'utérus.
- **Dystocique :** accouchement difficile.
- **Endomètrite** : inflammation de la muqueuse utérine (l'endomètre).
- **Fibrome** : tumeur bénigne du tissu conjonctif fibreux sur la paroi de l'utérus.
- **Galactorrhée** : écoulement excessif de lait pendant la lactation.
- **IST** : infection sexuellement transmissible.
- **Leucorrhée :** écoulement blanchâtre par la vulve.
- **Ménorragie** : augmentation de la quantité et de la durée des règles.
- **Métrorragies** : écoulement de sang entre les règles.
- **Salpingite** : inflammation des trompes de Fallope (trompes utérines).

e. Quelles sont les explorations pratiquées en Gynécologie-Obstétrique ?

En dehors de **l'examen clinique** (interrogatoire, toucher vaginal et examen des seins) il est souvent nécessaire de faire des **explorations :**

- **Amniocentèse** : prélèvement par ponction du liquide amniotique à la recherche d'anomalie.
- **Colposcopie :** permet de compléter les renseignements fournis par le TV (toucher vaginal).
- **Frottis cervico-vaginal** : dépistage du cancer du col de l'utérus par un prélèvement de cellules superficielles.
- **L'échographie pelvienne :** qui permet de visualiser à l'aide d'ultrasons les ovaires, l'utérus, la vessie.
- **L'échographie endovaginale** : acte d'imagerie médicale permettant de visualiser avec une sonde intra-vaginale les ovaires, l'utérus.
- **L'echographie de suivi de grossesse :** qui permet à l'aide d'ultrasons de vérifier le développement du fœtus (placenta, cordon ombilical, liquide amniotique) .

Actuellement 3 échographies sont obligatoires entre la 11e et 13e semaine d'aménorrhée puis entre la 20e et 22e semaine et enfin entre la 32 et 34e semaine d'aménorrhée.

- **L'hystérographie :** radiographie de l'utérus après injection dans l'utérus d'un produit de contraste.
- **Hystéroscopie :** Endoscopie de la cavité utérine.
- **L'hystéro-salpingographie** ou HSG : radiographie des trompes utérines pratiquée parfois dans le cadre d'un bilan de fertilité (avec un produit de contraste) à la recherche d'anomalie (rétrécissement) au niveau des trompes utérines.
- **La mammographie** : examen radiographique des seins.
- **Le scanner abdomino-pelvien :** acte d'imagerie médicale permettant de déceler une tumeur, une métastase.
- **Pelvimètrie** : mesure du diamètre du bassin.
- **Tocographie :** enregistrement des contractions pendant l'accouchement

f. Techniques chirurgicales utilisées en gynécologie-obstétrique

Cette liste n'est pas exhaustive.

- **Césarienne** : ouverture de la paroi abdominale et de l'utérus (hystérotomie) pour extraire le nourrisson (soit au terme de la grossesse si elle est programmée, soit en cas d'urgence (souffrance fœtale, accouchement prématuré) Elle peut être pratiquée sous anesthésie générale ou sous **péridurale.** La technique d'ouverture de la paroi peut être **une médiane sous ombilicale** ou **en Pfannenstiel**.
- **Cœlioscopie** : acte médico-chirurgical invasif à visée diagnostic ou exploratrice permettant par une mini ouverture de la paroi abdominale de faire un diagnostic ou une biopsie.
- **Colpopexie** : fixation du vagin au muscle de la paroi abdominale pour remédier à une descente d'organes par exemple.
- **Colporraphie** : suture réparatrice de la paroi vaginale.
- **Épisiotomie** : Incision du périnée lors de l'accouchement par voie basse, en partant de la vule.
- **Hystérectomie** : ablation chirurgicale partielle ou total de l'utérus.
- **Hystéropexie** : fixation de l'utérus en bonne position.
- **Mammectomie** : ablation chirurgicale de la glande mammaire.
- **Mammoplastie** : chirurgie réparatrice au niveau des seins.
- **Ovariectomie** : ablation chirurgicale d'un ovaire.
- **Salpingectomie** : ablation chirurgicale d'une trompe utérine ou des deux.

Exercice

Comment appelle-t-on :

1. L'absence de règles après la puberté ?
2. Des règles douloureuses ?
3. L'ablation chirurgicale de l'utérus ?
4. La chirurgie réparatrice au niveau des seins ?
5. L'affection inflammatoire de l'utérus ?
6. L'ablation chirurgicale d'un ovaire ?
7. L'inflammation d'une trompe de Fallope ?
8. Un accouchement difficile ?
9. Un écoulement excessif de lait pendant la lactation ?
10. Le synonyme de grossesse ?
11. Un accouchement normal ?
12. La tumeur bénigne du tissu conjonctif de l'utérus ?
13. L'endoscopie de la cavité utérine ?
14. La mesure du diamètre du bassin ?
15. L'ablation chirurgicale d'une trompe utérine ?
16. L'inflammation du col utérin ?
17. Une femme qui est enceinte pour la 1re fois ?
18. Une femme qui accouche pour la 3e fois ?
19. Que signifie GEU ?

Corrigé

1. aménorrhée
2. dysménorrhée
3. hystérectomie
4. mammoplastie
5. métrite
6. ovariectomie
7. salpingite
8. dystocique
9. galactorrhée
10. gestation
11. eutocique
12. fibrome
13. hystéroscopie
14. pelvimétrie
15. salpingectomie
16. cervicite
17. primigeste
18. multipare
19. grossesse extra-utérine

2 L'appareil génital masculin

La discipline médicale qui étudie l'appareil génital masculin est *l'andrologie*.

a. Anatomie de l'appareil génital masculin

L'appareil reproducteur chez l'homme est constitué d'organes génitaux **internes** et d'organes génitaux **externes :**

- organes génitaux externes : **les testicules** (*bourses*) et **le pénis**(*verge*) ;
- organes génitaux internes : **l'épididyme**, des **canaux déférents**, les **glandes annexes**.

Les testicules (nom masculin)

Ces organes externes (*gonades*) sont logés dans une poche (*bourse)* entourée de peau : **le scrotum.** Ils assurent la production de spermatozoïdes (*gamètes*) et la sécrétion d'hormones stéroïdiennes (notamment la testostérone).

Le pénis (appelé aussi verge)

Le pénis (verge) est un organe sexuel traversé par **l'urètre** qui est un conduit à la fois génital et urinaire, étendu de la vessie jusqu'à l'extrémité du pénis.

- Il sert à la reproduction : au moment de l'éjaculation il transporte les spermatozoïdes.
- Il transporte l'urine lors de la miction.

L'épididyme

C'est un organe accolé à la partie postérieure de chaque testicule assurant la maturation des spermatozoïdes.

Les canaux déférents : appelé aussi spermiductes

Organes qui émergent de l'épididyme se terminant par une ampoule où sont stockés les spermatozoïdes avant d'être éjectés par **l'urètre** lors de l'éjaculation.

Les glandes annexes

- **Les vésicules séminales** qui sont au nombre de 2 sont des glandes reliées en arrière de la prostate qui déversent leur contenu le liquide séminal dans les canaux déférents.
- **La prostate** située sous la vessie. Elle sécrète le liquide prostatique (protéase appelée **PSA** - antigène prostatique spécifique) qui rentre dans la composition des spermatozoïdes. **Le dosage du PSA** est utile pour le diagnostic du cancer de la prostate ou d'autres pathologies affectant la prostate.

b. Racines spécifiques à l'appareil reproducteur masculin

Cette liste n'est pas exhaustive.

- **Andr(o) :** homme, masculin.
- **Balan(o)** : gland.
- **Génèse** : formation, naissance.
- **Gon(o) Gonad(o**) : reproduction.
- **Orchi** : testicule.
- **Prostat(o)** : prostate.
- **Rrhée** : écoulement non sanguin.
- **Sperm-Spermat(o)** : semence.
- **Urétr(o**) : urètre.

Connaissances n° 4 - La terminologie médicale

c. Principales pathologies de l'appareil reproducteur masculin

Cette liste n'est pas exhaustive.

- **Adénome prostatique** : tumeur bénigne de la prostate.
- **Asthénospermie** : sperme peu mobile.
- **Azoospermie** : absence de spermatozoïde dans le sperme.
- **Balanite :** inflammation du gland.
- **Balano-posthite** : inflammation du gland et du prépuce.
- **Blennorragie** : maladie vénérienne contagieuse (le gonocoque est le germe responsable).
- **Condylome** : tumeur bénigne due à un virus transmis par voie sexuelle.
- **Cryptorchidie :** absence de testicule dans les bourses (signifiant que les testicules ne sont pas descendus dans le scrotum).
- **Ectopie testiculaire :** anomalie d'un testicule.
- **Épididymite :** inflammation de la partie supérieure du testicule.
- **Gonorrhée :** synonyme de blennorragie.
- **Gynécomastie :** augmentation du volume de la glande mammaire.
- **Hydrocèle :** accumulation de liquide séreux dans la tunique vaginale du testicule.
- **IST :** infection sexuellement transmissible.
- **Oligospermie** : diminution anormale du nombre des spermatozoïdes.
- **Orchialgie** : douleur testiculaire.
- **Orchite :** inflammation du testicule.
- **Oschéome** : tumeur du scrotum.
- **Phimosis** : rétrécissemenet de l'anneau du prépuce.
- **Posthite** : inflammation du prépuce.
- **Prostatite :** inflammation de la prostate.
- **Séminome :** tumeur maligne des testicules.
- **SIDA :** affection contagieuse due au virus d'immunodéficience humaine (VIH).
- **Varicocèle :** dilatation variqueuse des veines du cordon spermatique.

d. Quelles sont les explorations pratiquées en andrologie ?

Cette liste n'est pas exhaustive.

- **Échographie testiculaire :** examen d'imagerie médicale à ultrasons permettant de visualiser les testicules, les épididymes
- **Échographie endo-rectale** : examen d'imagerie médicale avec injection d'un produit de contraste et utilisation d'une sonde endo-rectale
- **Scanner** : appelé aussi tomodensitomètrie est un examen d'imagerie médicale qui réalise des images « en coupe » d'un organe
- **IRM** : technique d'imagerie médicale par résonance magnétique permettant de visualiser les organes et tissus mous.

e. Techniques chirurgicales utilisées en andrologie

- **Adenomectomie prostatique** : ablation chirurgicale d'un adénome de la prostate (adénome = tumeur bénigne se développant sur une glande).
- **Bursectomie** : ablation chirurgicale d'une bourse séreuse.
- **Orchidopexie** : fixation d'un testicule dans une bourse.
- **Orchidotomie** : incision d'une bourse à visée exploratrice.
- **Posthectomie** : ablation du prépuce (circoncision).
- **Prostatectomie :** ablation de la prostate.
- **RTUP :** résection trans-urétrale de la prostate par voie endoscopique.
- **Vasectomie :** résection totale ou partielle d'un canal déférent.
- **Vasotomie :** incision et ligature des canaux déférents pour stérilisation.

Exercice

Comment appelle-t-on :

1. Un sperme peu mobile
2. L'absence de spermatozoïde
3. L'ablation chirurgicale d'une bourse
4. Diminution anormale du nombre des spermatozoïdes
5. L'inflammation du gland de la verge et du prépuce
6. Le synonyme de blennorragie
7. La douleur testiculaire
8. Un condylome
9. L'ablation du prépuce
10. Une inflammation testiculaire : orchite
11. Une tumeur du scrotum : oschéome
12. L'inflammation du prépuce : posthite
13. L'inflammation de la partie supérieure du testicule

Que signifie :

14. Une RTUP ?
15. Une varicocèle ?
16. Une vasotomie ?

Corrigé

1. asthénospermie
2. azoospermie
3. bursectomie
4. oligospermie
5. balano-posthite
6. gonorrhée
7. orchialgie
8. tumeur due à un virus transmis par voie sexuelle
9. posthectomie
10. orchite
11. oschéome
12. posthite
13. épididymite
14. résection trans-urétrale de la prostate
15. dilatation variqueuse des veines du cordon spermatique
16. ligature des canaux déférents pour stérilisation

8 Le système nerveux et les organes des sens

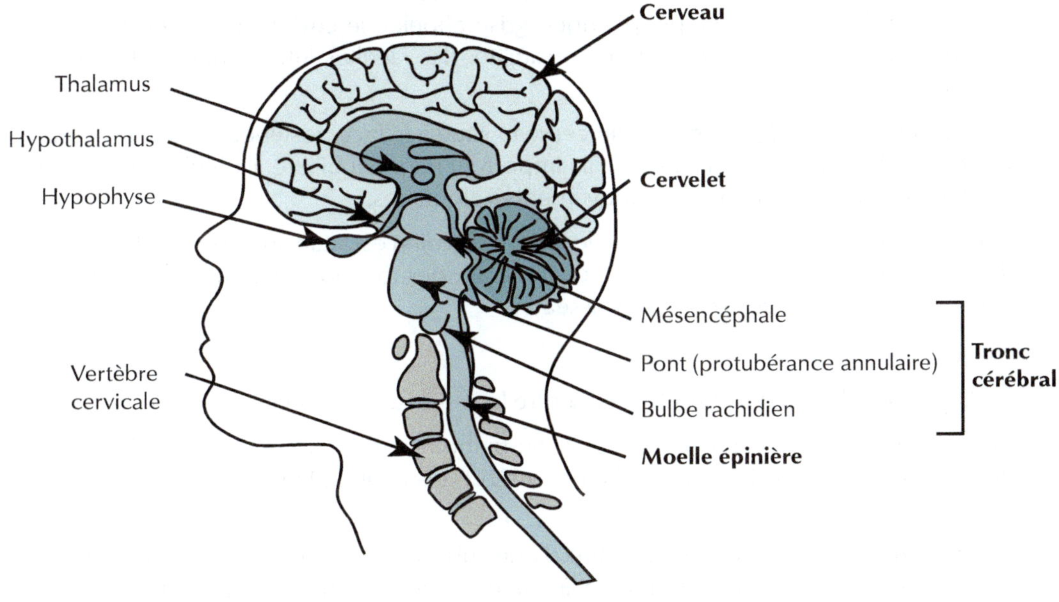

Le système nerveux central

Définition

Le système nerveux est constitué du système nerveux central et du système nerveux périphérique. L'ensemble commande les fonctions vitales : sensibilité, motricité, nutrition, respiration etc. et les facultés intellectuelles et affectives.

Le système nerveux fait l'objet de 2 disciplines :

- la neurologie qui étudie les affections physiques du système nerveux
- la psychiatrie qui étudie les troubles psychiatriques

1 Le système nerveux central

a. Anatomie du système nerveux

Le système nerveux central est composé de l'**encéphale** et de la **moelle épinière**.

L'encéphale (*céphal(o)-*)

Protégé par la boîte crânienne, il est organisé en trois parties :

- **Le cerveau** lui-même divisé en 2 hémisphères. Ces deux hémisphères sont constitués de substances : d'une substance périphérique grise appelée le **cortex** et d'une substance blanche centrale. C'est le centre de la sensibilité, des facultés intellectuelles, des actes volontaires.
- **Le cervelet (*cerebell(o)-)*** sorte de petit cerveau situé à la face postérieure du tronc cérébral. Le cervelet est régulateur, il a un rôle important dans l'équilibre, il régule le tonus de la posture, de la coordination des mouvements volontaires.
- **Le tronc cérébral** dans lequel se trouve le bulbe rachidien est situé au-dessus de la moelle épinière, en dessous du cerveau. Il est le régulateur des fonctions automatiques comme la respiration, l'activité du cœur, des vaisseaux.

La moelle épinière

Elle contient le cordon spinal et est le relais entre le cerveau et le corps.

C'est le prolongement du cerveau au niveau du bulbe rachidien par un long cordon dans la colonne vertébrale qui descend de la 1re vertèbre cervicale(C1) jusqu'à la 2e vertèbre lombaire (L12).

La moelle épinière est composée au centre d'une substance grise (en forme de H) qui est un centre de réflexes et d'une substance blanche en périphérie, qui est un organe conducteur.

Elle distribue **les nerfs** (neur(o)-/nevr(o)-) entre le cerveau et les différentes parties du corps.

Le cerveau et la moelle épinière baignent dans un liquide stérile appelé **le liquide céphalo-rachidien (LCR)** avec **les méninges** ils ont un rôle de nutrition et de protection du système nerveux central (SNC).

Les méninges sont 3 membranes :

- **la pie-mère**, mince, se trouve à l'intérieur, appliquée directement à l'encéphale et à la moelle épinière ;
- **l'arachnoïde** est intermédiaire séparée de la pie-mère par le LCR (liquide céphalo-rachidien) ;
- **La dure- mère :** 3e couche des méninges elle est la plus résistante et la plus extérieure.

b. Racines spécifiques au système nerveux :

Cette liste n'est pas exhaustive.

- **Cérébr(o)**- : qui se rapporte au cerveau.
- **Céphal(o)** : tête.
- **Esthésie** : sensibilité.
- **Gnosie** : connaissance.

- **Medull(o)** : moelle.
- **Méning(o)** : méninge.
- **Myél(o)-** : moelle.
- **Mnésie** : mémoire.
- **Narc(o)** : sommeil.
- **Occipit(o)-** : occiput.
- **Neur(o) – Nevr(o)** : nerf.
- **Praxie** : coordination normale des mouvements.
- **Psych(o)-** : esprit, intelligence.
- **Spin(o)** : épine dorsale.

c. Principales pathologies du système nerveux

Cette liste n'est pas exhaustive.

- **Accident vasculaire cérébral (AVC) :** obstruction ou rupture d'un vaisseau transportant le sang au cerveau.
- **Accident ischémique transitoire (AIT) :** déficit neurologique d'origine ischémique dont les symptômes régressent rapidement.
- **Alzheimer (maladie d') :** affection neurodégénérative du cerveau avec atteinte massive de la mémoire et de l'orientation dans l'espace.
- **Amnésie :** perte de la mémoire.
- **Aphasie :** absence, perte de l'usage de la parole.
- **Apraxie :** absence, incapacité d'exécuter des mouvements volontaires.
- **Agnosie :** trouble de la reconnaissance des objets, de l'environnement.
- **Autisme :** trouble du développement qui affecte les fonctions cérébrales.
- **Céphalée :** mal de tête, migraine.
- **Cérébromalacie** : ramollissement de la substance cérébrale.
- **Charcot (maladie de) ou sclérose latérale amyotrophique (SLA)** : maladie touchant les neurones moteurs.
- **Dystonie :** contraction prolongée involontaire des muscles.
- **Encéphalite** : inflammation au niveau du cerveau.
- **Épilepsie** : crises convulsives avec parfois perte de connaissance.
- **Hémiplégie** : paralysie de la moitié du corps.
- **Méningite :** maladie contagieuse, inflammation aiguë des membranes qui entourent le cerveau par un virus.
- **Méningiome :** tumeur bénigne des méninges.
- **Myélite** : inflammation de la moelle.
- **Narcolepsie :** brusque besoin de sommeil.
- **Narcomanie** : usage abusif des somnifères.
- **Neurinome** : tumeur bénigne des nerfs crâniens.
- **Névralgie :** douleur sur le trajet d'un nerf.
- **Paraplégie :** paralysie des membres inférieurs.

- **Parkinson (maladie de) :** affection dégénérative du système nerveux central entraînant des mouvements involontaires.
- **Poliomyélite :** maladie contagieuse, dégénérescence de la substance grise de la moelle par un virus entraînant une paralysie.
- **Schizophrénie :** perte de contact avec la réalité, délire hallucinatoire.
- **Sclérose en plaques SEP :** altération de la gaine protectrice qui entoure les neurones.
- **Tétraplégie :** paralysie des 4 membres ou quadriplégie.
- **T.O.C. :** trouble obsessionnel compulsif, trouble psychique.

d. Quelles sont les explorations pratiquées en neurologie ?

Cette liste n'est pas exhaustive.

En dehors d'un **examen clinique complet**, il est souvent nécessaire de faire des explorations :

- **Électroencéphalogramme ou EEG :** grâce à des électrodes cet examen permet d'enregistrer l'activité électrique cérébrale du cerveau.
- **Examen du fond d'œil (FO)** : examen ophtalmologique pratiqué avant une ponction lombaire.
- **L'IRM :** examen d'imagerie médicale à résonance magnétique, les images étant reconstituées par un ordinateur.
- **Ponction lombaire** : prélèvement du liquide céphalo-rachidien pour être analysé.
- **Scanner cérébral** : examen d'imagerie médicale (tomographie) qui permet de reconstituer les images du cerveau, utilisant des rayons X.
- **Scintigraphie cérébrale** : technique d'imagerie médicale avec injection intraveineuse d'un produit radio actif permettant de visualiser des anomalies au niveau du cerveau.
- **PET scan** : tomographie par émission de positons utilisant la radioactivité pour mesurer en 3 D l'activité métabolique de l'organisme.

e. Techniques chirurgicales utilisées en neurochirurgie

Cette liste n'est pas exhaustive.

- **Angiographie cérébrale** : technique médico-chirurgicale visant à restaurer une bonne circulation dans un vaisseau.
- **Céphalotomie** : incision au niveau de la tête.
- **Neurectomie** : résection partielle ou totale d'un nerf.
- **Neuroplastie** : chirurgie réparatrice visant à rétablir la continuité d'un nerf.

2 Les maladies psychiatriques et les troubles du comportement

Définition

L'étymologie du mot « psychiatrie » provient du grec « psyche » signifiant « âme, esprit » et « iatros » qui signifie « médecin ».

La psychiatrie est une spécialité médicale qui étudie et traite les maladies mentales.

Un trouble psychiatrique, trouble psychique ou trouble mental désigne un ensemble d'affections d'origines différentes qui entraînent des difficultés dans la vie d'un individu au quotidien. Ces troubles se manifestent de façon chronique ou permanente.

On classe aussi dans les troubles psychiques : la dépression, l'anxiété, les phobies, les troubles du comportement alimentaires, les addictions et l'ensemble des troubles liés à la consommation de drogues ou d'alcool.

Principales pathologies de psychiatrie

Cette liste n'est pas exhaustive.

- **Acrophobie :** peur de ce qui est en hauteur, de ce qui est élevé.
- **Addiction :** dépendance physique ou psychique à une drogue.
- **Agoraphobie :** peur de la foule et des espaces ouverts.
- **Apathie :** état d'indifférence aux émotions, insensibilité, manque d'intérêt.
- **Boulimie :** rapport pathologique à la nourriture. Ingestion excessive d'aliments de façon répétitive et à n'importe quel moment.
- **Bradyphémie :** lenteur du rythme verbal.
- **Cyclothymie :** trouble de l'humeur au cours duquel se succèdent des périodes d'exaltation ou d'euphorie et des périodes de désespoir, de dépression.
- **Dyslogie :** trouble du langage et du raisonnement dû à une altération des facultés intellectuelles.
- **Hypochondrie :** état dans lequel le sujet est en permanence inquiet pour sa santé, se croyant atteint d'une maladie (névrose).
- **Paraphrénie :** pathologie psychotique chronique caractérisée par des thèmes fantastiques et imaginatifs.
- **Psychopathe :** personnalité pathologique se manifestant essentiellement par des comportements antisociaux.
- **Psychose :** pathologie mentale qui se distingue par une méconnaissance par le patient de ses troubles.

- **Schizophrénie :** pathologie psychiatrique chronique ayant pour conséquences des troubles cognitifs, dysfonctionnement social, altération de la perception de la réalité (psychose).
- **Tachyphémie :** accélération du rythme verbal.

3 Les organes des sens

On peut dire qu'il s'agit des extensions spécialisées du système nerveux central. Il s'agit du toucher, de la vue, l'ouie, l'odorat, le goût.

Les informations fournies sont directement transmises au cerveau et déclenchent des réactions.

a. La peau

C'est l'enveloppe du corps humain qu'elle recouvre en totalité. Son rôle est de protéger, de réguler la température, la respiration, la sensibilisation elle sert de réserve et de production de vitamine D.

Organe sensoriel, elle est divisée en 3 parties : l'épiderme, le derme, l'hypoderme.

- **L'épiderme** qui est très vascularisé, est un tissu épithélial contenant des cellules qui produisent la pigmentation de la peau : la mélanine.
- **Le derme :** tissu conjonctif est constitué de glandes sébacées, de capillaires artérioveineux, de muscles horripilateurs, de fibres élastiques, de canaux lymphatiques, de terminaisons nerveuses, de poils, de glandes sudoripares (qui produisent la sueur contenant les déchets).
- **L'hypoderme** qui est la couche profonde avec des cellules adipeuses et de nombreux nerfs et vaisseaux.

Les ongles, les poils, les cheveux sont appelés phanères.

b. L'œil

Logé dans une cavité osseuse appelée l'*orbite*, c'est l'organe de la vue. Il est relié au cerveau par le nerf optique. Il est constitué du *globe oculaire* et des *organes annexes*.

Le globe oculaire (enveloppe membraneuse)

- **tunique externe** : qui comprend **la sclérotique** (scléro) et la **cornée (kérato-)** ;
- **tunique intermédiaire** pigmentaire (**l'uvée**) qui comprend : **la choroïde, le corps ciliaire** (contenant le muscle ciliaire, il produit l'humeur aqueuse, point d'attache du **cristallin**), **l'iris** donnant la couleur à l'œil avec au centre de l'iris, **la pupille** ;
- **tunique interne** (la **rétine**) qui comprend **la macula** (zone d'activité visuelle maximale) et la **papille** (zone d'insertion du nerf optique) ;
- **cônes** : permettant la vision des couleurs et la vision de nuit ;
- **bâtonnets** : permettent la vision avec une faible luminosité.

Les organes annexes

- **l'appareil lacrymal** constitué de la glande lacrymale qui produit les larmes et hydrate **la cornée** ;

- **les muscles moteurs de l'œil** qui provoquent les mouvements de l'œil ;
- **les paupières** qui en se rabattant sur l'œil par réflexes, le protègent ;
- **la conjonctive** qui est la partie interne de la paupière, elle a un rôle de lubrification

c. La sphère ORL

Elle est constituée par l'oreille (ot(o)-), le nez (rhin(o)-nas(o)-) la région laryngée (laryng(o)-).

L'oreille (appareil auditif)

L'oreille externe est constituée du :

- **pavillon de l'oreille** reçoit les ondes sonores et les dirige vers le **conduit auditif externe** ;
- **conduit auditif externe** est fermé par **le tympan,** il est tapissé par la peau, les follicules sécrètent *le cérumen* de l'oreille.

L'oreille moyenne est constituée :

- **du tympan** situé entre le conduit auditif et l'oreille interne. Sa face antérieure présente la **trompe d'Eustache** qui aboutit dans le pharynx à chaque déglutition. Elle assure l'équilibre de la pression entre l'oreille moyenne et l'extérieur ;
- **des osselets** : petits os appelés marteau, enclume, étrier. Le marteau est en contact avec le tympan.

L'oreille interne est constituée :

- du labyrinthe osseux composé du **vestibule** et de la **cochlée (limaçon)** ;
- du labryrinthe membraneux composé d'**endolymphe** et séparé du labryrinthe osseux par la **périlymphe** ;
- **du vestibule** responsable de l'équilibre de la position de la tête ;
- **du limaçon** organe tapissé de cellules sensorielles. C'est le récepteur cochléaire ou organe de *Corti* ;
- **du nerf cochléaire** et le nerf vestibulaire se réunissent pour former les nerfs auditifs.

Le nez (appareil olfactif)

Il sert à percevoir et à transmettre les odeurs au cerveau.

Le nez est constitué d'une charpente osseuse et cartilagineuse délimitant **les fosses nasales.** Ces fosses nasales constituent l'étage supérieur de l'appareil respiratoire. Elles s'ouvrent vers l'extérieur (les narines) mais aussi vers le pharynx. La muqueuse qui tapisse les fosses nasales est riche en vaisseaux sanguins. Cet odorat permet de contrôler l'air inspiré.

La langue (cavité gustative)

La cavité gustative contient : la langue, les papilles gustatives, les glandes salivaires et les dents. À une extrèmité la bouche est fermée par les lèvres, mais à l'autre extrémité elle communique avec le nez, les poumons, et l'estomac.

- **La langue** est un muscle mobile, organe principal de la gustation elle est tapissée de cellules sensorielles. Elle a un rôle dans la mastication, la déglutition et la phonation. **L'épiglotte** cartilagineux sert de clapet elle permet d'osbstruer les voies aériennes quand les aliments sont avalés, contrôlant aussi l'air à l'entrée du pharynx lors de l'émission des sons. La langue présente les aliments aux dents pour être mâchés, elle participe au malaxage et à la déglutition. La langue se niche au repos dans l'arcade dentaire supérieure (maxillaire supérieur) qui délimite le palais.

- **Les glandes salivaires** sécrètent la salive chargée d'humidifier les aliments pour permettre aux papilles gustatives d'en donner le goût. La gamme des saveurs se réduit à quatre seulement : amer, sucré, salé, acide.

d. Racines spécifiques aux organes des sens

- **Audi(o)-** : entendre
- **Auricul(o)**- : oreille
- **Bléphar(o)** : paupière
- **Capill-** : cheveux
- **Céphal(o)-** : tête
- **Cutané(o)-** : peau
- **Cyan(o)** : bleu
- **Dacry(o)-** : larme
- **Derm(o)-/dermat(o)** : peau
- **Donto** : dents
- **Erythr(o)**- : rouge
- **Gloss** : langue
- **Gueusie** : goût
- **Kérat(o)** : cornée
- **Laryng(o)**- : larynx
- **Nas(o)-** : nez
- **Nécr(o)** : mort
- **Odont(o)**- : dent
- **Ocul(o)**- : œil
- **-Ome** : tumeur, tuméfaction
- **Ophtalm(o)/opt** : œil
- **Or(o)-** : bouche
- **Oto** : oreille
- **Rhin(o)-** : nez
- **Stomat(o)-** : bouche
- **Sudor** : sueur
- **Trich(o)** : poil

Le **dermatologue** soigne les affections de la peau (derme, muqueuse, ongle, cheveux).

Le **stomatologue** soigne les affections de la bouche et des dents.

L'**ophtalmologue (OPH)** soigne les affections des yeux.

L'**oto-rhino-laryngologiste (ORL)** soigne les affections de l'oreille, du nez, de la gorge.

e. Principales pathologies des organes des sens

- **Acouphène :** sensation auditive anormale de sifflement dans l'oreille, de bourdonnement.
- **Agueusie** : absence totale ou partielle du goût.
- **Alopécie :** perte des cheveux.
- **Amygdalite** : inflammation des amygdales.
- **Astigmatisme** : trouble visuel lié à un défaut de courbure de la cornée ou du cristallin.
- **Blépharite** : inflammation de la paupière.

- **Cataracte** : opacification du cristallin provoquant la diminution de l'acuité visuelle.
- **Chéilorraphie** : suture d'une lèvre.
- **Conjonctivite** : inflammation de la membrane conjonctive.
- **Dacryocystite** : inflammation du canal lacrymal.
- **Dermatose** : toute affection de la peau.
- **Dyschromies** : modification de la couleur de la peau (perte de pigmentation).
- **Épistaxis** : saignement de nez provenant de la muqueuse nasale.
- **Érythème** (érythr(**o**)) : rougeur de la peau.
- **Escarre :** défaut de vascularisation d'un tissu entraînant sa destruction.
- **Exophtalmie :** saillie anormale des globes oculaires.
- **Glaucome :** atrophie du nerf oculaire.
- **Glossite :** inflammation de la langue.
- **Kératose** : épaississement de l'épiderme.
- **Iridoplégie** : paralysie de l'iris.
- **Laryngite :** inflammation du larynx au niveau des cordes vocales.
- **Ménière (maladie de)** : affection de l'oreille interne provoquant des vertiges.
- **Mycose :** maladie provoquée par un champignon parasite.
- **Mydriase :** dilatation de la pupille.
- **Myopie** : mauvaise vision des objets éloignés.
- **Myosis :** rétrécissement de la pupille.
- **Mystagmus** : mouvement saccadé involontaire des deux globes oculaires.
- **Nævus :** tâches naturelles sur la peau (au pluriel nævi) synonyme de grains de beauté.
- **Onyxis** : inflammation du derme sous l'ongle.
- **Otorragie :** écoulement de sang provenant du conduit externe de l'oreille.
- **Otite :** inflammation du tympan ou du conduit auditif externe.
- **Phlyctène** : bulle sur la peau remplie de liquide.
- **Photophobie** : crainte de la lumière.
- **Presbytie** : vision trouble des objets rapprochés.
- **Prurit** : affection de la peau provoquant une démangeaison.
- **Rétinopathie** : toute affection de la rétine.
- **Rhinite** : inflammation de la muqueuse nasale.
- **Rhinorrhée** : écoulement de liquide non sanguin par le nez.
- **Sinusite** : inflammation des sinus.
- **Stomatite** : inflammation de la muqueuse buccale.

- **Strabisme :** déviation d'un œil entraînant une convergence des 2 axes visuels. Il peut être convergent (déviation en dedans) ou divergent (déviation en dehors).
- **Verrue :** excroissance formée de corne au niveau de la peau.
- **DMLA** : dégénérescence maculaire liée à l'âge.

Exercice

Comment appelle-t-on :

1. Une tumeur siégeant au niveau des méninges ?
2. Névralgie ?
3. La résection partielle d'un nerf ?
4. L'opération visant à rétablir la continuité d'un nerf ?
5. L'inflammation des méninges ?
6. Une tétraplégie ?
7. La perte de l'usage de la parole ?
8. L'atteinte de la substance grise de la moelle épinière entraînant une paralysie ?

Que signifie :

9. **LCR ?**
10. **EEG ?**
11. **TOC ?**
12. **AVC ?**
13. **SEP ?**

Corrigé

1. méningiome
2. douleur au niveau d'un nerf
3. neurectomie
4. neuroplastie
5. méningite
6. paralysie des 4 membres ou quadriplégie
7. aphasie
8. poliomyélite
9. liquide céphalo-rachidien
10. électroencéphalogramme : tracé de l'activité électrique cérébrale
11. troubles obsessionnels compulsifs
12. accident vasculaire cérébral
13. sclérose en plaques

Entraînement

Exercice 1

Associez le terme de la 1re colonne avec son contraire de la 2e colonne.

1. Hyperthermie
2. Primipare
3. Adduction
4. Polyurie
5. Bradycardie

A. Abduction
B. Tachycardie
C. Anurie
D. Hypothermie
E. Nullipare

Exercice 2

Trouvez la racine, le préfixe ou le suffixe correspondant aux termes :

1. Inflammation
2. Douleur
3. À l'intérieur
4. Quatre
5. Vie

Exercice 3

Pour chacun des préfixes, suffixes ou racines proposés, trouvez 2 mots et donnez leur définition. Ex. : ite (suffixe signifiant inflammation)

Gastrite = inflammation de l'estomac

Cystite = inflammation de la vessie

Tendinite = inflammation d'un tendon

1. Hystero
2. Stomie
3. Carde-cardio
4. Ectomie
5. Tomie

Exercice 4

Construisez des termes médicaux à partir des radicaux définis ci-après.

6. Esthésie = sensibilité
   Excès de sensibilité =
   Sensibilité diminuée =
7. Cardi(o) = cœur
   Accélération du rythme cardiaque =
   Ralentissement du rythme cardiaque =

8. Gastr(o) = estomac
   Inflammation de l'estomac =
   Ablation de l'estomac =

9. Osté(o) = os
   Infection de l'os =
   Tumeur osseuse =

Exercice 5

Classez la liste des mots suivants dans les 3 rubriques proposées.

Mammographie-appendicite-mammectomie-arthroscopie-arthrotomie-arthropathie-gastroscopie-hépatite-hystérographie

10. Les maladies

11. Les examens médicaux

12. Les traitements chirurgicaux

Exercice 6

Trouvez les définitions.

13. Que signifie SÉMIOLOGIE ?
    - ❒ **a.** Étude des signes d'une maladie
    - ❒ **b.** Étude de toutes les maladies
    - ❒ **c.** Radiologie d'une vésicule séminale

14. Que signifie MYOCARDITE ?
    - ❒ **a.** Inflammation d'un muscle indifférencié
    - ❒ **b.** Inflammation du muscle cardiaque
    - ❒ **c.** Incision du myocarde

15. Que signifie APYRÉTIQUE ?
    - ❒ **a.** Fièvre provoquée par un tique
    - ❒ **b.** Infection de la rétine
    - ❒ **c.** État sans fièvre

16. Que signifie CHOLÉCYSTOGRAPHIE ?

❐ **a.** Plaques de cholestérol décelées sur une radiographie

❐ **b.** Analyse des constituants de la vessie

❐ **c.** Examen radiologique de la vésicule biliaire

17. Que signifie GLOSSITE ?

❐ **a.** Globule rouge anormal

❐ **b.** Glossaire des maladies infectieuses

❐ **c.** Lésion inflammatoire de la langue

18. Que signifie DYSPHAGIE ?

❐ **a.** Manie de se ronger les ongles

❐ **b.** Trouble de la parole

❐ **c.** Difficulté à avaler

Exercice 7

Quelle est la bonne réponse ?

19. Quel est l'autre nom des hématies ?

❐ **a.** Érythèmes

❐ **b.** Érythrocytes

❐ **c.** Leucocytes

20. Comment appelle-t-on un accouchement difficile ?

❐ **a.** Eutocique

❐ **b.** Dystocique

❐ **c.** Dysurique

21. Une paralysie des quatre membres s'appelle ?

❐ **a.** Paralysie

❐ **b.** Paraplégie

❐ **c.** Tétraplégie

Exercice 8

22. La diminution du nombre des globules rouges dans le sang est une :

❐ **a.** Anoxémie

❐ **b.** Anurie

❐ **c.** Anémie

23. Une fatigue physique ou intellectuelle anormale de l'organisme est une

- ❒ **a.** Anoxie
- ❒ **b.** Asthénie
- ❒ **c.** Anesthésie

24. Un médicament qui réagit à la vie des microbes s'appelle :

- ❒ **a.** Anatoxine
- ❒ **b.** Antitoxine
- ❒ **c.** Antibiotique

25. L'accélération du rythme cardiaque s'appelle

- ❒ **a.** Cardiomégalie
- ❒ **b.** Tachycardie
- ❒ **c.** Bradycardie

26. Comment appelle-t-on l'inflammation des vaisseaux lymphatiques ?

- ❒ **a.** Une adénite
- ❒ **b.** Une lymphangite
- ❒ **c.** Une phlébite

Exercice 9

Faites correspondre chiffres et lettres.

A. Trompes	**1.** Néphrite
B. Vessie	**2.** Colite
C. Côlon	**3.** Stomatite
D. Intestin grêle	**4.** Entérite
E. Rein	**5.** Salpingite
F. Bouche	**6.** Phlébite
G. Veine	**7.** Cystite

Exercice 10

27. Dans la boîte crânienne comment appelle-t-on la partie du système nerveux :

- ❒ **a.** Cervelet
- ❒ **b.** Cerveau
- ❒ **c.** Encéphale

28. L'instrument avec lequel on effectue un fond d'œil est un :

- ❒ **a.** Endoscope
- ❒ **b.** Ophtalmoscope
- ❒ **c.** Stéthoscope

29. Lorsque les muscles de l'œil sont paralysés on appelle cela une :

- ❒ **a.** Oculoplégie
- ❒ **b.** Neuroplégie
- ❒ **c.** Ophtalmoplégie

30. La paralysie de la moitié du corps s'appelle une :

- ❒ **a.** Monoplégie
- ❒ **b.** Hémiplégie
- ❒ **c.** Paraplégie

Exercice 11

Remplir la grille suivante avec les termes correspondant aux définitions.

Horizontal

1. Infection au niveau de la bouche
2. Habitude de se ronger les ongles
3. Douleur dans la région lombaire
4. Insuffisance de glucose dans le sang
5. Examen radiologique de l'aisselle
6. Radical signifiant « main »
7. Fréquence cardiaque trop rapide
8. Radical signifiant « aine »
9. Absence de sensibilité

Vertical

A. Douleur à un genou

B. Dégénérescence de l'articulation de la hanche

C. Radical signifiant « poil » ou « cheveu »

D. Présence de glucose dans l'urine

E. Examen otique de l'estomac

F. Douleur le long du nerf brachial

G. Tumeur osseuse

H. Radical signifiant « épaule »

I. Ouverture chirurgicale de la cavité thoracique

Exercice 12

31. Une tumeur bénigne dans le système nerveux s'appelle :

❒ **a.** Un névrome

❒ **b.** Une névrose

❒ **c.** Une neurolyse

32. Quel est l'autre nom donné au cancer :

❒ **a.** Une tumeur bénigne

❒ **b.** Une tumeur maligne

❒ **c.** Un ostéome

33. Dans lequel de ces mots le rapport au sang n'est pas présent

❒ **a.** Urémie

❒ **b.** Hématémèse

❒ **c.** Érythropoïèse

❒ **d.** Exérèse

Exercice 13 QCM

34. Quel mot indique la notion de fièvre ?

- ❒ **a.** Pyrogène
- ❒ **b.** Pyromane
- ❒ **c.** Pyosalpinx

35. L'inflammation de la muqueuse au niveau du bassinet s'appelle :

- ❒ **a.** Pyélite
- ❒ **b.** Pyrexie
- ❒ **c.** Néphrite
- ❒ **d.** Pyrosis

36. Comment appelle-t-on la partie de la médecine qui consiste à guérir ou à soulager la maladie ?

- ❒ **a.** Pharmacologie
- ❒ **b.** Morphologie
- ❒ **c.** Thérapeutique
- ❒ **d.** Sémiologie

Exercice 14 QCM

37. L'étude du fonctionnement du corps s'appelle :

- ❒ **a.** Physiologie
- ❒ **b.** Anatomie
- ❒ **c.** Histologie

38. L'inflammation de l'estomac s'appelle :

- ❒ **a.** Gastralgie
- ❒ **b.** Gastropathie
- ❒ **c.** Entérite
- ❒ **d.** Gastrite

39. L'inflammation de l'intestin grêle et du colon s'appelle :

- ❒ **a.** Gastro-entérite
- ❒ **b.** Entéro-colite
- ❒ **c.** Entérite
- ❒ **d.** Gastro-colite

Exercice 15 QCM

40. Comment s'appelle l'opération chirurgicale qui consiste à retirer l'estomac en partie ou en totalité ?

❒ **a.** Ablation

❒ **b.** Gastrectomie

❒ **c.** Exérèse

❒ **d.** Gastrectomie subtotale

41. Comment appelle-t-on l'ablation d'un lobe du poumon ?

❒ **a.** Néphrectomie

❒ **b.** Lobectomie

❒ **c.** Pulmonectomie

Exercice 16 QCM

42. Comment appelle-t-on l'intervention chirurgicale qui consiste à aboucher la vésicule biliaire à la peau ?

❒ **a.** Anastomose

❒ **b.** Cholécystostomie

❒ **c.** Cystostomie

❒ **d.** Cholécystectomie

43. Comment s'appelle l'ablation chirurgicale d'un rein ?

❒ **a.** Hystérectomie

❒ **b.** Cystostomie

❒ **c.** Néphrectomie

❒ **d.** Cholécystectomie

44. L'inflammation de la vésicule biliaire s'appelle :

❒ **a.** Hépatite

❒ **b.** Cystite

❒ **c.** Cholécystite

❒ **d.** Cholécystalgie

Exercice 17 QCM

45. Comment appelle-t-on l'impossibilité d'effectuer certains mouvements ?

❒ **a.** Immobilité

❒ **b.** Dyskinésie

❒ **c.** Akinésie

46. Comment s'appelle la difficulté à digérer ?

- ❒ **a.** Dyspnée
- ❒ **b.** Dystocie
- ❒ **c.** Dyspareunie
- ❒ **d.** Dyspepsie

Exercice 18 QCM

47. Trouvez le mot qui n'évoque pas un écoulement sanguin :

- ❒ **a.** Métrorragie
- ❒ **b.** Épistaxis
- ❒ **c.** Blennorragie
- ❒ **d.** Ménorrhée

48. Comment appelle-t-on un écoulement de l'oreille ?

- ❒ **a.** Pyorrhée
- ❒ **b.** Leucorrhée
- ❒ **c.** Otorrhée

Exercice 19 QCM

49. L'inflammation de l'articulation de la hanche (due au bacille de la tuberculose) s'appelle :

- ❒ **a.** Arthralgie
- ❒ **b.** Coxalgie
- ❒ **c.** Myalgie

50. La douleur au niveau du genou s'appelle :

- ❒ **a.** Arthralgie
- ❒ **b.** Gonalgie
- ❒ **c.** Algie

Exercice 20 QCM

51. L'inflammation du tissu musculaire s'appelle :

- ❒ **a.** Myosite
- ❒ **b.** Myélite
- ❒ **c.** Myosis

52. Quel est le nom générique des affections des muscles ?

- ❒ **a.** Myasthénie
- ❒ **b.** Myalgie
- ❒ **c.** Myopathie

Corrigés

Corrigé 1

1D – 2E – 3A – 4C – 5B

Corrigé 2

1. Ite (suffixe) ex. : otite = inflammation de l'oreille
2. Algie (suffixe) ex. : lombalgie = douleur au niveau des lombaires
3. Endo(préfixe) ex. : endocarde = à l'intérieur du cœur
4. Tétra (préfixe) ex. : tétraplégie = paralysie des 4 membres
5. Bio (racine) ex. : biologie = étude des êtres vivants

Corrigé 3

1. Hystér (o) (préfixe)
   Hystérographie = radiographie de l'utérus
   Hystérectomie = ablation de l'utérus
2. Stomie (suffixe)
   Colostomie = abouchement chirurgical du colon à la peau
   Gastrostomie = abouchement chirurgical de l'estomac à la peau
3. Carde-cardio
   Cardiologue = médecin spécialiste dans les maladies du cœur.
   Myocarde = muscle cardiaque
4. Ectomie (suffixe)
   Appendicectomie = ablation de l'appendice
   Thyroïdectomie = ablation de la thyroïde
5. Tomie (suffixe)
   Laparotomie = ouverture chirurgicale de la paroi abdominale
   Thoracotomie = ouverture chirurgicale du thorax

Corrigé 4

6. Esthésie = sensibilité
   Excès de sensibilité = hyperesthésie
   Sensibilité diminuée = hypoesthésie

7. Cardi(o) = cœur
   Accélération du rythme cardiaque = tachycardie
   Ralentissement du rythme cardiaque = bradycardie
8. Gastr(o) = estomac
   Inflammation de l'estomac = gastrite
   Ablation de l'estomac = gastrectomie
9. Osté(o) = os
   Infection de l'os = ostéite
   Tumeur osseuse = ostéome

Corrigé 5

10. Les maladies : appendicite, hépatite, arthropathie
11. Les examens médicaux : mammographie, arthroscopie, gastroscopie, hystérographie
12. Les traitements chirurgicaux : mammectomie, arthrotomie

Corrigé 6

13. **Réponse a.**
14. **Réponse b.**
15. **Réponse c.**
16. **Réponse c.**
17. **Réponse c.**
18. **Réponse c.**

Corrigé 7

19. **Réponse b.**
20. **Réponse b.**
21. **Réponse c.** (ou encore Quadriplégie)

Corrigé 8

22. **Réponse c.**
23. **Réponse b.**
24. **Réponse c.**
25. **Réponse b.**
26. **Réponse b.**

Corrigé 9

A5 - B7 - C2 - D4 - E1 - F3 - G6

Corrigé 10

27. **Réponse c.**
28. **Réponse b.**
29. **Réponse c.**
30. **Réponse b**

Corrigé 11

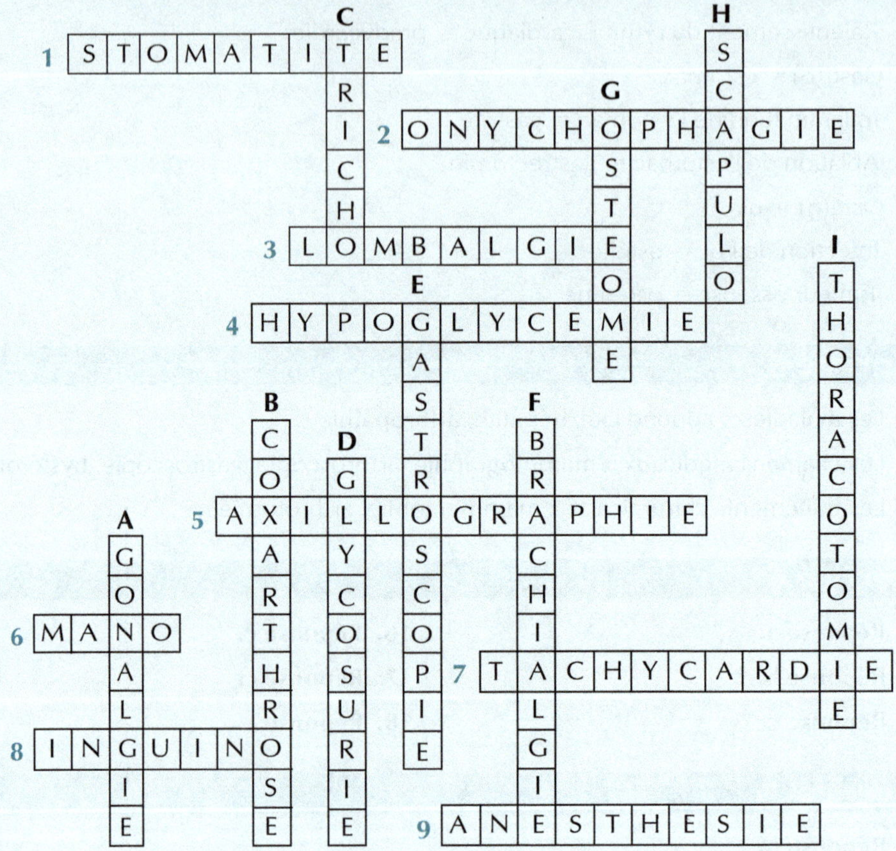

Corrigé 12

31. Réponse a.

32. Réponse b.

33. Réponse d.

Corrigé 13

34. Réponse a.

35. Réponse a.

36. Réponse c.

Corrigé 14

37. Réponse a.

38. Réponse d.

39. Réponse b.

Corrigé 15

40. Réponse b.

41. Réponse b.

Corrigé 16

42. Réponse b.

43. Réponse c.

44. Réponse c.

Corrigé 17

45. Réponse c.

46. Réponse d.

Corrigé 18

47. Réponse c.

48. Réponse c.

Corrigé 19

49. Réponse b.

50. Réponse b.

Corrigé 20

51. Réponse a.

52. Réponse c.

Sujets corrigés

- Annales session 2019
- Annales session 2018
- Sujet original
- Oral de mise en situation

Admissibilité

Annales session 2019

Série de questions

Difficulté : ★★★ 3 heures • **Coefficient 2**

Répondre en quelques lignes aux questions suivantes :

1. Citez plusieurs instances consultatives à l'hôpital? *(6 points)*
2. Quel est le rôle de la CDU? *(6 points)*
3. Quel est le rôle de la CAP? *(4 points)*
4. Quelles sont les compétences de la CME? *(4 points)*
5. Quel est le rôle du chef de pôle? *(4 points)*
6. Sous quelles conditions les ayants droit peuvent consulter le dossier médical du patient? *(6 points)*
7. Définissez les directives anticipées *(4 points)*.
8. Qu'est que la lettre de liaison? *(4 points)*
9. Définissez le CPOM? *(2 points)*

Cas pratique

Difficulté : ★★★ 3 heures • **Coefficient 3**

1. Relevez les fautes d'orthographe dans le courrier adressé au Dr LE SOIN. *(5 points)*

Monsieur le Docteur LE SOIN

Cher Confère

Votre patient, Monsieur JAIMAL Philippe, né le 08/03/1958, demeurant 1 place De Gaulle à Nantes a été hospitalisé à l'Institut de la Côte Fleurie du 30 juillet au 10 août 2017.

Les suites après l'exérèse de sa volumineuse tumeur rétro-péritonéale droite avec résection multi-organes ont été dans l'ensemble simple.

A noter la survenue d'un pique fébrile au 7e jour opératoire. Monsieur J. a retrouver une bonne autonomie avec reprise de l'alimentation et d'un transit quasi normal.

La cicatrice a été laissé à l'air avec une prescription d'ablation des aggrafes à 10 Jours. Il poursuivra ses anticoagulants à titre préventif pour encore 15 jours.

Le bilan de sortie montrait un taux d'hémoglobine à 9,5g ainsi qu'un taux de leucocytes normal ainsi que la fonction rénale malgré la néphrectomie.

D'un point de vue carcinologique, on confirme le diagnostic de liposarcome. Le cas de Monsieur J. va être staffé la semaine prochaine afin de statuer sur la suite du traitement et de la surveillance.

Il sera revu en consultation dans une semaine par un médecin anesthésiste en vue d'une pose d'un cathéter, je le reverrai en consultation à la suite.

Restant à votre disposition si nécessaire, Bien confraternellement

Docteur LE CŒUR 10/8/2017

2. Donnez la définition des termes médicaux soulignés. *(10 points)*

COMPTE RENDU OPÉRATOIRE

de Monsieur JAIMAL né le 08/03/1958

Rappel clinique : Patient traité par tomothérapie pour un volumineux liposarcome rétropéritonéal droit. La masse tumorale avec le rein mesure plus de 30 cm. Il existe un doute sur l'envahissement de la veine cave. Il existe surtout une fistule entre la tumeur et le côlon droit à l'origine de rectorragies ayant nécessité des transfusions. Indication d'exérèse.

JAFA029 : Néphrectomie totale élargie à la loge rénale avec surrénalectomie par laparotomie.

JFFAO21 : Exérèse de lésion de l'espace rétropéritonéal avec dissection des gros vaisseaux par abord direct.

HHFA009 : Colectomie droite avec rétablissement de la continuité.

HGFA007 : Résection segmentaire unique de l'intestin grêle avec rétablissement de la continuité

A l'ouverture du péritoine il n'y a pas de sarcomatose. Le foie est normal.

Il existe un volumineux syndrome tumoral droit englobant le côlon droit, fixé au niveau de l'hypochondre droit contre le foie. La tumeur s'arrête au niveau du pelvis.

Après section des sites digestifs, réalisation d'une anastomose iléo-transverse terminale réalisée par points séparés de Biosyn 4/O.

Après dissection complémentaire en profondeur le long de l'axe rachidien, la tumeur reste adhérente au pédicule rénal. On arrive néanmoins à dégager successivement le pédicule supérieur avec ligature de la veine puis de l'artère très difficile d'accès.

Plusieurs points appuyés au Prolen 4/0 sont réalisés sur les moignons des vaisseaux rénaux. L'hémostase est parfaite à l'issue de ce geste. Le patient sera toutefois transfusé.

3. Trouvez le terme médical correspondant. *(5 points)*

Comment appelle-t-on ?

- La présence de sang noir dans les selles ?
- L'inflammation d'un testicule ?
- L'augmentation de la température corporelle au-dessus de la normale ?
- Un accouchement normal ?
- L'inflammation aiguë ou chronique d'une articulation

4. Monsieur JAIMAL sera revu en consultation avec le médecin anesthésiste avant la pose de son cathéter. *(5 points)*

Rédigez sur une feuille blanche la convocation d'anesthésie en lui adressant à son domicile.

5. Quelle sera la durée minimale de conservation du dossier médical de Monsieur JAIMAL né le 08/03/1958 ? *(2 points)*

6. Monsieur AIMAL souhaite créer un DMP. *(3 points)*

- Que signifie ce sigle ?
- Qui peut le créer ?
- Qui peut le consulter ?

Éléments de réponses p. 195

l'Assurance Maladie

Centre d'Examens de Santé

LABORATOIRE D'ANALYSES MEDICALES

N° SAGES : **8075** , Demande n° 05 -1-0011 -SAGEC-
Mr JAIMAL Philippe
Date de naissance : 08/03/1958
Date de prelevement : 09/08/2017
Médecin prescripteur: Dr LE COEUR

Hématologie Sysmex XT 1800i Techniques: impédancimétrie et cytométrie en flux

		Valeurs de référence	Antériorités
✔ Hémogramme			
Hématies	4,77 téra/L	3.8 à 5.9	
Hémoglobine	139 g/L	115 à 175	
Hématocrite	0,426	0.34 à 0.53	
V.G.M.	89,30 fl	76 à 96	
T.C.M.H	29,1 picog/L	24.4 à 34	
C.C.M.H.	32,6 g/dL	31 à 36	
Leucocytes	4,63 giga/L	3.8 à 11	
Formule Leucocytaire:			
Polynucléaires neutrophiles en %	56,4 %		
Polynucléaires neutrophiles	2 610,00 /mm3	1400 à 7700	
Polynucléaires éosinophiles en %	2,8 %		
Polynucléaires éosinophiles	130,00 /mm3	20 à 580	
Polynucléaires basophiles en %	0,4 %		
Polynucléaires basophiles	20,00 /mm3	0 à 110	
Lymphocytes en %	30,5 %		
Lymphocytes	1 410,00 /mm3	1000 à 4800	
Monocytes en %	9,9 %		
Monocytes	460,00 /mm3	150 à 1000	
Plaquettes	325 giga/L	150 à 445	

Biochimie Sanguine AU 400 Beckman Coulter

		Valeurs de référence	Antériorités
✔ Aspect du sérum	Limpide		
✔ Glycémie (hexokinase)	5,57 mmol/L	4.20 à 6.10	
	1,00 g/L	0.75 à 1.09	
✔ Créatinine (Créatinine enzymatique)	56 µmol/L	49 à 90	
	6,33 mg/L	5.39 à 9.9	
Age	65 ans		
✔ Débit de filtration Glomérulaire	94 mL/min/1.7	> 60	
✔ Triglycérides (GPO PAP)	1,37 mmol/L	0.28 à 1.94	
	1,20 g/L	0.24 à 1.68	

Débit de filtration Glomérulaire : Calculé par la méthode CKD-EPI. (Cette méthode n'est pas validée pour les patients de type non caucasiens, de plus de 75 ans, obèses et/ou dénutris).

Centre d'Examens de Santé — ameli.fr L'Assurance Maladie en ligne — Réf. 1201 - 10/2012 — Page 1

2018

Santé Info Droits PRATIQUE

A.3.2

DROITS DES MALADES

LA DURÉE DE CONSERVATION DES DOSSIERS MÉDICAUX

DE QUOI S'AGIT-IL ?

Le dossier médical constitue un outil favorisant la coordination et la qualité des soins de l'usager.

Dans le cadre d'actions contentieuses, l'accès à son dossier médical apparait comme un préalable indispensable pour engager efficacement une action. A ce sujet, les fiches *Santé Info Droits* pratique « Accès au dossier médical et aux informations de santé » (A.3) et « Accès au dossier médical et aux informations de santé : les cas particuliers » (A.3.1) explicitent la réglementation en la matière. La fiche A.3.4 présente, quant à elle, des lettres types de demande de communication du dossier médical auprès d'un établissement de santé. Enfin, en cas de difficultés liées au refus d'accès au dossier, la fiche A.3.3 informe l'usager des procédures à engager.

Pour que ces demandes d'accès au dossier médical puissent aboutir, encore faut-il que l'établissement ou le professionnel de santé ait conservé le dossier médical du patient. Cette fiche rappelle les règles existantes en matière de durée de conservation de ces informations.

Attention ! Les délais dont il est question dans cette fiche ne doivent pas être confondus avec les règles relatives à la prescription de l'action en matière de responsabilité médicale dont le délai est de 10 ans à compter de la consolidation du dommage.

CE QU'IL FAUT SAVOIR

1

LES DÉLAIS DE CONSERVATION DU DOSSIER MÉDICAL DANS LES ÉTABLISSEMENTS DE SANTÉ PUBLICS ET PRIVÉS

Depuis le décret n° 2006-6 du 4 janvier 2006, les règles en matière de durée de conservation du dossier médical sont identiques quel que soit le statut juridique de l'établissement (public ou privé).

Ainsi, l'article R1112-7 du Code de la Santé publique prévoit désormais que le dossier médical est conservé pendant **une durée de 20 ans à compter de la date du dernier séjour** du patient dans l'établissement ou de la dernière consultation externe en son sein.

Cette règle comporte un certain nombre d'exceptions :

- les dossiers médicaux des mineurs dont **le dernier séjour est intervenu avant l'âge de 8 ans sont tous conservés** jusqu'à ce que ceux-ci **aient atteint l'âge de 28 ans** ;
- si la personne **décède moins de dix ans après son dernier passage dans l'établissement**, son dossier ne sera conservé que pendant **une durée de dix ans à compter de la date du décès** ;
- la mention des actes transfusionnels pratiqués et, le cas échéant, la copie de la fiche d'incident transfusionnel sont conservées **pendant 30 ans** à partir de la date de l'acte transfusionnel (instruction interministérielle du 14 août 2007 transposant l'article 4 de la directive européenne 2005/61/CE).

Par ailleurs, en cas d'introduction de **tout recours gracieux ou contentieux** tendant à mettre en cause la responsabilité de l'établissement ou du professionnel de santé à raison de leurs interventions au sein de l'établissement, **le délai est suspendu**.

Quand le délai de conservation est atteint, la décision d'élimination du dossier médical est prise par le directeur de l'établissement après avis du médecin responsable de l'information médicale. Dans les établissements publics de santé et les établissements de santé privés participant à l'exécution du service public hospitalier, cette élimination est en outre subordonnée au **visa de l'administration des archives départementales** qui détermine ceux **de ces dossiers dont elle entend assurer la conservation indéfinie pour des raisons d'intérêt scientifique, statistique ou historique.**

Par ailleurs, l'instruction de 2007 précise que chaque établissement de santé peut élaborer une politique de conservation des dossiers médicaux plus contraignante, par exemple, en fonction des pathologies.

2

LES DÉLAIS DE CONSERVATION DU DOSSIER MÉDICAL PAR LES PROFESSIONNELS DE SANTÉ N'EXERÇANT PAS LEUR ACTIVITÉ DANS UN ÉTABLISSEMENT

Contrairement à ce qui existe pour les dossiers médicaux détenus par les établissements de santé, les textes sont silencieux en ce qui concerne les délais de conservation des dossiers médicaux constitués par les professionnels exerçant en cabinet.

Cela ne signifie pas pour autant que les professionnels sont dégagés de toute obligation en la matière.

En effet, l'article 45 du Code de déontologie médicale codifié à l'article R4127-45 du Code de la Santé publique précise que les informations médicales sont conservées sous la responsabilité du médecin.

Un professionnel de santé pourrait être mis en difficulté en cas de destruction estimée prématurée par un juge dans une procédure en responsabilité.

Pour cette raison, le Conseil national de l'Ordre des médecins invite fortement les professionnels de santé exerçant en cabinet à s'aligner a minima sur les règles existantes en matière de dossier médical détenu par les établissements de santé et décrites ci-dessus (note du CNOM de **mai 2009 : « Dossiers médicaux – Conservation Archivage »).**

POINT DE VUE

France Assos Santé s'inquiète du défaut d'application de l'instruction ministérielle de 2007 imposant la conservation des informations sur les actes transfusionnels pour un délai de 30 ans. Il a été constaté que les établissements de santé n'effectuent pas toujours un tri parmi leurs archives, tel que préconisé par l'instruction. Cette pratique peut notamment réduire à néant le droit des victimes de contamination au virus de l'hépatite C par transfusion de voir indemniser leurs préjudices **par l'Office national d'indemnisation des accidents médicaux.**

Par ailleurs, à l'instar de ce qui a été fait pour le délai de prescription de l'action en responsabilité médicale, il conviendrait d'harmoniser les délais de conservation des dossiers applicables à la fois aux établissements de santé et aux professionnels de santé.

TEXTES DE RÉFÉRENCE

- Article R1112-7 du Code de la Santé publique ;
- **Instruction interministérielle DHOS/E1/DAF/DPACI n° 2007-322 du 14 août 2007 relative à la conservation du dossier médical ;**
- Directive européenne 2005/61/CE de la commission du 30 septembre 2005.

EN SAVOIR PLUS

Santé Info Droits 01 53 62 40 30

La ligne associative d'information et d'orientation de France Assos Santé sur toutes les problématiques juridiques et sociales liées à l'état de santé.

Lundi, mercredi, vendredi : 14h-18h. Mardi, jeudi : 14h-20h

Vous pouvez également poser vos questions en ligne sur www.france-assos-sante.org/sante-info-droits.

Santé Info Droits 01 53 62 40 30 La ligne de France Assos Santé

Fiches *Santé Info Droits* pratique

A.3 – Accès au dossier médical et aux informations de santé

A.3.1 - Accès au dossier médical et aux informations de santé : les cas particuliers

A.3.3 - Accès au dossier médical : quels recours face à un refus ?

A.3.4 - Accès au dossier médical : lettres types de demande de communication auprès d'un établissement ou d'un professionnel de santé

EVALUEZ NOTRE DOCUMENTATION !

N'hésitez pas à le remplir, votre retour est essentiel !

Afin de mieux adapter nos publications à vos besoins nous avons mis en place un formulaire d'évaluation de notre documentation disponible en ligne à l'adresse suivante :
http://www.france-assos-sante.org/publications-documentation/evaluer-notre-doc

FP-2011-A.3.2-E5-18

Se préparer à une anesthésie générale

Sommaire

Se préparer à une anesthésie générale Comment se déroule une anesthésie générale ?Que se passe-t-il à la suite d'une anesthésie générale ?Informations complémentaires : les autres types d'anesthésie

C'est en 1846, aux États-Unis, que la première anesthésie générale a eu lieu. William T.G. Morton en fit la démonstration publique en utilisant de l'éther diéthylique, un liquide qui fut longtemps utilisé comme anesthésique avant d'être remplacé dans de nombreux pays par d'autres substances moins dommageables.

La Société canadienne des anesthésistes (anesthésiologistes) décrit l'anesthésie générale comme étant « un état d'inconscience, de perte de mémoire, de soulagement de la douleur et de relaxation musculaire réversible provoquée par des médicaments » Cette pratique permet de réaliser un acte chirurgical ou médical qui dispense le patient de la douleur.

La consultation d'anesthésie

En cas d'urgence, l'anesthésie peut être réalisée sans rencontre préalable avec l'anesthésiste. En prévision d'une intervention, une consultation en clinique préopératoire est requise. Cette rencontre permet au patient de poser toutes ses questions à l'expert médical. Cela permet de réduire considérablement l'anxiété préopératoire, un malaise ressenti avant une intervention médicale. Une étude parue dans le *Journal of Advanced Nursing* en 2010 a révélé que 85 % des 460 personnes sondées ayant subi une intervention chirurgicale avaient eu peur de l'anesthésie générale.[1]

Lors de la consultation d'anesthésie, le médecin dressera votre profil santé afin de valider que l'anesthésie générale soit réellement nécessaire. Pour ce faire, il est possible que vos dossiers médicaux antérieurs soient requis. Les renseignements contenus dans ces dossiers permettront à l'anesthésiste (anesthésiologiste) de connaître vos antécédents médicaux et de savoir si vous avez des allergies ou si vous avez fait des réactions particulières à certains produits, etc. À la suite de l'étude de vos fichiers médicaux, le spécialiste pourrait vous faire passer un court examen physique. Ce dernier tient compte des différents critères déterminés par le médecin anesthésiste : sexe, âge, condition physique particulière, type d'intervention médical à subir, etc.

Les règles à suivre avant l'anesthésie

La consultation d'anesthésie vous permettra de connaître tous les détails liés à votre opération. Le médecin anesthésiste vous guidera à travers les différentes précautions à prendre :

- Période de jeûne
- Risques liés au tabagisme et à l'alcool
- Médicaments à prendre
- Médicaments à proscrire tels que les anticoagulants (ex. : aspirine)
- Hygiène corporelle, etc....

Il est très important de suivre les recommandations de l'anesthésiste, notamment en ce qui concerne le tabagisme. Le tabac augmente les risques de problèmes respiratoires dans les suites d'anesthésie. L'incidence des crises cardiaques dues à un manque d'oxygène présent dans le sang et acheminé vers le cœur est également augmentée. De plus, le tabac prédispose le patient à l'infection de la plaie lors du processus de guérison. Les spécialistes recommandent de cesser de fumer 8 semaines avant la date prévue de la chirurgie. Ainsi, le patient diminue considérablement le risque de complications, tout en favorisant la guérison et en réduisant le temps d'hospitalisation.

La rencontre pré-anesthésique

La rencontre pré-anesthésique a lieu le jour même de l'anesthésie : c'est la dernière consultation avec le spécialiste. Celle-ci permet de s'informer sur de nouveaux événements qui auraient pu survenir suite à la consultation d'anesthésie, de régler les derniers détails liés à l'opération (processus, durée, etc.) et de rassurer le patient. Une prémédication peut lui être conseillée afin d'apaiser son anxiété et de faciliter l'endormissement. Il s'agit généralement d'un tranquillisant administré par voie orale.

Le déroulement en salle d'opération

Avant l'entrée du patient au bloc opératoire, la salle est soigneusement stérilisée et les appareils médicaux utilisés sont vérifiés. Toutes les mesures nécessaires sont prises pour limiter les risques de complications.

L'anesthésiste (anesthésiologiste) procède par anesthésie multimodale, méthode qui utilise une combinaison de produits et qui permet l'anesthésie générale du patient. Cette composition comprend généralement trois types de médicaments : hypnotiques, analgésiques et curares, qui sont administrés par injection intraveineuse. Le 1er est responsable de la perte conscience de la personne et du maintien de cet état. Le second sert, comme son nom l'indique, à atténuer au maximum la douleur. Les médicaments curares sont utilisés pour le relâchement musculaire, évitant ainsi tout mouvement brusque de la part du patient lors de l'intervention chirurgicale. Un tube est par la suite installé dans la trachée par la bouche ou le nez (tube endotrachéal) afin de faciliter la respiration du patient. De l'oxygène et un agent d'inhalation sont injectés par ce tube afin de maintenir l'inconscience du patient tout au long de l'opération. À ce même tube est également branché un appareil de ventilation mécanique (respirateur).

L'anesthésiste (anesthésiologiste) demeure dans la salle d'opération afin de s'assurer que le dosage des médicaments est bien contrôlé, que les signes vitaux sont stables et que le patient est pleinement inconscient et ne ressent pas la douleur. Il faut noter que les techniques d'intervention par anesthésie générale peuvent varier d'un patient à l'autre et d'un cas à l'autre. Les produits utilisés sont adaptés en fonction de l'état de santé de la personne (allergies, maladies, etc.).

Le réveil en salle postopératoire

À la fin de l'intervention chirurgicale, des médicaments permettant de neutraliser les effets de paralysie dus aux curares sont administrés. L'anesthésiste (anesthésiologiste) cesse de donner des produits hypnotiques afin que le patient recouvre la conscience. Le tube endotrachéal et l'appareil de ventilation mécanique sont retirés lorsque la personne est en mesure de respirer par elle-même. Le patient est conduit en salle de réveil où il reprend peu à peu connaissance. Lorsque les intervenants jugent que son état est stable, la personne regagne sa chambre. Certains tests peuvent être faits, notamment de l'urine pour s'assurer que les reins sont fonctionnels. De plus, le patient devra manger légèrement puisqu'il est en période de jeûne depuis de nombreuses heures.

Les effets secondaires les plus fréquents suite à une anesthésie générale

Certains effets secondaires peuvent survenir à la suite d'une opération nécessitant une anesthésie générale. En cas de complications, les experts médicaux peuvent prendre le patient en charge rapidement.

Voici une liste non exhaustive des réactions possibles :

- Nausées
- Vomissements
- Maux de gorge
- Lésions dentaires
- Fièvre, frissons
- Troubles de la mémoire, de l'attention ou du comportement
- Faiblesse musculaire

Ecchymose, etc....

Les nausées et les vomissements postopératoires (NVPO) sont les symptômes les plus fréquents à la suite d'une anesthésie générale avec 20 à 30 % des patients touchés. Plusieurs facteurs sont susceptibles de provoquer des NVPO. Si vous avez déjà subi une chirurgie sous anesthésie générale et avez eu des NVPO, vous devez prévenir votre anesthésiste (anesthésiologiste) qui vous prescrira des antiémétiques, une classe de médicament permettant de prévenir et traiter ce genre de maux. Le tube endotrachéal peut endommager les parois de la gorge chez 40 % des patients. La douleur s'estompe assez rapidement et peut être atténuée à l'aide d'anti-inflammatoires. Les lésions dentaires sont plutôt rares (1 cas sur 2 000) et surviennent généralement chez les personnes qui n'ont pas une bonne hygiène bucco-dentaire. Les frissons surviennent quant à eux chez 25 à 50 % des patients et sont causés, la plupart du temps, par le stress, la douleur et la fièvre liés à l'intervention. Les troubles de la mémoire, de l'attention et du comportement peuvent survenir dans les heures qui suivent l'anesthésie générale, mais ils ne perdurent généralement pas. Il en est de même pour la faiblesse musculaire. Finalement, l'intervention chirurgicale peut avoir laissé quelques traces sur le corps du patient telles que des ecchymoses qui s'estomperont dans les jours suivants.

En fonction de la consultation d'anesthésie, le spécialiste sera en mesure de déterminer quel type d'anesthésie est nécessaire pour le patient. Selon les cas, l'anesthésie générale n'est pas toujours requise. La personne devra alors subir une anesthésie régionale ou locale.

L'anesthésie régionale

Lors de ce procédé, des anesthésiques locaux sont injectés près des nerfs sensitifs et moteurs de la région où l'opération sera pratiquée. Ainsi, les nerfs de cet endroit sont temporairement paralysés, ce qui empêche le patient de percevoir toute sensation. Ce type d'anesthésie est également appelé bloc nerveux. L'anesthésie régionale comprend deux types de blocs nerveux : la rachianesthésie et la péridurale. La rachianesthésie est la plus courante. Cette technique est généralement utilisée pour anesthésier la région du ventre et des jambes. L'anesthésie péridurale est très similaire à la rachianesthésie à la seule différent qu'un tube est placé près des nerfs du dos. De cette façon, les anesthésistes peuvent contrer les douleurs vives survenant à la suite d'une chirurgie.

L'anesthésie locale

L'anesthésie locale est pratiquée sur une petite surface du corps par infiltration, c'est-à-dire une injection sous-cutanée, ou par l'entremise d'un gel anesthésiant, aussi appelé anesthésie topique (de surface). Le patient ne sentira pas la douleur, mais demeure pleinement conscient. L'anesthésie locale est utilisée pour des interventions mineures telles que les points de suture ou les extractions dentaires.

Le DMP, c'est reparti... enfin ! Morceaux choisis

Par Isabelle GENOT-POK – Consultante du Centre de droit JuriSanté du CNEH

Article paru dans la revue Gestions Hospitalières, n° 582 – janvier 2019

La ministre de la santé Agnès Buzin a lancé officiellement le 6 novembre 2018 la généralisation du Dossier médical partagé (DMP) en le qualifiant de « symbole de la stratégie de transformation du système de santé engagée par le gouvernement »[1]. Le DMP, un sujet qui date, un sujet qui fut qualifié « d'arlésienne », un sujet qui ne fait pas forcément encore l'unanimité auprès des professionnels, un sujet qui n'est pas encore bien connu du grand public pourtant pleinement concerné.

Introduction

Un peu d'histoire...

Si on attendait réellement ce dossier numérique depuis 2013, c'est un chantier de travail et de réflexion qui remonte à 2004. Ce dossier, à l'époque

1. Discours de la ministre de la santé Agnès Buzyn du 6 novembre 2018 : https://solidarites-sante.gouv.fr/.../discours/.../discours-d-agnes-buzyn-conference-de-...

appelé le « dossier médical personnel », est envisagé afin de remplacer le fameux carnet de santé édité sur support papier, qui lui-même rencontra bien des difficultés et qui se solda par un échec. Ce DMP arrive donc enfin dans le quotidien des usagers. Le souhait du ministère de la santé est d'atteindre un objectif de 40 millions de dossiers ouverts d'ici 2022.[1] Le fait est que le DMP est à présent disponible pour tous, gratuit, sécurisé et non obligatoire. Mais sa non-création n'a aucune incidence sur la prise en charge financière du patient et ses remboursements.

Le DMP, un outil au service des patients et des professionnels

Le DMP est avant tout un outil de prise en charge de la santé qui conjugue efficacité de la prise en charge, circulation de l'information et confidentialité.

L'article R1111-26 du code de la santé publique (CSP) nous éclaire sur ce point en définissant son objectif et en précisant les bénéficiaires. Le DMP est un dossier médical numérique (ou carnet de santé numérique selon la dénomination qui lui est donné) destiné à favoriser la prévention, la qualité, la continuité et la prise en charge coordonnée des soins des patients. Il peut être créé pour tout bénéficiaire de l'assurance-maladie à certaines conditions (cf. infra).

Il s'agit de disposer d'un outil de renforcement de la coordination du parcours de soins des patients. Il s'intègre donc dans le cadre du partage d'informations entre les professionnels qui participent à la prise en charge du patient, afin de favoriser la coordination, la qualité et la continuité des soins entre tous les professionnels de santé, qu'ils exercent en ville (cabinet libéral, centre de santé, maison de santé), ou en établissement de santé ou médico-social.

Le DMP, un dossier ancré dans les droits et la responsabilité du patient

Le DMP ne peut être créé qu'avec le consentement de l'usager, il n'est donc pas obligatoire. Il se veut un document maîtrisé par le patient. Le consentement est et demeure la condition première de la création de ce dossier.

Une fois créé, le bénéficiaire du dossier en devient le seul titulaire. Cependant, le dispositif juridique tient naturellement compte de la situation des usagers mineurs et de ceux qui bénéficient d'une protection tutélaire, à savoir qu'il revient au représentant légal de faire la démarche de l'ouverture du dossier pour la personne qu'il représente. Cependant, concernant le mineur, si l'atteinte de l'âge de la majorité nécessite de **recueillir son consentement** pour **conserver** son DMP, le dispositif ne reflète pas l'ensemble des droits dont dispose le mineur dans le cadre de sa prise en charge. Doit-on le regretter ?

Dans cette situation, le DMP semble atteindre ses limites.

En pratique, soit l'usager ouvre lui-même son dossier en utilisant le site prévu à cet effet (DMP.fr), soit il sollicite un professionnel de santé pour le faire à

---

1. En comparaison avec le Dossier pharmaceutique créé en 2015 le chiffre annoncé de création est de 37 683 275 de DP actifs 99,9 % des pharmacies sont connectées au DP, soit 21 689 officines. (site de l'ordre des pharmaciens/dossier pharmaceutique)

l'occasion notamment d'une consultation (médecin référent, médecin hospitalier) ou auprès du pharmacien[1].

Le DMP est donc un dossier qui ne peut se substituer ni au dossier médical que tout établissement[2] ou professionnel[3] doit tenir pour chaque patient pris en charge selon les obligations définies par le code de la santé publique, ni au dossier pharmaceutique, lequel répond à d'autres objectifs.

A noter que le patient peut ouvrir son DMP, et le clôturer à tout moment[4]. Il sera conservé 10 ans après la clôture et détruit par le responsable du traitement (la CNAMTS) dans le respect des règles de destruction des documents dématérialisés ayant atteint leur délai de conservation. La clôture peut être effectuée directement par l'assurance-maladie suite au décès du titulaire, après le délai de conservation qui demeure de 10 ans. Enfin un dossier resté inactif durant 10 ans fera aussi l'objet d'une destruction (R1111-34).

Par ailleurs, l'ensemble des droits issus de la loi informatique et liberté s'appliquent au DMP, tel que le droit de rectification ou de modification.

Le DMP, un document de partage d'information

Afin d'assumer son enjeu essentiel de continuité et de qualité des soins, le DMP est accessible outre au bénéficiaire, aux professionnels de santé participant à la prise en charge du patient. Dans ce cadre le dispositif renvoie aux règles d'accès aux informations relatives à un même patient pris en charge par une équipe de soins, tel que définies par les articles L1110-4 III et L1110-12 du Csp[5]. Dès lors que ces professionnels font partie de la même équipe de soins (qu'elle soit hospitalière ou définie par le patient en cas de prise en charge en ville), l'autorisation d'accès au DMP sera réputée donnée à l'ensemble de l'équipe. Dans ces conditions ces professionnels pourront partager les informations concernant un patient qui sont strictement nécessaires à la coordination ou à la continuité des soins ou à son suivi médico-social et social.

A contrario, si un professionnel de santé, qui ne fait pas partie de cette équipe de soins[6], a nécessité d'accéder au DMP d'un patient, il lui faudra obtenir le consentement du patient. Les modalités de recueil du consentement du patient sont ouvertes : oral, écrit, dématérialisé...le texte n'impose rien dans ce domaine.

Mais de manière générale, le bénéficiaire dispose aussi du droit d'interdit l'accès au DMP à certains professionnels. Il devra le préciser dans son dossier en indiquant leur identité.

---

1. On rappellera que l'avenant conventionnel n°11 prévoit la rémunération de la pharmacie pour chaque ouverture de dossier médical partagé (DMP) à hauteur de un euro par dossier et certains éditeurs de logiciels ont déjà développé cette fonctionnalité.
2. Article R1112-2 du csp.
3. Pour exemples article R4127-45 du Csp pour les médecins, et article R4312-28 du csp pour les infirmiers...
4. Il en est de même pour le dossier pharmaceutique R1111-20-4 du CSP.
5. L'article L1110-12 du CSP définie l'équipe de soins et son champ d'application notamment en établissement de santé, au sein d'une coopération, en ville... . Ce texte est complété par l'article D. 1110-3-4 du CSP.
6. *Idem.*

On notera que l'accès au DMP en cas d'urgence est aussi laissé à la décision du patient. À lui de le prévoir et de s'y opposer s'il le souhaite. En cas de non-opposition, les professionnels des urgences pourront accéder au dossier.

Par ailleurs, le texte distingue entre l'accès au DMP en lui-même et l'accès aux informations contenues dans le DMP. Le bénéficiaire dispose du droit de décider qui pourra accéder ou non à l'information transcrite dans son dossier en disposant du droit de masquer ces informations. Ce droit de refuser l'accès à certaines informations correspond aux dispositions légales de l'article L1110-4 qui, dans son alinéa IV, reconnaît à tout personne prise en charge le droit de s'opposer au sein de l'équipe comme hors équipe à l'accès à une information. Il ne pouvait donc en être autrement pour le DMP. La limite de ce droit reste le médecin traitant référent du parcours. Toutefois ce droit trouve ses limites dans l'impossibilité pour l'usager de refuser l'accès à l'auteur même de l'information ainsi qu'à son médecin référent. Cette dernière conserve donc l'accès à la totalité des informations.

Par ailleurs, les professionnels disposent également d'un droit de masquage. Celui-ci est prévu dans le cas où une information, sans doute délicate, ne peut être délivrée qu'avec un accompagnement médical, notamment lors d'une consultation d'annonce. Le patient en sera averti dans les quinze jours suivants l'intégration de l'information. Toutefois, si l'accompagnement ne se réalise pas dans un délai d'un mois après l'intégration de l'information dans le DMP, alors celle-ci deviendra accessible. Aussi, peut-on légitimement s'interroger sur l'efficacité d'un dispositif censé ménager le patient, au vu de délais assez courts et compte tenu de la disponibilité médicale.

Enfin, tous les accès par un professionnel au dossier sont tracés, notamment la première connexion. Il en va de même pour toutes actions réalisées dans le dossier (dépôts de documents, inscriptions d'une information, prescription...). Le patient en sera systématiquement averti par le moyen qu'il aura lui-même déterminé lors de la création de son dossier.

A contrario, il est clairement précisé dans les textes que certains professionnels n'auront aucun droit d'accéder au DMP : les laboratoires pharmaceutiques, les mutuelles, les banques et les assurances privées, le médecin du travail, les personnels administratifs des établissements sanitaire ou médico-social... Il s'agit ici de protéger l'usager de tout abus d'utilisation de ces informations.

Le DMP, un document réceptacle des informations confidentielles

Puisque le DMP a vocation à regrouper l'ensemble des informations relatives à la santé du patient, il doit être alimenté, sauf à perdre tout son intérêt. Aussi, il est prévu que, dès son ouverture, il soit alimenté par l'Assurance-maladie à partir de l'historique des soins et des traitements remboursés des 24 derniers mois[1]. Puis, chaque professionnel lors de la prise en charge du patient quelle qu'elle soit, se doit d'intégrer les données utiles à la coordination et la continuité des soins qu'il estime nécessaire de partager avec d'autres professionnels. Les textes[2] précisent que dans le respect des règles déontologiques qui lui sont

1. ameli.fr/pharmacien/actualites/dossier-medical-partage-dmp-un-outil-cle-pour-la-sante-des-patients
2. L'article L1111-15 en particulier.

applicables, chaque professionnel de santé, quels que soient son mode et son lieu d'exercice, reporte[1] dans le DMP, à l'occasion de chaque acte ou consultation, les éléments diagnostiques et thérapeutiques nécessaires à la coordination des soins de la personne prise en charge. De plus, lors de séjour en établissement de santé, les professionnels de santé reportent dans le DMP un résumé des principaux éléments relatifs à ce séjour. Cette transcription doit cependant se faire dans le respect des obligations définies par la Haute autorité de santé (HAS)[2]. Quant au médecin référent, il devra verser périodiquement, au moins une fois par an, une synthèse dont le contenu est aussi défini par la Haute Autorité de santé[3]. Les médecins concernés sont-ils bien au fait de cette obligation annuelle qui leur est imposée ?

On notera que le titulaire du DMP ne peut s'opposer au versement d'informations, ou documents utiles à la continuité, la coordination ou à la prévention des soins par le professionnel qui l'a pris en charge à moins qu'il n'ait un motif légitime[4].

Enfin, le titulaire lui-même peut intégrer les informations qu'il souhaite voir apparaître pour compléter ou informer les professionnels qui ont ou auront accès à son DMP. Toutefois, pour ce qui est de certaines d'entre elles, leur inscription au DMP n'en fera pas forcément une information intangible. Par exemple en ce qui concerne le groupe sanguin, un contrôle sera toujours effectué en cas de besoin.

Si le DMP doit avoir le caractère d'un document le plus complet possible et sans décrire à nouveau les types d'informations qui se trouvent parfaitement listées à l'article R1111-30 du csp, on retiendra cependant quelques-uns d'entre eux qu'il est notable de relever :

- Les lettres de liaison d'entrée et de sortie d'établissement, documents obligatoires et incontournables s'il en est, de la coordination et continuité des soins dont il est prévu le versement au DMP à l'article R1112-1-2 du csp (cf. supra) ;
- Les directives anticipées qui peuvent y être versées tel que prévu à l'article R1111-18 du csp. Ce n'est pas sans rappeler que le législateur avait prévu à l'article L1111-11 du csp la création d'un registre national afin de faciliter leur dépôt, accès et connaissance qui semble-t-il n'est plus d'actualité. Cependant, cette fonctionnalité ne sera pas active avant le printemps 2019 et on peut s'en étonner pour un document si important dans la prise en charge des personnes en fin de vie[5] ;
- La personne de confiance désignée par le patient dans les conditions prévues par l'article L1111-6 du csp ;
- Les informations relatives au don d'organes ou de tissus.

1. On notera l'aspect impératif du report imposé par l'article L1111-15 du CSP.
2. Il s'agit sans doute ici des recommandations de la HAS relative à la lettre de liaison de sortie prévue à l'article L1112-1 également crée par la loi de modernisation de notre système de santé et précisé par l'article et R1112-1-2 qui prévoit que la lettre de liaison de sortie soit versée au DMP.
3. Sur ce point, et sauf erreur, aucune référence ou guide de la HAS n'est encore paru.
4. Article R1111-36.
5. revue-hospitaliere.fr/Actualites/Le-DMP-du-cote-des-etablissements-de-sante

Ces informations non contestables par les professionnels de santé aideront notamment au respect de sa volonté, essentiel dans le cadre de la relation patient-professionnels de santé.

Le DMP, et la responsabilité des professionnels

En toute logique et au regard du droit du patient, le texte prévoit que la responsabilité du professionnel de santé ne peut être engagée en cas de litige portant sur l'ignorance d'une information qui lui était masquée et dont il ne pouvait légitimement avoir connaissance par ailleurs. A contrario, le médecin qui ne tient pas compte d'une information inscrite au DMP ou que ne consulte pas le DMP ou encore qui ne remplit pas le DMP pourrait voir sa responsabilité engagée en cas de dommage subi par le patient. Quelques jurisprudences ont déjà retenu la responsabilité soit du professionnel soit de la structure en cas de mauvaise tenue du dossier médical[1]. A fortiori la tenue et l'utilisation du DMP devraient suivre la même logique.

Le DMP, un dispositif qui s'inscrit dans une politique d'évolution numérique

La promotion de la qualité, de la pertinence et de l'efficience des soins est une des ambitions principales de la politique menée le gouvernement dans le cadre de la modernisation de notre système de santé[2]. Le DMP s'intègre pleinement aujourd'hui dans le virage numérique de la stratégie de santé et c'est sans doute aussi la raison de l'accélération de sa mise en place. Il est l'élément de base d'un « Espace numérique personnel de santé » comportant de nouvelles fonctions numériques développées par la réforme du système de santé intitulée « Ma santé 2022 ». Il tient compte de l'intervention croissante des outils digitaux dans tous les aspects de la vie des usagers citoyens. Il doit devenir un des supports essentiels de la prise en charge, en connexion avec l'ensemble des autres outils, tels que le dossier pharmaceutique dont il est complémentaire, en rendant son titulaire véritablement acteur et responsable de sa prise en charge.

Mais, le DMP doit aussi trouver sa place et s'ancrer dans les pratiques des professionnels au même titre que le dossier médical informatisé hospitalier, bien que celui-ci rencontre aussi bien des obstacles à son complet développement, sans pour autant endosser le rôle d'un « sur-dossier » ou un dossier de plus. Dès lors, pour que le DMP soit pleinement efficace, il faut que l'ensemble du système soit réactif. A savoir que les logiciels et/ou les interfaces permettent un remplissage rapide pour les professionnels et que ceux-ci jouent le « jeu » en saisissant les données.

L'avenir du Dossier médical partagé est-il enfin assuré ? C'est sans doute ce qu'entend réaliser le dispositif « Ma santé 2022 » notamment dans son rapport final sur l'accélération du virage numérique[3]. Mais c'est aussi et surtout à l'épreuve de la pratique que l'on pourra véritablement analyser la réussite du DMP comme outil de prise en change de la santé des usagers.

---

1. Tr. Adm. de Marseille, 2 mai 2000, Mme. Strumeyer, Tr. Adm. de Strasbourg, 5 décembre 2001, M. Marcadella, Conseil d'Etat n° 238181 28 avril 2003, M. PATOIR.
2. Loi n°**2016-41 du 26 janvier 2016 de modernisation de notre système de santé**.
3. solidarites-sante.gouv.fr/IMG/pdf/masante2022_rapport_virage_numerique.pdf

Éléments de réponses

Série de questions

1.

Il existe plusieurs **instances consultatives** à l'hôpital telles que :

- **La Commission médicale d'établissement**

Instituée dans chaque établissement public de santé, la CME est une instance consultative essentielle dans la gestion interne de l'établissement. La CME est constituée de représentants du personnel médical.

- **Le comité technique d'établissement**

Le comité technique d'établissement reste une instance consultative. Il est composé des représentants du personnel non médical, élu tous les 4 ans et son président est le Directeur. A noter que loi du 24 juillet 2019 prévoit une fusion entre le CTE et le CHSCT, effective au 1er janvier 2020.

- **La commission des usagers**

La loi du 4 mars 2002 a instauré la création, dans chaque établissement de santé public ou privé, d'une commission des relations avec les usagers et de la qualité de la prise en charge. La loi du 26 janvier 2016 l'a transformé en CDU. Elle permet d'associer les représentants des usagers au fonctionnement des établissements de santé.

La CDU a pour mission de veiller au respect des droits des usagers, de faciliter leurs démarches et de contribuer à l'amélioration de la prise en charge des malades en associant les représentants des usagers.

- **Le comité d'hygiène de sécurité et des conditions de travail**

Le Comité d'hygiène, de sécurité et des conditions de travail étudie et émet des avis sur les problèmes liés à l'hygiène, à la protection de la santé et à la sécurité des agents publics. Le comité d'hygiène, de sécurité et des conditions de travail (CHSCT) est, une institution représentative du personnel au sein de l'administration. Les missions du CHSCT, fixées par le Code du travail, s'appliquent aux établissements hospitaliers.

- **La commission de soin infirmier, rééducation médico-technique**

La Commission des Soins Infirmiers, de Rééducation et médico-Techniques est plus spécifiquement consultée sur l'organisation générale des soins, la recherche, la formation et l'évaluation des professionnels, ainsi que sur les thématiques de qualité et de sécurité des soins.

L'hôpital est également doté de Commissions administratives paritaires (locale, départementale et nationale) qui traitent des questions individuelles des fonctionnaires et depuis le 1er janvier 2019 de commission consultative paritaire s'agissant des questions individuelles des contractuels de droit publics.

2.

La loi du 4 mars 2002 a instauré la création, dans chaque établissement de santé public ou privé, d'une commission des relations avec les usagers et de la qualité de la prise en charge. La CRUQPC permet d'associer les représentants des usagers au fonctionnement des établissements de santé.

Depuis la loi de modernisation du système de santé du 26 janvier 2016, la CRUQPC est devenue la CDU (commission des usagers). Elle a pour mission de veiller au respect des droits des usagers, de faciliter leurs démarches et de contribuer à l'amélioration de la prise en charge des malades en associant les représentants des usagers.

L'ensemble des réclamations adressées à l'établissement de santé par les usagers ou les proches ainsi que les réponses apportées par les responsables de l'établissement doivent être à la disposition des membres de la commission, selon des modalités définies par le règlement intérieur de l'établissement. Elle doit permettre des modalités de règlement des litiges centrés sur le dialogue avec les usagers grâce à la création et à l'intervention de deux médiateurs : le médiateur médecin et le médiateur non-médecin.

Les informations relatives à la politique d'accueil et de prise en charge des personnes malades et de leurs proches doivent également lui être communiquées.

Le rôle de la CDU est théoriquement central dans le cadre de la politique qualité de l'établissement, même si elle reste une instance **consultative :** tous les éléments qui permettent de juger de la qualité de la prise en charge sont recueillis et analysés par les membres de la CDU, y compris les éléments traités par les autres instances non obligatoires de l'établissement (comité de lutte contre les infections nosocomiales, comité de lutte contre la douleur, commission alimentation nutrition...).

L'implication des représentants des autres instances (CME, comité technique l'établissement, commission des soins infirmiers...) constitue des leviers pour relayer la politique qualité.

Par ailleurs, la CDU est en charge de la rédaction annuelle d'un rapport sur les droits des usagers et les recommandations sur la politique qualité. Ce rapport est transmis et débattu en CME et au sein du conseil de surveillance ou de l'organe qualifié. Dans ce cadre, le rôle du représentant des usagers est important car il doit veiller à ce qu'il y ait un véritable échange au sein du conseil de surveillance sur ces sujets et que les constats et propositions de la Commission soient bien intégrés et repris dans les axes de la politique d'amélioration de la qualité menée par l'établissement.

Ce rapport est transmis à l'agence régionale de santé puis à la conférence régionale de la santé et de l'autonomie, il fait partie des documents obligatoirement remis aux experts-visiteurs de la Haute autorité de santé (HAS) dans le cadre de la certification. Cette nécessaire communication externe constitue un levier sur lequel le représentant des usagers peut faire « pression » pour que le rapport de la CDU ne reste pas un document formel mais devienne bien un outil d'amélioration de la qualité.

À cet effet, le rôle de la CDU a été renforcé depuis la loi HPST qui a confié à la CME la construction d'un programme d'actions relatif à la qualité des soins, la sécurité des patients et les conditions de leur prise en charge. La CDU contribue à l'élaboration de ce programme notamment grâce à son rapport annuel.

Depuis la loi de santé du 26 janvier 2016, les **attributions de la CDU ont été renforcées :**

Elle **participe** à l'élaboration de la politique menée dans l'établissement en ce qui concerne l'accueil, la prise en charge, l'information et les droits des usagers

Elle **est associée** à l'organisation des parcours de soins ainsi qu'à la politique de qualité et de sécurité élaborée par la CME. Elle fait des propositions sur ces sujets et est informée des suites qui leurs sont données.

Elle **peut se saisir** de tout sujet se rapportant à la politique qualité

En cas d'événement indésirable grave, elle est **informée** des actions menées par l'établissement pour y remédier.

3.

Les commissions administratives paritaires sont les instances de représentation des personnels titulaires de la fonction publique, c'est-à-dire des fonctionnaires. Elles traitent des sujets relatifs aux carrières individuelles. Les représentants du personnel y sont élus pour quatre ans. Les CAP sont obligatoirement saisies pour donner un avis sur les actes ayant un impact sur la gestion du corps de l'agent (détachement entrant, accueil en disponibilité), et sur la carrière de chaque agent de ce corps (titularisation, avancement de grade ou promotion de corps, recours en évaluation).

Les CAP se composent paritairement du même nombre de représentants de l'administration et de représentants du personnel. Les représentants du personnel sont élus en fonction des résultats des élections professionnelles sur les listes présentées par les syndicats des fonctionnaires.

Dans la fonction publique hospitalière, il existe plusieurs types de CAP :

- Les CAP locales qui examinent la situation des agents d'un établissement public de santé.
- Les CAP départementales qui examinent la situation des agents ne disposant pas de CAPL dans leur établissement.
- Et les CAP nationales qui examinent la situation des membres du corps des directeurs d'hôpital.

La loi du 26 juillet 2019 a modifié la composition et les compétences des CAP. Ainsi, Les CAP seront désormais organisées par catégorie et non plus par groupes hiérarchiques (plus de CAP différenciant les corps et grades). Elles ne seront plus consultées en matière d'avancement et de promotion (compétences du Conseil social d'établissement pour les lignes directrices). En contrepartie les agents pourront se faire assister par un représentant du personnel pour exercer un recours administratif contre une décision individuelle défavorable.

4.

Instituée dans chaque établissement public de santé, la CME est une instance consultative essentielle dans la gestion interne de l'établissement.

La CME est constituée de représentants du personnel médical.

Depuis la loi HPST, chaque hôpital détermine désormais librement, dans son règlement intérieur, la composition et l'organisation interne de cette commission, dans la limite des dispositions spécifiques applicables aux CH et CHU et en veillant à assurer une représentation minimale et équilibrée de l'ensemble des disciplines de l'établissement.

La mission principale de la CME est de contribuer à l'élaboration de la politique d'amélioration continue de la qualité et de la sécurité des soins (gestion des risques liés aux infections nosocomiales, effets indésirables et événements iatrogènes, dispositifs de vigilance sanitaire, politique du médicament, prise en charge de la douleur et développement professionnel continu) ainsi qu'à l'élaboration de projets relatifs aux conditions d'accueil et de prise en charge des usagers (réflexion éthique, soins palliatifs, prise en charge urgente, permanence des soins, organisation du parcours de soins). Des compétences précises lui sont conférées en cette matière, comme le pouvoir de proposer au président du directoire un programme d'actions (s'appuyant notamment sur les informations contenues dans le rapport de la CRUQPC) assorti d'indicateurs de suivi présentés notamment dans le rapport annuel de la CME.

La CME demeure par ailleurs une instance consultative à part entière, consultée et informée dans tous les domaines de la vie de l'établissement (organisation interne, politique sociale, investissements, financements...).

5.

L'organisation en pôle est obligatoire dans les établissements publics de santé depuis 2005. Elle a été mise en place pour rapprocher des activités complémentaires, pour promouvoir les prises en charge multidisciplinaires et pour mutualiser les compétences et les moyens.

C'est le chef d'établissement qui a compétence pour définir l'organisation en pôles d'activité en conformité avec le projet médical, après avis du Président de la CME (+ dans les CHU du Doyen). Les pôles peuvent comporter des structures internes.

Le chef de pôle est nommé par le directeur sur proposition du président de CME pour un mandat de 4 ans.

Il a autorité fonctionnelle sur les équipes médicales, soignantes, administratives et d'encadrement de son pôle c'est-à-dire le pouvoir hiérarchique sans le pouvoir de nomination ni de sanction. Il organise avec elles le fonctionnement du pôle et l'affectation des ressources humaines.

Le chef de pôle organise la concertation interne et le dialogue social avec l'ensemble des personnels du pôle.

Il met en œuvre la politique de l'établissement afin d'atteindre les objectifs fixés au pôle.

Le chef de pôle doit signer avec le directeur et le président de la CME (pour les pôles d'activités cliniques et médico-techniques) un contrat de pôle dans lequel seront déterminés les objectifs qualitatifs et quantitatifs du pôle ainsi que les moyens juridiques (délégation de signature) et financiers alloués au pôle.

En effet, le contrat définit les objectifs, notamment en matière de politique et de qualité des soins, assignés au pôle ainsi que les moyens y afférant.

Le contrat précise éventuellement les modalités d'intéressement du pôle aux résultats de sa gestion. L'intéressement respecte des principes généraux : solidarité institutionnelle, et il est collectif. Il peut porter sur des dépenses d'exploitation (formation continue, mensualités de remplacement...) ou d'investissement (petits équipements, travaux...)

Le contrat définit le champ et les modalités d'une délégation de signature :

- crédits de remplacement de personnels non permanents;
- hôtellerie;
- formation continue;
- entretien et réparation de matériels.

Le chef de pôle est donc « manager » du pôle. Il propose des collaborateurs qui seront nommés par le directeur (souvent un cadre supérieur de santé et un cadre administratif) pour l'aider dans ses missions.

6.

Par principe, toute personne a accès à l'ensemble des informations concernant sa santé détenues par des professionnels et établissements de santé. Le décès d'une personne ne met pas fin au secret protégeant sa vie privée ni au secret médical.

Cependant, le Code de la santé publique prévoit **la possibilité pour les proches d'avoir accès aux informations médicales concernant un patient décédé mais cet accès est strictement encadré.**

Cet accès ne peut d'abord s'exercer que si la personne ne s'y est pas opposée de son vivant. Dans le cas d'un patient décédé alors qu'il était mineur, les conditions et modalités d'accès aux informations médicales le concernant demeurent les mêmes que celles applicables de son vivant.

Ainsi, sauf si le patient s'y est opposé de son vivant, une partie du dossier médical peut être consulté par les ayants droit, le concubin ou son partenaire de Pacs qui en font la demande.

Les ayants droit sont les personnes présentant la qualité d'héritier ayant, selon les règles générales du code civil en matière de successions et de libérations, une vocation universelle ou à titre universel à la succession.

Lors de sa demande écrite envoyée à l'établissement de santé, la personne doit motiver sa demande en expliquant que les informations peuvent être notamment :

- nécessaires pour connaître les causes de la mort;
- défendre la mémoire du défunt;
- ou faire valoir un droit.

Seules les informations répondant à la demande de l'ayant droit seront communiquées.

Le refus de la demande est motivé mais il ne fait pas obstacle à la délivrance d'un certificat médical. Ce dernier ne doit pas comporter d'informations couvertes par le secret médical.

7.

Toute personne majeure peut rédiger des directives anticipées pour le cas où elle serait un jour hors d'état d'exprimer sa volonté. Ces directives anticipées expriment la volonté de la personne relative à sa fin de vie en ce qui concerne les conditions de la poursuite, de la limitation, de l'arrêt ou du refus de traitement ou d'acte médicaux.

Les directives anticipées **s'imposent** au médecin, sauf en cas d'urgence vitale et lorsqu'elles apparaissent manifestement inappropriées ou non conformes à la situation médicale.

Conditions pour que mes directives anticipées soient prises en compte :

1. Condition d'âge : la personne qui rédige les directives doit être majeure.

2. Conditions de forme : le médecin traitant informe ses patients de la possibilité et des conditions de rédaction des directives anticipées.

Le document doit être écrit et authentifiable. Elles doivent être datées et signées et vous devez préciser vos noms, prénoms, date et lieu de naissance.

Si le patient ne peut pas les écrire, il peut faire appel à deux témoins, qui attesteront que le document exprime bien votre volonté libre et éclairée.

3. Conditions de fond : L'auteur du document doit être en état d'exprimer sa volonté libre et éclairée au moment de sa rédaction.

Les directives sont révocables à tout moment.

Les directives anticipées ont une valeur contraignante pour le médecin.

Elles s'imposent au médecin pour toute décision d'investigation, d'intervention ou de traitement, sauf en cas d'urgence vitale pendant le temps nécessaire à une évaluation complète de la situation et lorsque les directives anticipées apparaissent manifestement inappropriées ou non conformes à la situation médicale.

La décision de refus d'application des directives anticipées, jugées par le médecin manifestement inappropriées ou non conformes à la situation médicale du patient, est prise à l'issue d'une procédure collégiale définie par voie réglementaire et est inscrite au dossier médical. Elle est portée à la connaissance de la personne de confiance désignée par le patient ou, à défaut, de la famille ou des proches.

Les directives anticipées peuvent notamment être conservées sur un registre national faisant l'objet d'un traitement automatisé dans le respect de la loi n° 78-17 du 6 janvier 1978 relative à l'informatique, aux fichiers et aux libertés. Lorsqu'elles sont conservées dans ce registre, un rappel de leur existence est régulièrement adressé à leur auteur.

8.

Instituée par la loi de modernisation de notre système de santé du 26 juillet 2016, la lettre de liaison a vocation à être transmise au patient à sa sortie.

Ce document synthétise les informations nécessaires à la prise en charge du patient dont le praticien dispose sur son lieu d'intervention. Cette lettre comprend notamment les motifs de la demande d'hospitalisation, les traitements en cours et les allergies connus. Elle est adressée par messagerie sécurisée, ou par tout moyen garantissant la confidentialité des informations. Elle est versée dans le dossier médical partagé du patient si ce dossier a été créé, ou lui est remise. Lors de la sortie de l'établissement de santé, une lettre de liaison, rédigée par le médecin de l'établissement qui l'a pris en charge, est remise au patient par ce médecin, ou par un autre membre de l'équipe de soins qui l'a pris en charge, et qui s'assure que les informations utiles à la continuité des soins ont été comprises.

Sauf opposition du patient, la lettre de liaison est transmise le même jour, au médecin traitant et, le cas échéant, au praticien qui a adressé le patient.

9.

Les contrats conclus par l'agence régionale de santé (ARS) et le directeur de l'établissement public de santé, constituent des leviers d'action au service de la politique d'organisation de l'offre de soins dans la région. Le contrat pluriannuel d'objectifs et de moyens (CPOM) se situe au premier rang de ces outils contractuels, puisqu'il devient un outil de pilotage majeur de l'organisation des soins pour une meilleure régulation territoriale de l'offre de santé tant sur les plans organisationnels que financiers. Il ne constitue certes pas une nouveauté pour les établissements de santé, qui y sont soumis depuis l'ordonnance du 24 avril 1996. Toutefois, la loi HPST rénove le CPOM, et en ouvre le champ d'application à de nouveaux acteurs de santé qui en étaient jusqu'ici dispensés (notamment les établissements médico-sociaux).

Les CPOM conclus par les établissements de santé et autres titulaires d'autorisations d'activités de soins et d'équipements matériels lourds font l'objet d'une redéfinition légale, qui prend en compte la nouvelle donne du pilotage régional, c'est-à-dire les logiques de décloisonnement des secteurs hospitalier, ambulatoire et médico-social, pour une meilleure coordination des soins autour des besoins du patient. En effet, les CPOM déclinent les orientations dans les domaines du soin, de la prévention, du médico-social, définies préalablement dans le projet régional de santé.

Ainsi, la loi dispose que les CPOM « déterminent les orientations stratégiques des établissements de santé ou des titulaires de l'autorisation [d'activités de soins ou d'équipements matériels lourds] et des groupements de coopération sanitaire sur la base du projet régional de santé (...), notamment du schéma régional d'organisation des soins (...) ou du schéma interrégional... » (art.L.6114-2 du CSP).

Le CPOM constitue ainsi la déclinaison opérationnelle du schéma régional de santé pour chaque établissement et titulaire d'autorisation. Mais le CPOM prendra également en compte, désormais, d'autres cadres régionaux de l'organisation des soins, notamment le schéma régional de prévention, ou le schéma régional d'organisation médico-sociale. Dans les établissements publics de santé, la conclusion d'un CPOM est désormais de la compétence du directeur, après concertation avec le directoire. Le CPOM est, comme précédemment, conclu pour une durée maximale de 5 ans.

Cas pratique

1.

- Monsieur JAIMAIL…a été hospitalisé (« a » n'a pas d'accent, il s'agit du verbe avoir)
- Les suites, après l'exérèse …ont été simples (« simples » s'écrit au pluriel car ce sont les suites qui ont été simples)
- À noter la survenue d'un pic fébrile
- Monsieur JAIMAL a retrouvé (passé composé du verbe « retrouver »)
- La cicatrice a été laissée (passé composé du verbe « laisser »)
- Ablation des agrafes
- Le cas de M. J. va être staffé (une équipe, un groupe de médecins pluridisciplinaires étudiera le dossier médical)
- Suite du traitement et de la surveillance
- Pose d'un cathéter (tige creuse servant à dilater un orifice ou un canal)
- Je le reverrai en consultation… (le verbe « revoir » est employé au « futur »)

2.

Liposarcome : tumeur maligne touchant les tissus mous (graisseux).

Fistule : canal qui se forme dans l'organisme pour donner passage à un liquide physiologique ou pathologique.

Rectorragies : émission de sang par le rectum

Néphrectomie : la néphrectomie est l'opération chirurgicale de l'ablation totale ou partielle d'un des reins.

Laparotomie : est un acte chirurgical consistant en l'ouverture de l'abdomen par une incision

Colectomie : intervention chirurgicale consistant à couper une partie ou la totalité du côlon (partie du gros intestin précédant le rectum).

Syndrome : un syndrome est un ensemble de signes cliniques et de symptômes qu'un patient est susceptible de présenter lors de certaines maladies.

Hypochondre : désigne une zone de l'abdomen située sous le diaphragme et les côtes flottantes.

Anastomose : communication naturelle ou établie chirurgicalement entre deux organes, deux vaisseaux, deux conduits de même nature ou deux nerfs.

Hémostase : arrêt de l'écoulement du sang, spontané (coagulation du sang) ou provoqué par différents moyens médicaux ou chirurgicaux.

3.

- La présence de sang noir dans les selles : un malaena ou melena
- L'inflammation d'un testicule : une orchite
- L'augmentation de la température corporelle au-dessus de la normale : une hyperthermie
- Un accouchement normal : un accouchement eutocique
- L'inflammation aiguë ou chronique d'une articulation : une arthrite

4.

CENTRE HOSPITALIER DUCHENNE
Rue Jacques Monod
62 200 BOULOGNE SUR MER
Service de Chirurgie
Tél. 01 02 03 04 05

Coordonnées du patient :
Nom-Prénom-Adresse Postale

Monsieur,
Dans le cadre de votre suivi post-opératoire, merci de bien vouloir vous présenter

Le dimanche 05 mars 2017 à 8 h 45

1°Aux guichets de facturation externe (situé dans le hall central au RdC) avec les pièces suivantes : Carte d'identité, carte Vitale, Carte mutuelle, vos papiers d'accident du travail.
PUIS
2°Au service de la radiologie (situé au Rd C du bâtiment central) pour faire votre radio de l'épaule droite.
3°Au service des consultations de chirurgie, 3e porte à droite dans le hall central pour votre consultation prévue à 9 h 30 avec le Docteur LESOIN chirurgien en vue de votre contrôle post-opératoire.

IMPORTANT : Afin de compléter votre dossier médical, merci de rapporter : l'ordonnance concernant votre traitement médical en cours, vos clichés radiographiques, vos derniers résultats d'analyses.

Si vous ne pouvez venir à cette convocation médicale,
merci de bien vouloir nous contacter au : Tél 01 02 03 04 05

La durée de conservation du dossier de Monsieur J sera de 20 ans **MAIS** son dossier transfusionnel sera gardé 30 ans (il a bénéficié d'une transfusion au cours de son hospitalisation.)
On peut :

- soit séparer le dossier transfusionnel (pour le garder 30 ans à compter de sa transfusion) et faire détruire le dossier médical de M. J 20 ans après son dernier passage en consultation ou en hospitalisation.
- Soit garder la totalité du dossier (DM + D transfusionnel) pendant 30 ans. Voir dans la procédure ce que le chef d'Ets a mis en place.

5.

Que signifie le sigle DMP ? : **DOSSIER MEDICAL PARTAGE**

Qui peut le créer ? :

- Le patient lui-même en allant sur son compte AMELI
- Il peut faire faire l'ouverture de son DMP dans une pharmacie,
- Il peut se rendre dans un Centre de l'Assurance-maladie avec sa carte Vitale,
- Il peut demander également la création de son DMP lors de sa venue dans un Centre Hospitalier

Qui peut le consulter ?

- Le patient lui-même grâce aux codes d'accès qui lui ont été attribués
- Le médecin traitant (Référent)
- Les professionnels de santé ayant pris en charge le patient
- Le patient peut s'opposer à ce que certains professionnels de santé aient un accès à son DMP

Annales session 2018

Série de questions

Difficulté : ★★★ — 3 heures • **Coefficient** 2

Répondre en quelques lignes aux questions suivantes :

1. Qu'est-ce qu'un ESPIC ? *(2 points)*
2. Quelles sont les instances à l'hôpital ? *(6 points)*
3. Quel est le rôle de la CDU ? *(4 points)*
4. Quel est le rôle du CTE ? *(4 points)*
5. Quelles sont les compétences de la CME ? *(6 points)*
6. Quel est le rôle du Directoire ? *(4 points)*
7. Comment s'organise le droit à l'information ? *(4 points)*
8. Qu'est-ce que la personne de confiance ? *(4 points)*
9. Quels sont les droits contenus dans la Charte de la personne hospitalisée ? *(6 points)*

Cas pratique

Difficulté : ★★★ — 3 heures • **Coefficient** 3

1. Dans **l'annexe 3**, le patient Monsieur PAUL G. né le 29/02/1979 est autorisé à quitter le service le 5 Février 2017.

   Le médecin du service de chirurgie qui l'a pris en charge vous demande de préparer pour sa sortie la convocation pour le contrôle post-opératoire.

   Vous utiliserez une feuille de papier blanc afin de rédiger cette convocation qui lui sera remise. *(10 points)*

2. Relevez les fautes qui se sont glissées dans **l'annexe n° 2** « C.R d'hospitalisation de Madame BO ». *(12 points)*

   Réécrivez les mots correctement sur votre copie dans l'ordre de leur repérage au sein de ce document. Vous ne devez pas joindre l'annexe à votre copie.

3. **a)** Définissez les 10 termes suivants : ils sont soulignés dans l'**annexe 3** (un point par terme). *(12 points)*

   - Primo-infection
   - Cholécystectomie
   - Ostéosynthésée
   - TC avec PC
   - Myosis
   - Acromio-claviculaire

- Dermabrasion
- Coelioscopie
- Hématome périrénal
- Echographie

b) Indiquez à quoi se réfèrent les monogrammes suivants *(2 points)* : HIG et ECG.

4. Une personne se présente à votre secrétariat et demande la communication du dossier médical de son oncle décédé il y a 6 ans ... *(6,5 points)*

a) Quelles informations lui donnez-vous ? *(3 points)*

b) Quelles actions administratives sont à entreprendre ? *(3,5 points)*

5. Un officier judiciaire vous informe de la saisie d'un dossier médical.

a) Comment s'appelle cette procédure ? *(2 points)*

b) Comment procédez-vous ? *(4 points)*

6. Dans l'**annexe 3** (CR d'hospitalisation de Monsieur PAUL G.) le patient est autorisé à rentrer à son domicile en VSL. Le médecin vous demande de compléter la PMT en annexe 1. *(2,5 points)*

7. Dans la liste ci-dessous repérez les termes désignant une pathologie. Vous les recopierez.

- Splénomégalie
- Bronchoscopie
- Encéphalite
- Hystérographie
- Hypernatrémie
- Hépatalgie
- Lymphangite
- Laparotomie
- Cystoscopie
- Antifongique

8. Le médecin du service va dicter un compte rendu d'hospitalisation à destination du médecin traitant de Madame D Jocelyne.

a) Quel est le délai réglementaire d'envoi des comptes rendus d'hospitalisation au médecin traitant ? *(2 points)*

b) Ce délai fait partie des indicateurs obligatoires soumis à diffusion publique, appelé indicateur IPAQSS. Que veulent dire ces lettres ? *(2 points)*

c) Quelle est l'autorité qui impose le recueil et la diffusion de ces indicateurs ? *(1 point)*

d) Depuis quand cette autorité à été mise en place ? *(1 point)*

Éléments de réponses p. 223

cerfa

PRESCRIPTION MÉDICALE DE TRANSPORT - NOTICE

n°50742#04

ATTENTION : s'il s'agit de transports vers un lieu distant de plus de 150 km, de transports en série - cf. ❸(*) -, de transports en avion ou en bateau de ligne ou de transports d'enfants ou d'adolescents vers un CAMSP ou un CMPP vous devez remplir le formulaire de *"Demande d'accord préalable - prescription médicale de transport" - réf. S3139.*

Toutes les règles indiquées dans cette notice sont opposables et conditionnent la prise en charge du transport par l'assurance maladie.
Un transport ne peut être prescrit que par un médecin ou un chirurgien-dentiste.
Les prescriptions de régularisation ne sont pas admises, sauf en cas d'urgence (cf. ❹).

La prise en charge des frais de transport est subordonnée à la présentation, par l'assuré, de la prescription médicale de transport et d'un justificatif de transport ou d'une facture du transporteur.

Le praticien doit mentionner sur la prescription les éléments d'ordre médical précisant le motif du déplacement et justifiant le mode de transport prescrit.

Seul est pris en charge le transport le moins onéreux compatible avec l'état du malade, apprécié au regard des critères médicaux et de dépendance fixés dans le référentiel de prescription des transports *(arrêté du 23 décembre 2006 - J.O. du 30 décembre 2006).*

❶ Quelles sont les situations qui permettent la prise en charge des frais de transport ?

Pour être remboursé, le transport doit, sauf particularité du transport en ambulance (cf. point 2 ci-dessous) répondre à au moins l'une des situations suivantes :

- le transport est lié à l'état de santé de votre patient qui nécessite une hospitalisation (complète, partielle, ambulatoire). Les séances de chimiothérapie, de radiothérapie ou d'hémodialyse sont assimilées à une hospitalisation,
- le transport est lié aux traitements ou examens prescrits au titre de l'ALD dont souffre votre patient qui présente, par ailleurs, une déficience ou une incapacité définie par le référentiel de prescription des transports,
- le transport est en lien avec un accident du travail ou une maladie professionnelle dont a été victime ou souffre votre patient.

Le transport pour se rendre chez un fournisseur agréé d'appareillage, pour répondre à une convocation du contrôle médical ou à la convocation d'un médecin expert ou pour se rendre à la consultation d'un expert est également pris en charge. Dans ce cas, la convocation vaut prescription.

❷ Quel mode de transport pouvez-vous prescrire au regard de l'état de santé et d'autonomie de votre patient ?

• **Particularité du transport en ambulance :**

Il peut être prescrit et pris en charge, indépendamment des situations visées au ❶, dès lors que votre patient présente au moins une déficience ou incapacité nécessitant un transport :

- en position obligatoirement allongée ou demi-assise,
- avec surveillance par une personne qualifiée ou l'administration d'oxygène,
- avec brancardage ou portage ou un transport devant être réalisé dans des conditions d'asepsie.

N'omettez pas de préciser, toutefois, si votre patient se trouve aussi dans l'une des situations mentionnées au ❶ .

• **Les autres modes de transport :**

Ils ne peuvent être prescrits, et pris en charge, que si votre patient se trouve dans l'une des situations décrites au ❶.

° Vous lui prescrivez un transport assis professionnalisé (**VSL** ou **taxi conventionné**) s'il présente au moins une :

- déficience ou incapacité physique invalidante nécessitant une aide au déplacement, technique ou humaine, mais ne nécessitant ni brancardage ni portage,
- déficience ou incapacité intellectuelle ou psychique nécessitant l'aide d'une tierce personne pour la transmission des informations nécessaires à l'équipe soignante en l'absence d'un accompagnant,
- déficience nécessitant le respect rigoureux des règles d'hygiène,
- déficience nécessitant la prévention du risque infectieux par la désinfection rigoureuse du véhicule,

ou s'il suit un traitement ou est atteint d'une affection pouvant occasionner des risques d'effets secondaires pendant le transport.

° Vous lui prescrivez un **moyen de transport individuel** (son véhicule personnel, par exemple) ou les **transports en commun terrestres** s'il peut se déplacer par ses propres moyens (si son état le nécessite, une personne peut l'accompagner).

Si votre patient est atteint d'une ALD et présente par ailleurs une déficience ou une incapacité, pour bénéficier de la prise en charge de ces transports, lorsqu'il se rend à une consultation pour traitements ou examens en lien avec son ALD, il doit être accompagné par un tiers.

Les frais de transport en commun exposés par la personne accompagnante peuvent être remboursés si l'état de santé du patient nécessite l'assistance d'un tiers ou si le patient a moins de 16 ans.

❸ **Transports itératifs :** précisez le nombre de déplacements prévus si vous devez prescrire un transport répété ne répondant pas à la définition du transport en série.
(*) (transport en série : le nombre de transports prescrits pour un même traitement est au moins égal à quatre au cours d'une période de deux mois et chaque transport est effectué vers un lieu distant de plus de 50 kilomètres. Ces transports nécessitent une demande d'accord préalable.)

❹ **Urgence (appel du SAMU-centre 15...) :** la prescription peut être remplie a posteriori par un médecin ou un chirurgien-dentiste de la structure de soins dans laquelle le patient s'est rendu.

❺ **Eléments d'ordre médical** *(Volet 1)*
Dans cette rubrique, vous détaillez à l'attention du médecin conseil les motifs médicaux à l'origine de la prescription de transport (nature de l'examen ou des soins justifiant le déplacement). C'est dans cette rubrique que vous indiquez l'orientation dans un centre de référence dédié à la prise en charge des maladies rares.

❻ **Cas particuliers d'exonération du ticket modérateur**
Vous devez cocher la case "oui" dans les cas suivants :

- si un acte réalisé lors de l'hospitalisation a un coefficient égal ou supérieur à K60 ou un tarif égal ou supérieur à 120 euros,
- s'il s'agit d'un transfert en lien direct et consécutif avec une première hospitalisation exonérée du ticket modérateur en raison d'un K60 ou d'un tarif égal à 120 euros,
- lorsque l'état du patient hospitalisé dans un établissement de soins nécessite son transfert vers un autre établissement d'hospitalisation en vue d'un traitement mieux adapté à son état *(nota bene : cette disposition n'est pas applicable en cas de transfert d'un établissement d'hospitalisation vers un établissement de soins de suite et de réadaptation).*

S3139 b

cerfa

n° 11574 *04

Prescription médicale de transport

(articles L. 162-4-1 2°, L. 321-1 2°, L. 322-5, L. 432-1, R. 322-2 et R. 322-10 à R. 322-10-7 du Code de la sécurité sociale)

Volet 1 à adresser au contrôle médical, sous enveloppe, à l'attention de "M. le Médecin-Conseil"

la personne bénéficiaire du transport et l'assuré(e)

- **Personne bénéficiaire du transport** *(les nom et prénom du bénéficiaire sont à compléter obligatoirement par le prescripteur)*

nom et prénom
(nom de famille (de naissance) suivi du nom d'usage (facultatif et s'il y a lieu))

numéro d'immatriculation

nom et n° du centre de paiement ou de la section mutualiste (pour les salariés) ou nom et n° de l'organisme conventionné (pour les non salariés)

date de naissance

adresse

- **Assuré(e)** *(à remplir si la personne qui bénéficie du transport n'est pas l'assuré(e))*

nom et prénom
(nom de famille (de naissance) suivi du nom d'usage (facultatif et s'il y a lieu))

numéro d'immatriculation

- Ce transport est-il en rapport avec un accident causé par un tiers ? non ☐ oui ☐ date de l'accident

la prescription médicale

❶ Dans quelle situation permettant la prise en charge du transport se trouve votre patient ? *(plusieurs choix possibles)*

- entrée ou sortie d'hospitalisation (complète, partielle ou ambulatoire), y compris séances de chimiothérapie, radiothérapie et hémodialyse ☐
- transport en lien avec une affection de longue durée avec déficience ou incapacité - ALD exonérante ☐ ALD non exonérante ☐
- transport lié à un accident du travail ou une maladie professionnelle ☐ date de l'AT/MP

❷ Quel mode de transport prescrivez-vous au regard de l'état de santé et d'autonomie de votre patient ?

- transport en ambulance justifié par la nécessité *(cochez la(les) case(s) correspondante(s))* :
  - d'être en position allongée ou demi-assise ☐ d'une surveillance par une personne qualifiée ☐ d'administration d'oxygène ☐
  - d'un brancardage ou d'un portage ☐ d'une asepsie rigoureuse ☐
- transport assis professionnalisé (VSL, taxi conventionné) ☐ si l'état du patient permet un transport partagé, cochez la case ☐
- moyen de transport individuel ☐
- transport en commun terrestre ☐

} si l'état de santé du patient nécessite une personne accompagnante, cochez la case ☐

- **Quel trajet doit effectuer le patient ?** *(précisez l'adresse du lieu de départ et du lieu d'arrivée, si hors domicile, ainsi que le nom de la structure de soins)*

départ	**arrivée**
- domicile ☐	- domicile ☐
- autre lieu :	- autre lieu :
- structure de soins :	- structure de soins :

transport aller-retour ☐ ❸ nombre de transports itératifs

❹ Urgence : appel du SAMU-centre 15 ☐ **ou autres** ☐ *(précisez)* :

❺ Eléments d'ordre médical *(précisez la nature de l'examen ou des soins justifiant le déplacement)* **et commentaires éventuels**

- transport vers un centre de référence dédié à la prise en charge des maladies rares ☐

❻ Cas particuliers d'exonération du ticket modérateur oui ☐ non ☐

- Ce transport est-il lié à des soins dispensés au titre d'une pension militaire d'invalidité ? oui ☐ non ☐
(article L.115 du Code des pensions militaires d'invalidité et des victimes de guerre)

Identification du prescripteur et de la structure dans laquelle il exerce

nom et prénom	raison sociale adresse n° structure *(AM, FINESS ou SIRET)*
	signature
identifiant *(n° RPPS)*	date

cerfa

n° 11574 *04

Prescription médicale de transport

(articles L. 162-4-1 2°, L. 321-1 2°, L. 322-5, L. 432-1, R. 322-2 et R. 322-10 à R. 322-10-7 du Code de la sécurité sociale)

Volet 2 à adresser à l'organisme pour remboursement avec les justificatifs nécessaires

la personne bénéficiaire du transport et l'assuré(e)

- **Personne bénéficiaire du transport** *(les nom et prénom du bénéficiaire sont à compléter obligatoirement par le prescripteur)*

nom et prénom
(nom de famille (de naissance) suivi du nom d'usage (facultatif et s'il y a lieu))

numéro d'immatriculation

nom et n° du centre de paiement ou de la section mutualiste (pour les salariés) ou nom et n° de l'organisme conventionné (pour les non salariés)

date de naissance

adresse

- **Assuré(e)** *(à remplir si la personne qui bénéficie du transport n'est pas l'assuré(e))*

nom et prénom
(nom de famille (de naissance) suivi du nom d'usage (facultatif et s'il y a lieu))

numéro d'immatriculation

- Ce transport est-il en rapport avec un accident causé par un tiers ? non ☐ oui ☐ date de l'accident

la prescription médicale

❶ Dans quelle situation permettant la prise en charge du transport se trouve votre patient ? *(plusieurs choix possibles)*

- entrée ou sortie d'hospitalisation (complète, partielle ou ambulatoire), y compris séances de chimiothérapie, radiothérapie et hémodialyse ☐
- transport en lien avec une affection de longue durée avec déficience ou incapacité - ALD exonérante ☐ ALD non exonérante ☐
- transport lié à un accident du travail ou une maladie professionnelle ☐ date de l'AT/MP

❷ Quel mode de transport prescrivez-vous au regard de l'état de santé et d'autonomie de votre patient ?

- transport en ambulance justifié par la nécessité *(cochez la(les) case(s) correspondante(s))* :
  - d'être en position allongée ou demi-assise ☐ d'une surveillance par une personne qualifiée ☐ d'administration d'oxygène ☐
  - d'un brancardage ou d'un portage ☐ d'une asepsie rigoureuse ☐
- transport assis professionnalisé (VSL, taxi conventionné) ☐ si l'état du patient permet un transport partagé, cochez la case ☐
- moyen de transport individuel ☐
- transport en commun terrestre ☐
  } si l'état de santé du patient nécessite une personne accompagnante, cochez la case ☐

- **Quel trajet doit effectuer le patient ?** *(précisez l'adresse du lieu de départ et du lieu d'arrivée, si hors domicile, ainsi que le nom de la structure de soins)*

départ	arrivée
- domicile ☐	- domicile ☐
- autre lieu :	- autre lieu :
- structure de soins :	- structure de soins :

transport aller-retour ☐ ❸ nombre de transports itératifs

❹ Urgence : **appel du SAMU-centre 15** ☐ **ou autres** ☐ *(précisez)* :

❻ Cas particuliers d'exonération du ticket modérateur oui ☐ non ☐

- Ce transport est-il lié à des soins dispensés au titre d'une pension militaire d'invalidité ? oui ☐ non ☐
(article L.115 du Code des pensions militaires d'invalidité et des victimes de guerre)

Identification du prescripteur et de la structure dans laquelle il exerce

nom et prénom

identifiant
(n° RPPS)

raison sociale
adresse

n° structure
(AM, FINESS ou SIRET)

signature

date

Précisions pour l'utilisation de la voiture particulière ou des transports en commun

Vous envoyez ce volet avec le formulaire "demande de remboursement" (réf. S3140) et les justificatifs de vos dépenses. La demande de remboursement est disponible dans votre organisme ou sur le site " www.ameli.fr" à la rubrique "formulaires" de l'espace "assurés".

VSL, taxi conventionné, ambulance *(à compléter par le transporteur et à joindre à la facture)*

Raison sociale ....

Adresse ....

Fait à .... Le

N° d'identification :

Signature du transporteur

La loi 78.17 du 6.1.78 modifiée relative à l'informatique, aux fichiers et aux libertés s'applique aux réponses faites sur ce formulaire. Elle garantit un droit d'accès et de rectification pour les données vous concernant.
La loi rend passible d'amende et/ou emprisonnement quiconque se rend coupable de fraudes ou de fausses déclarations en vue d'obtenir ou de tenter d'obtenir des avantages indus (articles 313-1 à 313-3, 433-19, 441-6 et 441-7 du Code pénal).
En outre, l'inexactitude, le caractère incomplet des déclarations ou l'absence de déclaration d'un changement de situation dans le but d'obtenir le versement de prestations indues, peuvent faire l'objet d'une pénalité financière en application de l'article L. 162-1-14 du Code de la sécurité sociale.

ANNEXE N° 2

QUESTION 2 - sur 12 points

CENTRE HOSPITALIER DU NORD
Service de Médecine

Compte rendu d'Hospitalisation de Madame BO Mélanie, née le 1er Janvier 1958 :

Patiente hospitalisée dans le service du 1er/08/2012 au 4/08/2012 pour bilan étiologique de polyartralgies et polymyalgies.

Dans les antécédents médicaux on note :
- une hernie hiatale
- une fibromyalgie,
- une diverticulose sygmoïdienne
- une hypertryglycéridémie
- deux fausses couches en 1985, pas de trombophlébite

Histoire de la maladie :

Après une opération d'un méningiome dorsal (D12) elle avait présenté des lombalgies et siatalgies à bascule.

Depuis quelques années elle se plaint de douleurs inflammatoires surtout nocturnes, avec un dérouilage matinal à 20'.

Myalgie diffuses.

Bilan clinique :

Myalgies spontanées à la palpation,

ROT : vifs à gauche, ROT rotuliens faibles à droite, aquiléen : abolition à droite.

Absence d'ADP médyastinale

ADP centimétriques des chaînes lomboaortiques coeliomésantériques illiaques internes et externes.

CONCLUSION :

Absence de laision suspecte endodigestive à contrôler dans 4 ans

Leucémie limphocytaire chronique remarquablement stable de stade B

Annexe N° 3

CENTRE HOSPITALIER DU NORD
SERVICE DE CHIRURGIE

COMPTE RENDU D'HOSPITALISATION

Monsieur Paul G, né le 29/02/1979

Admission le 31 Janvier 2017- Sortie le 05/02/2017

Mode d'entrée : transféré du service des urgences le 31 Janvier 2017.

Antécédents :

- Primo-infection tuberculeuse à l'âge de 7 ans
- Cholécystectomie à l'âge de 20 ans
- HIG traitée par coelioscopie
- Fracture du fémur droit ostéosynthésée

Patient hospitalisé le 31/01/2017 pour chute d'un échafaudage au cours d'un chantier. Il a été amené par les pompiers et immobilisé dans un matelas coquille.

A l'arrivée dans le service le patient présentait :

- Un TC avec PC. A l'arrivée des pompiers il était conscient. L'examen neurologique initial n'avait pas retrouvé de déficit sensitif, mais signalait un myosis droit.
- Une luxation acromio-claviculaire droite avec dermabrasion importante de l'avant- bras droit.
- Un abdomen souple mais hyper douloureux
- ECG normal

Il a été perfusé et a reçu des antalgiques Le scanner abdominal révèle une lame liquidienne au niveau du rein. Le scanner du crâne n'a pas révélé d'anomalie.

Evolution dans le service.

Une coelioscopie sera pratiquée le 1er Février afin de ponctionner un hématome péri-rénal découvert au scanner.

La luxation acromio-claviculaire droite a été réduite sous anesthésie générale, profitant de celle-ci pour un nettoyage de la dermabrasion.

A 48 H l'échographie abdominale de contrôle est rassurante.

Conclusion et conduite à tenir :

Evolution favorable.

La sortie du service est autorisée pour le 5 Février. Il sera revu en consultation de chirurgie dans un mois pour le suivi de sa contention de l'épaule droite avec une radio de contrôle ainsi que les pansements de l'avant- bras droit.

Un arrêt de travail d'un mois a été fait.

Le patient rentre à son domicile en VSL.

Prescrire les transports

Comment bien remplir la prescription médicale ?

- Le formulaire n° 11574*04 doit **impérativement** être utilisé pour les transports ne nécessitant **pas d'accord préalable.** *(plus de 150 km aller, transports en série de plus de 50 km aller, transports en avion ou en bateau)*
- En cas de rature ou de surcharge, le prescripteur doit contresigner les modifications et aposer son cachet.
- La prescription est un **préalable** au transport. Le patient doit **obligatoirement** en disposer **avant** la réalisation du transport.

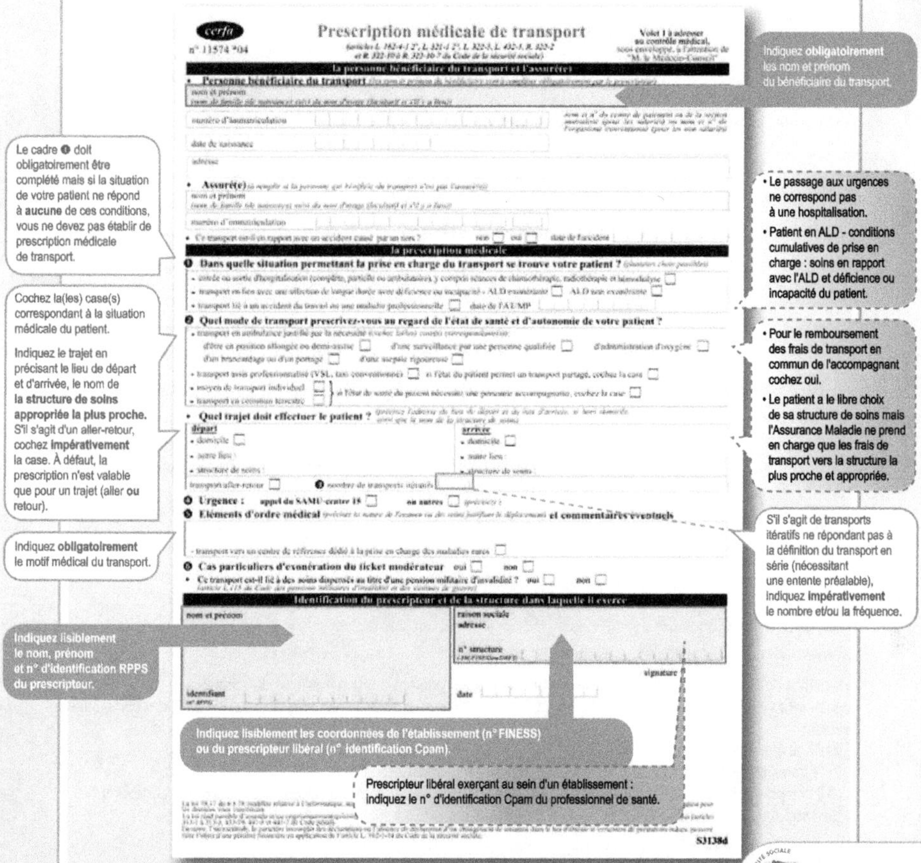

L'Assurance Maladie
PARIS

La prescription de transports = acte médical

La prescription de transport est un acte médical. Il ne s'agit pas d'un simple bon de transport.

Elle engage votre responsabilité.

La prescription est un préalable au transport et doit être effectuée A PRIORI et dans le respect du référentiel médical de prescription des transports (JO du 31/12/2006, consultable sur ameli.fr/médecins/exercerauquotidien/prescriptions/transports).

Dans quels cas prescrire un transport ?

Une prescription de transport ne doit être établie que :
si le transport répond à une nécessité médicale et **si le patient ne peut se déplacer seul,**
et dans les situations suivantes si déficience ou incapacité :

- **entrée ou sortie d'hospitalisation ou transfert inter-établissements** *(pour les médecins hospitaliers),*
- **soins en rapport avec une affection de longue durée** *(ALD)*, **un accident du travail** *(AT)* **ou une maladie professionnelle** *(MP),*

conformément au référentiel de prescription des transports.

Quel mode de transport prescrire ?

Le mode de transport prescrit doit être adapté **uniquement** à l'état de santé de votre patient et à son niveau d'autonomie.

☐ Transport assis professionnalisé (TAP) ☐ Véhicule sanitaire léger (VSL) et taxi	☐ Déficience ou incapacité physique ou intellectuelle nécessitant : • une aide au déplacement technique ou humaine mais ne nécessitant ni brancardage ni portage, • l'aide d'une tierce personne pour la transmission des informations nécessaires à l'équipe soignante en l'absence d'accompagnant, • le respect rigoureux des règles d'hygiène, • la prévention du risque infectieux par la désinfection rigoureuse du véhicule.
☐ Ambulance	☐ Un transport en position obligatoirement allongée ou semi-assise nécessitant : • un transport avec surveillance par une personne qualifiée ou nécessitant l'administration d'oxygène, • un transport avec brancardage ou portage, • un transport devant être réalisé dans des conditions d'asepsie.

Cas particulier

La prescription médicale d'un transport au titre d'une affection de longue durée (ALD)

Le bénéfice de l'ALD ne donne pas droit **systématiquement** à une prescription médicale de transport.
Pour la prise en charge des ses frais de transport, le patient atteint d'une ALD doit remplir les trois conditions cumulatives suivantes :

1) il doit être reconnu atteint d'une ALD,
2) le transport réalisé doit être en lien avec **des soins en rapport** avec l'"ALD,
3) il doit **présenter une des incapacités** ou déficiences définies par le référentiel de prescription des transports fixé par l'arrêté du 23 décembre 2006.

Quelle structure de soins ?

La prise en charge des frais de transport par l'Assurance Maladie est limitée à la structure de soins la plus proche et appropriée à l'état de santé du malade (art. R322-10-5 du code de la Sécurité sociale). Dans le cas où votre prescription n'adresserait pas le malade à la structure de soins la plus proche, la nécessité médicale devra être clairement indiquée sur la partie médicale du formulaire de prescription (volet 1- éléments d'ordre médical). À défaut, le surcoût occasionné fera l'objet d'une notification d'indu à votre égard.
Dans la mesure où il s'agirait du choix du malade, vous devez l'informer que la prise en charge de l'Assurance Maladie au coût des transports sera limitée à la structure de soins appropriée, la plus proche.

Liste des ALD 30

Liste des 30 affections de longue durée (ALD 30) qui donnent lieu à exonération du ticket modérateur (article d-322-1 du CSS)

L'article D-322-1 du code de la sécurité sociale précise la liste de ces affections " comportant un traitement prolongé et une thérapeutique particulièrement coûteuse susceptibles d'ouvrir droit à la suppression de la participation des assurés sociaux aux tarifs servant de base aux calculs des prestations en nature de l'assurance maladie ".

Cette liste est établie après avis du Haut Comité Médical de la Sécurité Sociale (HCMSS).

En regard de cette liste, le HCMSS élabore des Recommandations à l'intention des médecins traitants et des médecins conseils des services de l'assurance maladie dans le but de donner des indications précises sur les conditions d'exonération. Après aval du Ministre ces Recommandations font l'objet d'une publication par l'UCANSS à l'intention des Professionnels.

Liste des affections de longue durée :

1	Accident vasculaire cérébral invalidant ;
2	Insuffisances médullaires et autres cytopénies chroniques ;
3	Artériopathies chroniques avec manifestations ischémiques ;
4	Bilharziose compliquée ;
5	Insuffisance cardiaque grave, troubles du rythme graves, cardiopathies valvulaires graves ; cardiopathies congénitales graves ;
6	Maladies chroniques actives du foie et cirrhoses ;
7	Déficit immunitaire primitif grave nécessitant un traitement prolongé, infection par le virus de l'immuno-déficience humaine ;
8	Diabète de type 1 et diabète de type 2 ;
9	Forme grave des affections neurologiques et musculaires (dont myopathie), épilepsie grave ;
10	Hémoglobinopathies, hémolyses, chroniques constitutionnelles et acquises sévères ;
11	Hémophilies et affections constitutionnelles de l'hémostase graves ;
12	Hypertension artérielle sévère ;
13	Maladie coronaire ;
14	Insuffisance respiratoire chronique grave ;
15	Lèpre ;
16	Maladie de Parkinson ;
17	Maladies métaboliques héréditaires nécessitant un traitement prolongé spécialisé ;
18	Mucoviscidose ;
19	Néphropathie chronique grave et syndrome néphrotique primitif ;
20	Paraplégie ;
21	Périartérite noueuse, lupus érythémateux aigu disséminé, sclérodermie généralisée évolutive ;
22	Polyarthrite rhumatoïde évolutive grave ;
23	Psychose, trouble grave de la personnalité, arriération mentale ;
24	Rectocolite hémorragique et maladie de Crohn évolutives ;
25	Sclérose en plaques ;
26	Scoliose structurale évolutive (dont l'angle est égal ou supérieur à 25 degrés) jusqu'à maturation rachidienne ;
27	Spondylarthrite ankylosante grave ;
28	Suites de transplantation d'organe ;
29	Tuberculose active ;
30	Tumeur maligne, affection maligne du tissu lymphatique ou hématopoïétique.

Laboratoire Storck P.

biolia
Laboratoire multisite **d'analyses** de biologie **médicales**

Vu A.P.

Dr.

Dossier **J160603060** enregistré le 03-06-201 à 09:35
Prélevé le 03-02-2012 à 07:00
Edité le 03-02-2012 à 11:40

Mme B.O.

Né(e) le 1er-01-1958

Correspondant UF 4625 DIP HC B
Prescripteur **Dr Antoine PIEMONT**

COMPTE-RENDU DE RESULTATS

			Intervalles de référence	*Antériorités*
BIOCHIMIE SANGUINE				
				30-05-2012
UREE	**0.48**	g/l	(0.17-0.43)	0.49
(Spectrophotométrie uréase Beckman)	8.01	mmol/l	(2.84-7.18)	
				30-05-2012
CREATININE	**11.8**	mg/l	(5.5-10.2)	11.9
(Créatininase Beckman technique enzymatique IDMS)	104.4	µmol/l	(48.7-90.3)	

G

Page 1 sur 2

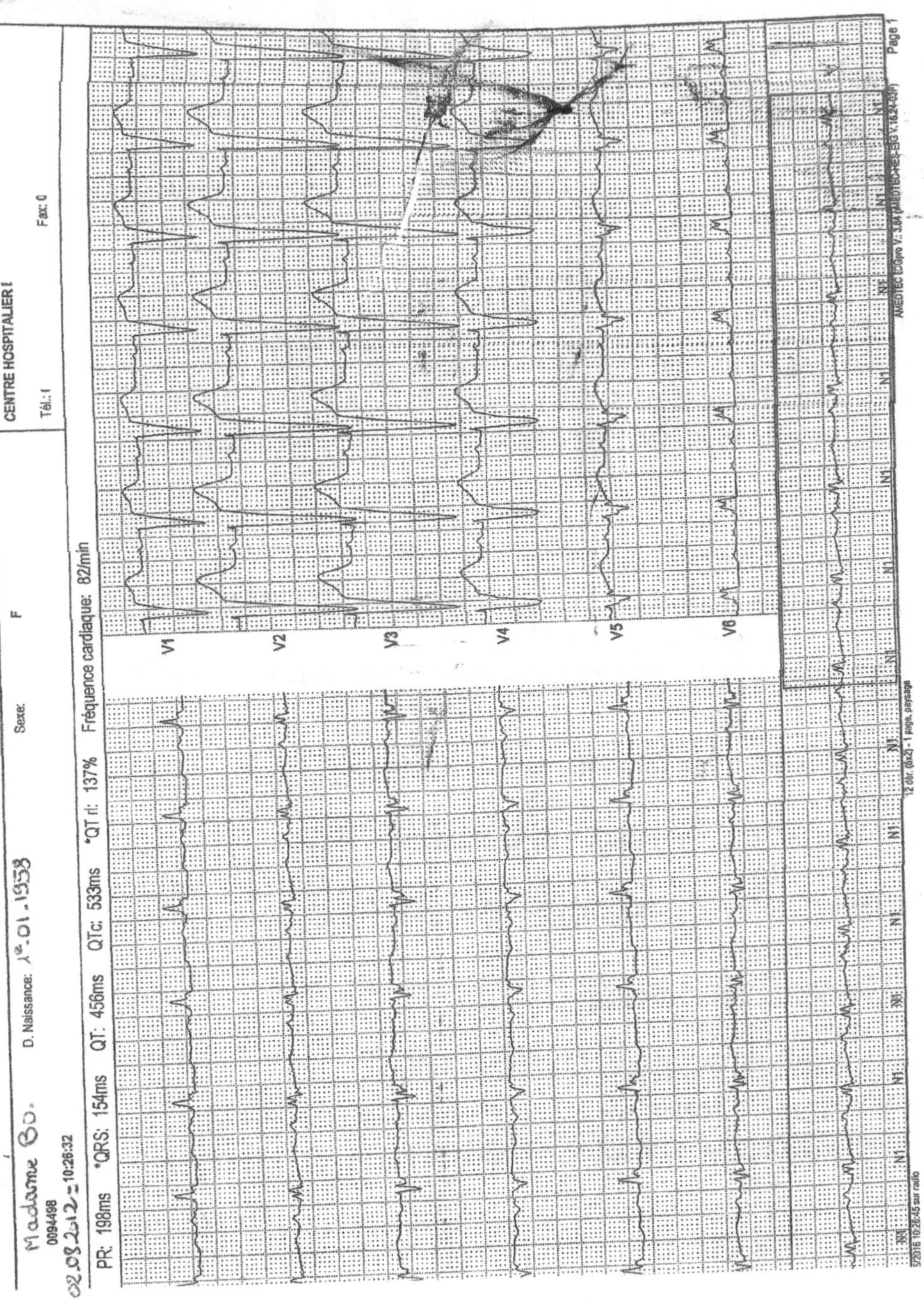
CENTRE HOSPITALIER
D. Naissance:
Sexe: F
PR: 198ms *QRS: 154ms QT: 456ms QTc: 533ms *QT rl: 137% Fréquence cardiaque: 82/min
V1
V2
V3
V4
V5
V6
Page 1

Les hommes plus touchés que les femmes

Cumulés, les chiffres des accidents du travail dans le secteur du sport en général font de ce dernier le secteur le plus touché.

En moyenne, la Dares a comptabilisé 21,9 accidents du travail par million d'heures travaillées. Les hommes sont plus touchés que les femmes 25,4 accidents / millions d'heures travaillées contre 17.

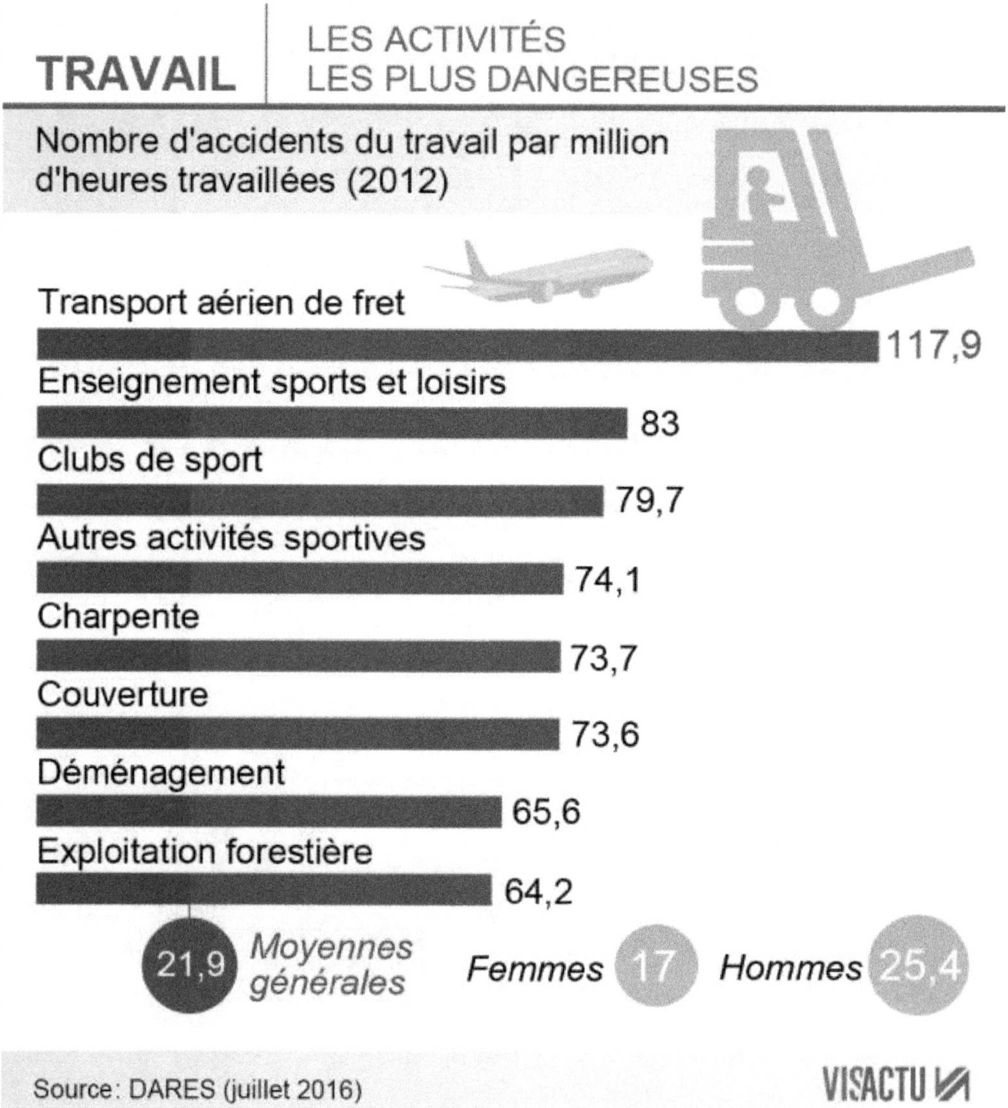

Éléments de réponses

Série de questions

1.

La loi du 4 mars 2002 et le décret n° 2005-213 du 2 mars 2005 ont instauré la création, dans chaque établissement de santé public ou privé, d'une commission des relations avec les usagers et de la qualité de la prise en charge. La CRUQPC permet d'associer les représentants Qu'est-ce qu'un ESPIC ? (1 point)

Les établissements de santé privés à but non lucratif sont au nombre de 782, et regroupent 61 968 lits.

La majorité de ces établissements était des établissements privés participant au service public hospitalier (PSPH). Ils ont pris automatiquement, depuis la loi du 21 juillet 2009 appelée « Hôpital Patients Santé Territoires », la qualification d'établissements de santé privés d'intérêt collectif (ESPIC), et assurent à ce titre une ou plusieurs missions de service public.

Ces établissements sont gérés par une personne morale de droit privé - une association, une fondation, une congrégation ou une mutuelle - et ne sont pas soumis à des contraintes pour leur organisation interne. Ils ne sont pas astreints aux règles des marchés publics (mais sont néanmoins invités à s'en inspirer), leur comptabilité est de droit privé et les bénéfices dégagés sont intégralement réinvestis dans l'innovation et le développement de nouveaux services au bénéfice des patients.

En revanche, leur mode de financement est le même que celui des hôpitaux publics, et ils en partagent les valeurs et les principes :

- égal accès à des soins de qualité pour tous ;
- permanence de l'accueil de jour comme de nuit, éventuellement en urgence ; continuité des soins tant durant l'hospitalisation qu'à l'issue de celle-ci, en s'assurant notamment que les patients disposent des conditions d'existence nécessaires à la poursuite de leur traitement, et à défaut, en les orientant vers des structures prenant en compte la précarité de leur situation ;
- réglementation tarifaire en secteur 1.

2.

Il y a **deux organes décisionnels à l'hôpital**, le conseil de surveillance et le directeur.

Le conseil de surveillance remplace le Conseil d'administration. Ses missions sont recentrées sur les orientations stratégiques et le contrôle permanent de la gestion de l'établissement.

Le **directeur** est chef d'établissement, il est le représentant légal de l'établissement et exécute les décisions du Conseil de surveillance. Il assure le règlement des affaires générales de l'établissement. Il est responsable du maintien du bon ordre et de la discipline de l'établissement. Il met en œuvre le projet d'établissement, voté par le conseil de surveillance est chargé de l'animation et la coordination des actions.

Le directeur est le seul ordonnateur des dépenses publiques. Il est le seul à pouvoir déléguer sa signature, il a autorité sur l'ensemble de son personnel.

Il y a une instance « concertative » et de légitimité : **le directoire**.

Instance de légitimité, réunissant du personnel administratif et du personnel médical mais à majorité médical. Il conseille le directeur de la prise de décision.

Il existe plusieurs **instances consultatives** telles que :

- La Commission médicale d'établissement

Instituée dans chaque établissement public de santé, la CME est une instance consultative essentielle dans la gestion interne de l'établissement. La CME est constituée de représentants du personnel médical.

- Le comité technique d'établissement

Le comité technique d'établissement reste une instance consultative.

Il est composé des représentants du personnel non médical, élu tous les 4 ans et son président est le Directeur.

- La commission des usagers

La CDU a pour mission de veiller au respect des droits des usagers, de faciliter leurs démarches et de contribuer à l'amélioration de la prise en charge des malades en associant les représentants des usagers.

- Le comité d'hygiène de sécurité et des conditions de travail

Le Comité d'hygiène, de sécurité et des conditions de travail étudie et émet des avis sur les problèmes liés à l'hygiène, à la protection de la santé et à la sécurité des travailleurs.

- La commission de soin infirmier, rééducation médico-technique

La CSRIMT est plus spécifiquement consultée sur l'organisation générale des soins, la recherche, la formation et l'évaluation des professionnels, ainsi que sur les thématiques de qualité et de sécurité des soins.

3.

La loi du 4 mars 2002 et le décret n°2005-213 du 2 mars 2005 ont instauré la création, dans chaque établissement de santé public ou privé, d'une commission des relations avec les usagers et de la qualité de la prise en charge. La CRUQPC permet d'associer les représentants des usagers au fonctionnement des établissements de santé. En 2016, elle devient CDU. Elle a pour mission de veiller au respect des droits des usagers, de faciliter leurs démarches et de contribuer à l'amélioration de la prise en charge des malades en associant les représentants des usagers. L'ensemble des réclamations adressées à l'établissement de santé par les usagers ou les proches ainsi que les réponses apportées par les responsables de l'établissement doivent être à la disposition des membres de la commission, selon des modalités définies par le règlement intérieur de l'établissement. Elle doit permettre des modalités de règlement des litiges centrés sur le dialogue avec les usagers grâce à la création et à l'intervention de deux médiateurs : le médiateur médecin et le médiateur non médecin.

Le rôle de la CDU est théoriquement central dans le cadre de la politique qualité de l'établissement, même si elle reste une instance **consultative** : tous les éléments qui permettent de juger de la qualité de la prise en charge sont recueillis et analysés par les membres de la CDU, y compris les éléments traités par les autres instances non obligatoires de l'établissement (comité de lutte contre les infections nosocomiales, comité de lutte contre la douleur, commission alimentation nutrition...).

Par ailleurs, la CDU est en charge de la rédaction annuelle d'un rapport sur les droits des usagers et les recommandations sur la politique qualité.

Depuis 2016, elle peut s'auto-saisir, est tenu informée des évènements indésirables graves et est informée des suites qui sont données à ses propositions concernant notamment la politique qualité.

4.

Le comité technique d'établissement reste une instance consultative, composée des représentants du personnel non médical, élu tous les 4 ans et son président est le Directeur.

Le code de la santé publique définit les questions sur lesquelles le comité d'établissement est obligatoirement consulté.

Il existe un bloc de compétences consultatives commune CTE et CME comprenant notamment toutes les délibérations du conseil de surveillance (projet d'établissement, compte et affection, bilan annuel d'activité) et un bloc de compétences consultatives propres telles que :

- l'organisation du temps de travail et des conditions de travail ;
- la politique sociale, des modalités de la politique d'intéressement ainsi que du bilan social ;
- mais aussi la politique d'amélioration continue de la qualité, de la sécurité des soins et de la gestion des risques, ainsi que les conditions d'accueil et de prise en charge des usagers ;
- le règlement intérieur de l'établissement.

Le comité technique d'établissement est également consulté sur le plan de développement professionnel continu.

Le comité technique d'établissement est régulièrement tenu informé de la situation budgétaire et des effectifs prévisionnels et réels de l'établissement.

5.

Instituée dans chaque établissement public de santé, la CME est une instance consultative essentielle dans la gestion interne de l'établissement. Elle est constituée de représentants du personnel médical.

La mission principale de la CME est de contribuer à l'élaboration de la politique d'amélioration continue de la qualité et de la sécurité des soins (gestion des risques liés aux infections nosocomiales, effets indésirables et évènements iatrogènes, dispositifs de vigilance sanitaire, politique du médicament, prise en charge de la douleur et développement professionnel continu) ainsi qu' à l'élaboration de projets relatifs aux conditions d'accueil et de prise en charge des usagers (réflexion éthique, soins palliatifs, prise en charge urgente, permanence des soins, organisation du parcours de soins). Des compétences précises lui sont conférées en cette matière, comme le pouvoir de proposer au président du directoire un programme d'actions (s'appuyant notamment sur les informations contenues dans le rapport de la CDU) assorti d'indicateurs de suivi présentés notamment dans le rapport annuel de la CME.

La CME demeure par ailleurs une instance consultative à part entière, consultée et informée dans tous les domaines de la vie de l'établissement (organisation interne, politique sociale, investissements, financements...).

À noter

Depuis la loi HPST, la CME est davantage orientée sur la qualité des soins et les relations avec les usagers. Il lui revient désormais de définir l'organisation la plus adaptée afin de répondre à ses missions en matière de politique d'amélioration continue de la qualité et de la sécurité des soins.

6.

Le directoire est une instance « concertative » et de légitimité.

Instance de légitimité, réunissant du personnel administratif et du personnel médical mais à majorité médical. Il conseille le directeur de la prise de décision. L'instance se réunit au moins 8 fois par an.

Une grande partie des décisions du directeur d'établissement sont prises, après concertation du directoire.

La concertation (et non l'avis ou la consultation) illustre la souplesse managériale

La concertation dispense de voter (l'avis implique le vote)

L'instance est concertée dans plusieurs domaines, avant la prise de décision du directeur :

Sur le plan stratégique, le directoire est concerté sur les CPOM, les contrats de pole, la politique qualité...

Sur le plan social, le directoire est concerté sur le bilan social et l'organisation du temps de travail à défaut d'accord avec les organisations syndicales...

Sur le plan financier, il est concerté sur l'EPRD, un éventuel plan de redressement...

Sur le plan juridique, il est concerté sur le règlement intérieur, les baux emphytéotiques, etc.

Il est composé de membres de droit (directeur, président CME et président de la CSIRMT) et de membres nommés par le directeur, sur présentation d'une liste de 3 noms établis par le président du directoire pour les personnels médicaux.

7.

Le droit à l'information est inscrit dans la chartre du droit de la personne hospitalisée. L'information doit être donnée à tout patient, elle doit être claire, loyale et appropriée.

L'information concerne plusieurs domaines : médical, administratif, social et financière.

Il existe un renversement de la charge de la preuve s'agissant de l'information. Ce sera donc à l'établissement ou au professionnel de prouver qu'il a bien informé le patient.

Ce principe a été renforcé par la loi MSS du 26 janvier 2016 sur 3 points :

- le cout ;
- la fiche de liaison ;
- et le mode de prise en charge en soins palliatifs.

8.

La personne de confiance :

- peut vous accompagner dans vos démarches et vous assister lors de vos rendez-vous médicaux ;
- est consultée par les médecins pour rendre compte de vos volontés si vous n'êtes pas en mesure d'être vous-même consulté.

Dans le cas où votre état de santé ne vous permet plus de donner votre avis ou de faire part de vos décisions, le médecin ou l'équipe médicale consulte en priorité la personne de confiance.

Son avis est l'avis non médical le plus important à recueillir pour le médecin afin de le guider dans ses décisions. En effet, la personne de confiance sera la personne consultée en priorité par l'équipe médicale lors de tout questionnement sur la mise en œuvre, la poursuite ou l'arrêt de traitements et recevra les informations nécessaires pour pouvoir exprimer ce que vous auriez souhaité.

Tout personne de l'entourage (parent, proche, médecin traitant) et qui accepte de jouer ce rôle peut être désignée personne de confiance. Cette désignation doit être proposée au patient obligatoirement dans le cadre d'une hospitalisation ou en établissement d'hébergement pour personnes âgées dépendantes (Ehpad).

Cette désignation se fait par écrit, lors de l'admission ou au cours de l'hospitalisation, sur les formulaires proposés ou à défaut, sur papier libre.

La désignation peut être annulée ou modifiée à tout moment.

Depuis la loi du 26 janvier 2016, la personne de confiance doit donner son accord pour assurer ses missions

9.

La **charte de la personne hospitalisée** est une présentation synthétique des **droits des patients** tels qu'ils sont affirmés par divers textes juridiques (notamment par la loi du 4 mars 2002 relative aux droits des malades et à la qualité du système de santé). L'objectif de cette charte, issue de la circulaire du 2 mars 2006, est de faire connaître de manière simple et concrète aux usagers **accueillis dans les établissements de santé** leurs droits essentiels. La Charte doit donc être portée à la connaissance de chaque personne hospitalisée. On y retrouve les droits suivants :

- Toute personne est libre de choisir son établissement de santé (liberté de choix de l'établissement).
- Les établissements garantissent la qualité de l'accueil, des traitements et des soins (égalité dans l'accueil, le traitement et les soins).
- Le droit à la dignité. Le non-respect de la dignité d'un individu est considéré comme un acte de maltraitance.
- L'information donnée au patient doit être accessible et loyale, claire et appropriée à l'état du patient (droit à l'information).
- Le droit de participer aux choix thérapeutiques et de désigner une personne de confiance
- Le droit au consentement libre et éclairé et le droit au refus des traitements.
- Le droit de rédiger des directives anticipées afin de déterminer ses souhaits en fin de vie.
- La charte précise qu'il existe un régime spécifique en matière de recherche biomédicale.
- Le droit de quitter à tout moment l'établissement (liberté d'aller et venir).
- La personne hospitalisée est traitée avec égards, ses croyances sont respectées.
- Le droit au respect de sa vie privée et à la confidentialité des informations personnelles, administratives, médicales et sociales (droit au secret professionnel).
- Le droit à l'accès direct ou indirect à son dossier médical.
- Toute personne a droit d'être entendue pour exprimer ses griefs et demander réparation dans le cadre d'une procédure de règlement amiable des litiges et/ou devant les tribunaux.

Cas pratique

1.

CENTRE HOSPITALIER DUCHENNE
Rue Jacques Monod
62200 BOULOGNE SUR MER
Service de Chirurgie
Tél. 01 02 03 04 05

Coordonnées du patient :

Nom-Prénom
Adresse Postale

Monsieur,
Dans le cadre de votre suivi post-opératoire, merci de bien vouloir vous présenter

Le jeudi 05 mars 2017 à 8 h 45

1°-aux guichets de facturation externe (situé dans le hall central au RdC) avec les pièces suivantes : Carte d'identité, Carte vitale, Carte mutuelle, vos papiers d'accident du travail.
PUIS
2° Au service de la radiologie (situé au Rd C du bâtiment central) pour faire votre radio de l'épaule droite.
3°Au service des consultations de chirurgie, 3ème porte à droite dans le hall central pour votre consultation prévue à 9H30 avec le Docteur LESOIN chirurgien en vue de votre contrôle post-opératoire.

IMPORTANT : Afin de compléter votre dossier médical, merci de rapporter : l'ordonnance concernant votre traitement médical en cours, vos clichés radiographiques, vos derniers résultats d'analyses.

Si vous ne pouvez venir à cette convocation médicale, merci de bien vouloir nous contacter au : Tél 01 02 03 04 05

2.

Mot erroné dans la copie	Mot juste
polyartralgies	polyarthralgies
Diverticulose sygmoïdiennes	diverticulose sigmoïdienne
Hypertryglycéridémie	hypertriglycéridémie
Trombophlébite	thrombophlébite
Siatalgies	sciatalgies
Dérouilage	dérouillage

Mot erroné dans la copie	Mot juste
Aquiléen	achilléen
médyastinale	médiastinale
Coeliomésantériques	coelio-mésentériques
Illiaques	iliaques
laision	lésion
limphocytaire	lymphocytaire

3. a)

- Primo-infection = La primo-infection tuberculeuse est le résultat de la première contamination par le bacille tuberculeux, qu'on appelle le bacille de Koch .
- Cholécystectomie= ablation de la vésicule biliaire
- Ostéosynthésée = L'ostéosynthèse est la réparation d'une fracture par utilisation de matériel : clou, vis, plaque, fixateur externe...
- TC avec PC = traumatisme crânien avec perte de connaissance
- Myosis = rétrécissement pupillaire
- Acromio-claviculaire = articulation qui relie la partie externe de la clavicule à l'épine de l'omoplate (que l'on appelle l'acromion)
- Dermabrasion = atteinte traumatique du derme avec perte superficielle de la peau
- Coelioscopie = technique chirurgicale qui permet d'explorer et d'accéder à la cavité abdominale.
- Hématome périrénal= amas de sang collecté au niveau du rein.
- Echographie = méthode d'exploration non invasive qui repose sur l'utilisation des ultrasons.

b)

- HIG = Hernie Inguinale Gauche
- ECG = Electrocardiogramme – Tracé écrit de l'activité cardiaque

4. On lui explique que :

- Conformément à La Loi du 4 Mars 2002 dite Loi Kouchner les ayants droits ne pourront consulter le dossier médical que si le patient ne s'y est pas opposé de son vivant et uniquement pour répondre aux motifs suivants :
  - connaitre la cause du décès ;
  - faire valoir un droit ;
  - et/ou défendre la mémoire du défunt.
- D'écrire au Directeur du Centre Hospitalier de ...
- De joindre la copie recto-verso de sa carte d'identité + Lien de parenté
- De bien préciser dans le courrier le motif de la demande (motifs ci-dessus)
- Le secrétariat de la direction vérifiera si la demande est conforme à cette loi, notamment si la demande est bien faite par un « ayant droit » avec une attestation du notaire stipulant que cette personne est « héritière »

- Le délai d'envoi dans les 2 mois suivant la demande est possible car le décès date de plus de 5 ans.
- Le coût des copies lui sera facturé + l'envoi SAUF s'il vient juste consulter le dossier sur place dans le service en présence d'un médecin.

Pour l'AMA quelles actions administratives sont à entreprendre ?

- Attendre la demande de la direction et faire la copie de la carte d'identité du demandeur.
- Faire sortir le dossier médical des archives.
- Demander au Médecin responsable du service de « trier » les documents à photocopier.
- Photocopier les pièces recto-verso demandées. Conserver les originaux dans le dossier médical de l'établissement.
- Etablir le bordereau d'envoi en listant les copies des pièces communiquées
- Adresser ce dossier sous pli confidentiel au secrétariat de la direction concernée en y ajoutant le bordereau listant les différentes pièces copiées pour que ce dossier soit adressé après facturation, en pli recommandé au demandeur.

5. **a)** La procédure de saisie de dossier par un officier judiciaire s'appelle « une réquisition »

La réquisition est l'acte par lequel l'autorité judiciaire et/ou les forces de police ou de gendarmerie adressent une demande afin d'obtenir des informations ou des documents détenus par l'établissement, par exemple tout ou partie du dossier médical.

Rôle de l'hôpital :

Le médecin requis doit en informer la direction de l'hôpital dans les meilleurs délais

Le médecin doit se faire présenter la carte professionnelle du policier.

L'administrateur de garde doit être avisé de la présence du fonctionnaire. Ce dernier sera accompagné par l'administrateur de garde à l'intérieur de l'hôpital.

Le praticien hospitalier ou le chef de service ou de pôle doivent être présents lors de la remise des documents médicaux. Les pièces médicales saisies sont placées sous scellés avec un inventaire.

b) La secrétaire doit procéder comme suit après avoir été avertie par le Médecin.

Rôle de la secrétaire médicale :

- Numéroter toutes les pages du dossier médical recto-verso AVANT de faire la copie intégrale du dossier médical saisi.
- Faire la copie intégrale de toutes les pièces recto-verso du dossier médical du patient : une copie des pièces ou du dossier médical dans son entier doit être systématiquement effectuée et conservée au sein du service d'origine. Cette copie servira notamment en cas de sollicitation ultérieure par le patient des informations médicales le concernant. Elle est également essentielle à la défense des intérêts de l'établissement et des praticiens, pour le cas d'une mise en cause pénale ultérieure. Si le patient est sorti de l'établissement, la copie du dossier médical doit être classée au service des archives médicales après la saisie.

6.

cerfa

n° 11574 *04

Prescription médicale de transport

(articles L. 162-4-1 2°, L. 321-1 2°, L. 322-5, L. 432-1, R. 322-2 et R. 322-10 à R. 322-10-7 du Code de la sécurité sociale)

Volet 1 à adresser au contrôle médical, sous enveloppe, à l'attention de "M. le Médecin-Conseil"

la personne bénéficiaire du transport et l'assuré(e)

- **Personne bénéficiaire du transport** *(les nom et prénom du bénéficiaire sont à compléter obligatoirement par le prescripteur)*

nom et prénom *(nom de famille (de naissance) suivi du nom d'usage (facultatif et s'il y a lieu))* Mr PAUL Gustave

numéro d'immatriculation 1 79 02 .. ------

nom et n° du centre de paiement ou de la section mutualiste (pour les salariés) ou nom et n° de l'organisme conventionné (pour les non salariés)

date de naissance 29 02 1979

adresse 15 Rue de l'Océan - 62200 BOULOGNE / MER

- **Assuré(e)** *(à remplir si la personne qui bénéficie du transport n'est pas l'assuré(e))*

nom et prénom *(nom de famille (de naissance) suivi du nom d'usage (facultatif et s'il y a lieu))*
numéro d'immatriculation } idem

- Ce transport est-il en rapport avec un accident causé par un tiers ? non ☐ oui ☐ date de l'accident

la prescription médicale

❶ **Dans quelle situation permettant la prise en charge du transport se trouve votre patient ?** *(plusieurs choix possibles)*

- entrée ou sortie d'hospitalisation (complète, partielle ou ambulatoire), y compris séances de chimiothérapie, radiothérapie et hémodialyse ☒
- transport en lien avec une affection de longue durée avec déficience ou incapacité - ALD exonérante ☐ ALD non exonérante ☐
- transport lié à un accident du travail ou une maladie professionnelle ☒ date de l'AT/MP 31 01 2017

❷ **Quel mode de transport prescrivez-vous au regard de l'état de santé et d'autonomie de votre patient ?**

- transport en ambulance justifié par la nécessité *(cochez la(les) case(s) correspondante(s))* :
  d'être en position allongée ou demi-assise ☐ d'une surveillance par une personne qualifiée ☐ d'administration d'oxygène ☐
  d'un brancardage ou d'un portage ☐ d'une asepsie rigoureuse ☐
- transport assis professionnalisé (VSL, taxi conventionné) ☒ si l'état du patient permet un transport partagé, cochez la case ☐
- moyen de transport individuel ☐
- transport en commun terrestre ☐ } si l'état de santé du patient nécessite une personne accompagnante, cochez la case ☐

- **Quel trajet doit effectuer le patient ?** *(précisez l'adresse du lieu de départ et du lieu d'arrivée, si hors domicile, ainsi que le nom de la structure de soins)*

départ
- domicile ☐
- autre lieu :
- structure de soins : Centre Hospitalier

arrivée
- domicile ☒ 15 Rue de l'Océan à Boulogne / Mer
- autre lieu :
- structure de soins :

transport aller-retour ☐ ❸ nombre de transports itératifs

❹ **Urgence :** appel du SAMU-centre 15 ☐ ou autres ☐ *(précisez)* :

❺ **Eléments d'ordre médical** *(précisez la nature de l'examen ou des soins justifiant le déplacement)* **et commentaires éventuels**

- transport vers un centre de référence dédié à la prise en charge des maladies rares ☐

❻ **Cas particuliers d'exonération du ticket modérateur** oui ☐ non ☐

- Ce transport est-il lié à des soins dispensés au titre d'une pension militaire d'invalidité ? oui ☐ non ☐
  (article L.115 du Code des pensions militaires d'invalidité et des victimes de guerre)

Identification du prescripteur et de la structure dans laquelle il exerce

nom et prénom
Docteur LESOIN - Praticien Hospitalier
SERVICE de CHIRURGIE ORTHOPEDIQUE
CENTRE HOSPITALIER DUCHENNE
62200 BOULOGNE / MER

identifiant *(n° RPPS)* 0923456789 1

raison sociale
adresse

n° structure *(AM, FINESS ou SIRET)*

signature ×

date 05 02 2017

La loi 78.17 du 6.1.78 modifiée relative à l'informatique, aux fichiers et aux libertés s'applique aux réponses faites sur ce formulaire. Elle garantit un droit d'accès et de rectification pour les données vous concernant.
La loi rend passible d'amende et/ou emprisonnement quiconque se rend coupable de fraudes ou de fausses déclarations en vue d'obtenir ou de tenter d'obtenir des avantages indus (articles 313-1 à 313-3, 433-19, 441-6 et 441-7 du Code pénal).
En outre, l'inexactitude, le caractère incomplet des déclarations ou l'absence de déclaration d'un changement de situation dans le but d'obtenir le versement de prestations indues, peuvent faire l'objet d'une pénalité financière en application de l'article L. 162-1-14 du Code de la sécurité sociale.

S3138d

7.

- Splénomégalie = augmentation du volume de la rate.
- Encéphalite = inflammation de l'encéphale (partie du cerveau).
- Hypernatrémie = augmentation du taux de sodium dans le sang.
- Hépatalgie = douleur au niveau du foie.
- Lymphangite = inflammation des vaisseaux transportant la lymphe.

8.

a) Depuis 2016 (Loi Marisol TOURAINE) Le patient doit repartir du service avec une lettre de liaison, complétée si besoin dans les 8 jours maximum par l'envoi d'un compte rendu d'hospitalisation détaillé et les résultats d'analyse complémentaires.

b) IPAQSS = Indicateur pour l'Amélioration de la Qualité et de la Sécurité des Soins

c) L'HAS = Haute autorité de santé

d) La Haute autorité de santé (HAS) est une autorité publique indépendante à caractère scientifique, créée par la loi du 13 août 2004 relative à l'Assurance Maladie.

Admissibilité
Sujet original

Série de questions

Difficulté : ★★★ 3 heures • Coefficient 2

Répondre en quelques lignes aux questions suivantes :

1. Définissez les acronymes suivants : JLD, HPST, SDRE, T2A, CHSCT, CSIRMT
2. Quels sont les organes décisionnels à l'hôpital ?
3. Comment s'organisent les pôles dans les établissements publics de santé ?
4. Définissez les directives anticipées.
5. Qui peut consulter le dossier médical d'un patient ?
6. Qu'est-ce que le GHT ?
7. Quels sont les critères d'identitovigilance à prendre en compte pour la création d'un dossier en consultation externe ?
8. Qu'est-ce que la certification ?

Cas pratique

Difficulté : ★★★ 3 heures • Coefficient 3

1. (*20 points*)

Vous êtes AMA dans un service d'hospitalisation, le médecin vous a dicté le courrier d'hospitalisation de Monsieur XY, 62 ans.
Donnez la définition des termes soulignés (à reporter sur votre copie)

Monsieur XY, 62 ans est hospitalisé dans le service pour douleur thoracique d'apparition brutale.

Antécédents :

- Cholécystite opérée en 2000
- Méningite virale sans séquelle il y a 25 ans
- Hypothyroïdie traitée
- Agoraphobie

Histoire de la maladie :

Apparition d'une douleur thoracique brutale sans prodrome, en coup de poignard, associée à une polypnée et à une tachycardie.

Examen clinique :

Patient sans altération de l'état général, se plaignant d'une douleur basithoracique droite. Tension artérielle 14/7, fréquence cardiaque 130/min. Fréquence respiratoire 25/min.

L'auscultation pulmonaire et cardiaque est normale. Abdomen souple sans hépatomégalie. Les pouls sont tous perçus aux membres inférieurs. Le mollet gauche est douloureux et a augmenté de volume. Le patient indique qu'il en est ainsi depuis 72 h.

Examens complémentaires :

- E.C.G: tachycardie sinusale. Pas de signe d'ischémie myocardique.
- Radiographie pulmonaire normale. Pas d'image en faveur d'un pneumothorax.
- L'écho Doppler des membres inférieurs met en évidence une phlébite profonde, à gauche, remontant jusqu'à la veine iliaque.
- Le diagnostic d'embolie pulmonaire sur phlébite est donc envisagé. La scintigraphie pratiquée va confirmer cette hypothèse en mettant en évidence une amputation de 30% du champ pulmonaire droit. Un traitement anticoagulant est mis en œuvre.

Evolution dans le service :

- Amélioration rapide des troubles sous traitement symptomatique.
- Bilan étiologique de la phlébite : bilan de coagulation normal.
- L'examen tomodensitométrique pratiqué retrouve des images évoquant un carcinome péritonéal.
- Le parenchyme hépatique est indemne. Le patient est transféré en service de chirurgie pour subir une laparotomie.

2. (*15 points*)

a) Complétez sur le modèle joint la fiche de poste d'une AMA.

b) À quoi sert la fiche de poste ?

c) Rédigez en quelques lignes un courrier à Monsieur DUPONT listant tous les documents et les informations nécessaires à son rendez-vous de consultation d'anesthésie préopératoire.

3. (*10 points*)

Règles de la correspondance médicale :

Aux termes de l'article R1112-2 le dossier médical est constitué pour chaque patient hospitalisé dans un établissement de santé public ou privé. Ce dossier contient un minimum d'éléments, pouvez-vous en citer au moins 10 ?

4. (*10 points*)

Questions d'ordre général :

- Expliquez en quelques lignes ce qu'est le DMP.
- Expliquez en quelques lignes ce veut dire PMSI.
- À quoi sert le PMSI ?
- Que voulait dire CMU (de base) ? Par quoi est-elle remplacée depuis Janvier 2016 ?
- Qui peut en bénéficier ?

	Fiche de poste	Indice de version : Date d'application :
Gestion des Emplois et Compétences		Page : 1 / 3

FICHE DE POSTE

IDENTIFICATION DU POSTE :

SERVICE :

GRADE :

POSTE :

CODE RÉPERTOIRE DES MÉTIERS :

DIPLÔME REQUIS :

CONNAISSANCES SOUHAITÉES :

PRÉSENTATION DU SERVICE D'AFFECTATION :

DESCRIPTION DES ACTIVITÉS :

	Fiche de poste	Indice de version : Date d'application :
Gestion des Emplois et Compétences		Page : 2 / 3

MODALITÉS D'EXERCICE :

Lieu de travail : Hôpital… **Horaires :**

Secrétariat situé au…

RELATIONS PROFESSIONNELLES :

1) **AU SEIN DU SERVICE :**

2) AVEC D'AUTRES SERVICES

3) AVEC L'EXTÉRIEUR :

ENVIRONNEMENT DU POSTE :

Équipement :

FORMATIONS :

	Fiche de poste	Indice de version : Date d'application :
Gestion des Emplois et Compétences		Page : 3 / 3

POSITION DU POSTE DANS L'ORGANIGRAMME :

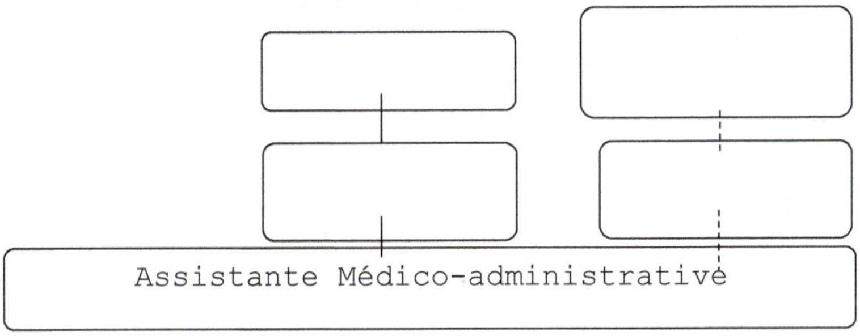

Dans l'organigramme le trait plein = lien hiérarchique – le trait discontinu = lien fonctionnel

OBSERVATIONS :

Savoir-faire :

Savoir être :

Rédaction	Vérification	Approbation
Fonction **Nom :** **Date :**	**Fonction** **Nom :** **Date :**	**Fonction :** **Nom :** **Date :**

2

Les établissements de santé garantissent la qualité de l'accueil, des traitements et des soins

Les établissements de santé assurent les examens de diagnostic, la surveillance et le traitement des malades, des blessés et des femmes enceintes en tenant compte des aspects psychologiques de chacun d'eux. Ils leur dispensent les actes de prévention, d'investigation de diagnostic ou de soins – curatifs ou palliatifs – que requiert leur état et ne doivent pas, en l'état des connaissances médicales, leur faire courir des risques disproportionnés par rapport au bénéfice escompté. Par ailleurs, ils veillent à **la continuité des soins** à l'issue de leur admission ou de leur hébergement.

La dimension douloureuse, physique et psychologique de la prise en charge des personnes hospitalisées, ainsi que le soulagement de leur souffrance, constituent une préoccupation constante de tous les intervenants.
Tout établissement doit se doter des moyens propres à organiser **la prise en charge de la douleur** des personnes qu'il accueille.
Une brochure intitulée « Contrat d'engagement contre la douleur » doit être remise à chaque personne hospitalisée. L'évolution des connaissances scientifiques et techniques, ainsi que la mise en place d'organisations spécifiques, permettent d'apporter, dans la quasi totalité des cas, un soulagement des douleurs, qu'elles soient chroniques ou non, qu'elles soient ressenties par des enfants ou des adultes.
Une attention particulière doit être portée au soulagement des douleurs des personnes en fin de vie.

Lorsque les personnes sont parvenues au terme de leur existence, l'établissement met tout en œuvre pour leur assurer **une vie digne jusqu'à la mort.** À cet égard, la prise en compte de leur volonté est essentielle (cf. infra IV). Elles reçoivent des soins d'accompagnement qui répondent à leurs besoins spécifiques tant physiques que psychologiques. Elles sont accompagnées, si elles le souhaitent, par leur famille ou leurs proches et les personnes de leur choix (en particulier la personne de confiance qu'elle aura désignée) et, naturellement, par le personnel et les bénévoles intervenant dans l'établissement. En cas de décès imminent, l'établissement s'attachera à prévenir la personne de confiance, la famille ou, à défaut, les proches, dans un délai leur permettant d'avoir la possibilité d'accompagner la personne lors de ses derniers moments. L'entourage bénéficie également d'un soutien[2].

En cas de décès dans l'établissement de santé, la dépouille de la personne décédée est déposée dans la chambre mortuaire de l'établissement ou, à défaut, dans celle d'un autre établissement. En l'absence de chambre mortuaire, le défunt peut être transféré hors de l'établissement dans une chambre funéraire à la demande de la famille ou à la demande du directeur de l'établissement, s'il lui a été impossible de joindre la famille dans un délai de dix heures à compter du décès. Lorsque le transfert en chambre funéraire a été demandé par le directeur de l'établissement, les frais résultant du transport sont à la charge de l'établissement ainsi que les frais dits de séjour, dans la limite des trois premiers jours suivant l'admission.

(2) La circulaire DHOS/O2/DGS/SD5D/2002/98 du 19 février 2002 constitue en ce domaine une référence en matière d'organisation des soins d'accompagnement.

l'Assurance Maladie — Centre d'Examens de Santé

LABORATOIRE D'ANALYSES MEDICALES

N° SAGES : **8075** , Demande n° 05 -1-0011 -SAGEC-
Mr. XY — Le lundi 5 février ...
Date de naissance :
Date de prelevement : 05/02/...
Médecin prescripteur: Dr

Hématologie Sysmex XT 1800i Techniques: impédancimétrie et cytométrie en flux

	Résultat	Valeurs de référence	Antériorités
✔ Hémogramme			
Hématies	4,77 téra/L	3.8 à 5.9	
Hémoglobine	139 g/L	115 à 175	
Hématocrite	0,426	0.34 à 0.53	
V.G.M.	89,30 fl	76 à 96	
T.C.M.H	29,1 picog/L	24.4 à 34	
C.C.M.H.	32,6 g/dL	31 à 36	
Leucocytes	4,63 giga/L	3.8 à 11	
Formule Leucocytaire:			
Polynucléaires neutrophiles en %	56,4 %		
Polynucléaires neutrophiles	2 610,00 /mm3	1400 à 7700	
Polynucléaires éosinophiles en %	2,8 %		
Polynucléaires éosinophiles	130,00 /mm3	20 à 580	
Polynucléaires basophiles en %	0,4 %		
Polynucléaires basophiles	20,00 /mm3	0 à 110	
Lymphocytes en %	30,5 %		
Lymphocytes	1 410,00 /mm3	1000 à 4800	
Monocytes en %	9,9 %		
Monocytes	460,00 /mm3	150 à 1000	
Plaquettes	325 giga/L	150 à 445	

Biochimie Sanguine AU 400 Beckman Coulter

	Résultat	Valeurs de référence	Antériorités
✔ Aspect du sérum	Limpide		
✔ Glycémie (hexokinase)	5,57 mmol/L	4.20 à 6.10	
	1,00 g/L	0.75 à 1.09	
✔ Créatinine (Créatinine enzymatique)	56 µmol/L	49 à 90	
	6,33 mg/L	5.39 à 9.9	
Age	65 ans		
✔ Débit de filtration Glomérulaire	94 mL/min/1.7	> 60	
✔ Triglycérides (GPO PAP)	1,37 mmol/L	0.28 à 1.94	
	1,20 g/L	0.24 à 1.68	

Calculé par la méthode CKD-EPI. (Cette méthode n'est pas validée pour les patients de type non caucasiens, de plus de 75 ans, obèses et/ou dénutris).

Centre d'Examens de Santé — ameli.fr — Réf. 1201 - 10/2012 — Page 1

Éléments de réponses

Série de questions

1.

JLD : Juge des libertés et de la détention.

HPST : Hôpital, patient, santé, territoire.

SDRE : Soin sur demande du représentant de l'État.

T2A ou TAA : Tarification à l'activité.

CHSCT : Comité d'hygiène, de sécurité et des conditions de travail.

CSIRMT : Commission de soin infirmier, rééducation médicotechnique.

2.

Il y a deux organes décisionnels à l'hôpital : le Conseil de surveillance et le directeur.

Le Conseil de surveillance a remplacé le conseil d'administration depuis la loi HPST. Ses missions sont recentrées sur les orientations stratégiques et le contrôle permanent de la gestion de l'établissement.

Le conseil de surveillance comprend 15 membres répartis de manière égalitaire en trois catégories : des représentants des collectivités territoriales, des représentants du corps médical et des personnels hospitaliers, des personnes qualifiées et des représentants des usagers.

Il communique au directeur général de l'agence régionale de santé (DGARS) ses observations sur le rapport annuel présenté par le directeur et sur la gestion de l'établissement.

Il opère à tout moment les vérifications et les contrôles qu'il juge opportuns et peut se faire communiquer les documents qu'il estime nécessaires à l'accomplissement de sa mission.

Le Code de la santé publique lui attribue 8 points de compétences. Il délibère par exemple sur le projet d'établissement, le compte financier et l'affectation des résultats ou encore sur le rapport annuel d'activité présenté par le directeur.

Enfin, le conseil de surveillance a également un rôle consultatif, il donne notamment son avis sur la politique d'amélioration continue de la qualité, de la sécurité des soins et de la gestion des risques ainsi que les conditions d'accueil et de prise en charge des usagers ou encore sur règlement intérieur de l'établissement.

C'est donc une instance qui, depuis 2009, a perdu des missions de gestion au profit du directeur d'établissement.

Le directeur est chef d'établissement, il est le représentant légal de l'établissement et exécute les décisions du Conseil de surveillance. Il assure le règlement des affaires générales de l'établissement. Il est responsable du maintien du bon ordre et de la discipline de l'établissement. Il met en œuvre le projet d'établissement, voté par le Conseil de surveillance et est chargé de l'animation et la coordination des actions.

Le directeur est le seul ordonnateur des dépenses publiques. Il est le seul à pouvoir déléguer sa signature, il a autorité sur l'ensemble de son personnel.

Depuis la loi de modernisation de notre système de santé du 26 janvier 2016, par dérogation, le directeur de l'établissement support du groupement hospitalier de territoire (GHT) et exerce des compétences pour le compte des établissements de santé parties au groupement hospitalier de territoire (c'est le cas sur les 7 fonctions mutualisées : achat, formation, SIH, DIM, laboratoire médical, pharmacie à usage intérieur et imagerie).

Le directeur, après concertation du directoire, a un pouvoir décisionnel. À titre d'exemple, il signe les CPOM, les contrats de pôle, décide, conjointement avec le président de la CME, de la politique d'amélioration continue de la qualité et de la sécurité des soins ainsi que les conditions d'accueil et de prise en charge des usagers. Il décide également de l'organisation du travail et des temps de repos, à défaut d'un accord avec les organisations syndicales, arrête le bilan social, fixe l'EPRD, le plan global de financement pluriannuel et les propositions de tarifs de prestations, présente à l'ARS un éventuel plan de redressement, etc.

Enfin, le président du directoire, le directeur, possède un pouvoir de nomination sur les chefs de pôle, responsables de structure interne, membres du directoire et propose la nomination des PH au CNG.

À noter

Le directoire est souvent présenté comme une instance décisionnelle car il est politiquement très influent. Pour autant, juridiquement, c'est une instance de concertation.

3.

Les EPS « définissent **librement** leur organisation interne » (principe maintenu).

Le **chef d'établissement** a désormais compétence pour définir l'organisation **en pôles d'activités** en conformité avec le **projet médical**, et **après avis** du président CME, et dans les CHU du doyen (ce n'est plus le CA).

Tous les hôpitaux publics se conforment à cela. Toutefois, la DG de l'ARS peut autoriser un établissement à ne pas créer de pôles lorsque l'effectif médical ne le justifie pas.

Le directeur signe avec le chef de pôle un contrat de pôle précisant les objectifs et les moyens du pôle, après avis, pour les pôles d'activité clinique et médico-technique, du président de la CME pour vérifier la cohérence du contrat avec le projet médical.

Le contrat définit **les objectifs**, notamment en matière de politique et de qualité des soins, assignés au pôle ainsi que les moyens qui lui sont attribués. Le contrat précise éventuellement les modalités d'intéressement du pôle aux résultats de sa gestion.

Le contrat précise le rôle du chef de pôle dans les domaines suivants :

- gestion du tableau prévisionnel des effectifs rémunérés et répartition des moyens humains affectés entre les structures internes du pôle ;
- gestion des tableaux de service des PM et PNM ;
- définition profils de poste PM et PNM ;
- proposition au directeur de recrutement personnel non titulaire du pôle ;
- affectation des personnels au sein du pôle ;

- organisation de la continuité des soins, notamment de la permanence médicale ou pharmaceutique ;
- participation à l'élaboration du plan de formation des personnels médicaux et des personnels non médicaux.

Le contenu du contrat de pôle doit responsabiliser le chef de pôle en précisant les conditions de son implication dans la gestion.

4.

Toute personne majeure peut rédiger des directives anticipées pour le cas où elle serait un jour hors d'état d'exprimer sa volonté. Ces directives anticipées expriment la volonté de la personne relative à sa fin de vie en ce qui concerne les conditions de la poursuite, de la limitation, de l'arrêt ou du refus de traitement ou d'actes médicaux.

Les directives anticipées sont révocables à tout moment.

Elles ont une valeur contraignante pour le médecin.

Elles s'imposent au médecin pour toute décision d'investigation, d'intervention ou de traitement, sauf en cas d'urgence vitale pendant le temps nécessaire à une évaluation complète de la situation et lorsque les directives anticipées apparaissent manifestement inappropriées ou non conformes à la situation médicale.

La décision de refus d'application des directives anticipées, jugées par le médecin manifestement inappropriées ou non conformes à la situation médicale du patient, est prise à l'issue d'une procédure collégiale définie par voie réglementaire et est inscrite au dossier médical. Elle est portée à la connaissance de la personne de confiance désignée par le patient ou, à défaut, de la famille ou des proches.

5.

L'article L. 1111-7 du Code de la santé publique reconnaît au patient majeur le droit d'accès à l'ensemble des informations communicables concernant sa santé.

En dehors du patient lui-même, plusieurs personnes bénéficient d'un droit d'accès à son dossier médical. Il s'agit :

- de son représentant légal si le patient est mineur (sauf cas particulier : le mineur a demandé le secret ou le mineur s'oppose à l'accès direct) ;
- du tuteur pour les majeurs protégés (s'agissant du curateur, la CADA impose l'accord du patient majeur) ;
- de tout médecin désigné par le patient ;
- des ayants droit du patient après son décès si le majeur ne s'y est pas opposé de son vivant et si le motif est :
  - de connaître la mort du défunt ;
  - et/ou faire valoir un droit ;
  - et/ou de défendre la mémoire du défunt.
- du mandataire à condition de fournir le mandat et de prouver son identité ;
- du médecin prescripteur d'une hospitalisation avec l'accord du patient.

6.

Le Groupement Hospitalier de Territoire a « pour objet de permettre aux établissements de mettre en œuvre une stratégie de prise en charge du patient commune et graduée dans le but d'assurer une égalité d'accès à des soins sécurisés et de qualité. Il assure la rationalisation des modes de gestion par une mise en commun de fonctions ou par des transferts d'activités entre établissements ».

L'objectif premier du GHT sera de mettre en œuvre un **projet médical partagé entre les membres qui sont des établissements publics de santé**, sur un territoire donné, en coordonnant la place de chacune des structures hospitalières de celui-ci.

Le GHT est obligatoire, il en existe 135 validés par la tutelle.

Le GHT n'étant pas doté de personnalité morale, chaque établissement gardera ses instances propres, même si le pilotage des GHT est organisé par les textes.

Un établissement dit « support » assurera, pour le compte des établissements membres, la gestion d'un système d'information, celle d'un département de l'information médicale de territoire, la fonction achats ainsi que la coordination des instituts et écoles de formation paramédicale et des plans de formation continue et de développement professionnel continu des personnels des établissements du groupement.

Enfin, sous couvert de coopération médicale, les directions auront la « possibilité » de mettre en place des pôles de soins inter-établissements.

7.

La première consultation d'un patient externe donne lieu à l'ouverture d'un dossier administratif comportant des informations relatives à son identité et à la couverture sociale dont il bénéficie.

Afin de bénéficier d'une prise en charge totale ou partielle, le patient doit présenter à l'accueil les documents suivants :

- sa carte Vitale et l'attestation accompagnant cette dernière ;
- une pièce d'identité en cours de validité : carte d'identité, passeport, livret de famille, carte de séjour...
- sa carte de mutuelle, le cas échéant ;
- tout document justifiant d'une situation particulière : carnet de soins pour les personnes pensionnées de guerre, carnet de maternité, feuillet d'accident du travail, ordonnancier, attestation d'AME et, pour les bénéficiaires de la couverture maladie universelle (CMU) : attestation d'affiliation à l'assurance-maladie, ainsi que la carte Vitale indiquant les droits à un régime de protection de santé complémentaire ;
- l'attestation de déclaration du médecin traitant (dans le cadre du parcours de soins coordonné) ;
- le cas échéant, le dossier remis par le médecin traitant ou hospitalier (lettre, radios, compte-rendu d'examen, d'analyse, etc.).

Ces documents permettent de vérifier les coordonnées et l'identité du patient.

À chaque passage du patient, le premier geste administratif consiste à rechercher son identité dans le système informatique. Le risque de créer un doublon ou de produire une collision est très prévalant à cette étape. La recherche de l'antériorité d'un patient (patient déjà inscrit) se base sur les traits stricts de l'identité et est à réaliser dans l'ordre suivant : date de naissance, nom de famille (nom de naissance) puis le(s) prénom(s). Ces données sont à confirmer par une pièce d'identité officielle et valide.

Il est également important de suivre les règles d'écriture identifiées par l'établissement (majuscule, pas de tiret, nom de naissance, etc.).

8.

L'ordonnance n° 96-346 du 24 avril 1996 portant réforme hospitalière introduit la certification au sein du système de santé français.

La certification est une procédure d'évaluation externe d'un établissement de santé indépendante de l'établissement et de ses organismes de tutelle. Des professionnels de santé mandatés par la HAS réalisent les visites de certification sur la base d'un manuel. Ce référentiel permet d'évaluer le fonctionnement global de l'établissement de santé.

Mise en œuvre par la HAS, la procédure de certification s'effectue tous les 4 ans. Son objectif est de porter une appréciation indépendante sur la qualité des prestations d'un établissement de santé.

Elle concerne :

- les établissements de santé publics et privés ;
- les installations autonomes de chirurgie esthétique ;
- les Groupements de coopération sanitaire.

La HAS a choisi pour la procédure de certification V2014 une approche par thématique pour la certification aussi bien pour l'élaboration du compte qualité que pour les audits de processus. Une liste de thématiques a été établie.

Cas pratique

1.

1-CHOLECYSTITE : inflammation de la vésicule biliaire.

2-HYPOTHYROIDIE : imprégnation insuffisante des hormones thyroïdiennes (thyroïde : glande endocrine cervicale régulant de nombreux systèmes hormonaux).

3-AGORAPHOBE : personne ayant peur des grands espaces, de la foule- du grec AGORA = place publique et PHOBOS (phobie)= peur.

4-PRODROME : sans signe précurseur, sans symptôme avant- coureur.

5-POLYPNEE : augmentation de la fréquence de la respiration avec diminution du volume courant.

6-TACHYCARDIE : accélération du rythme cardiaque, des battements du coeur (supérieurs à 100 battements/minute).

7-HEPATOMEGALIE : augmentation du volume du foie.

8-ECG : électro cardiogramme « enregistrement de l'activité du cœur par un tracé papier de l'activité électrique ».

9-ISCHEMIE MYOCARDIQUE : arrêt ou insuffisance de l'apport de sang dans le muscle du coeur.

10-PNEUMOTHORAX : épanchement (présence) d'air dans la cavité thoracique.

11-ECHO-DOPPLER : examen médical non invasif par ultrasons qui sert à détecter les anomalies des artères ou des veines.

12-PHLEBITE : inflammation d'une veine avec possible présence d'un caillot= c'est un trouble cardio-vasculaire.

13-EMBOLIE (pulmonaire) : obstruction d'une ou de deux artères pulmonaires par un caillot.

14-SCINTIGRAPHIE : Image obtenue après injection d'un produit radioactif d'un organe, d'un tissu, méthode d'imagerie médicale.

15-Traitement SYMPTOMATIQUE : traitement qui supprime ou atténue les symptômes d'une maladie sans pour autant s'attaquer à sa cause (pour soulager).

16-ÉTIOLOGIE : étude des causes de la maladie.

17-EXAMEN TOMODENSITOMETRIQUE: (Scanner) examen qui donne des images en coupe d'un organe . Il est plus précis qu'une radio notamment sur la localisation ou l'étendue de la lésion.

18-CARCINOME PERITONÉAL : tumeur maligne du péritoine.

19-PARENCHYME HÉPATIQUE : tissu du foie, (composant fonctionnel du foie).

20- LAPAROTOMIE : ouverture de la paroi abdominale.

2.

a) Voir les documents ci-après pages 237 à 239

b) C'est un document institutionnel :

- elle est rédigée d'après la fiche métier de la fonction publique hospitalière (pour les AMA code 40 L20) ;
- elle précise les missions de l'AMA sur le poste qu'elle occupe (secteur des consultations externes, secteurs d'hospitalisations, plateaux techniques) ;
- elle est jointe aux parutions de postes vacants en interne ;
- elle peut être communiquée au Pôle Emploi lors du recrutement en externe ;
- elle sert à l'évaluation (entretien professionnel), c'est un outil de valorisation ;
- elle peut être demandée par les Experts de l'HAS lors de la Certification de l'Établissement ;
- elle doit être datée ;
- elle doit être validée, signée .
- elle doit être actualisée régulièrement.

Je dois m'adapter à ma fiche de poste puisqu'il y a des évolutions...

	Fiche de poste	
		Page : 1 / 3

FICHE DE POSTE

La fiche de poste décrit les missions, les moyens mis à disposition, les conditions de travail et les spécificités du poste dans un service déterminé.

IDENTIFICATION DU POSTE :

SERVICE : Consultations de Médecine GRADE : AMA
POSTE : secrétaire médicale
CODE RÉPERTOIRE DES MÉTIERS : 40 L 20
DIPLÔME REQUIS : BAC SMS – ST 2S
CONNAISSANCES SOUHAITÉES :

- **Connaissance du métier d'AMA (bureautique, parfaite maîtrise de la terminologie médicale et de l'orthographe)**
- **Connaissance de l'organisation hospitalière**
- **Connaissance de la réglementation, droits des patients**
- **Expérience antérieure dans le domaine du secrétariat**

PRÉSENTATION DU SERVICE D'AFFECTATION :

Cette présentation permet d'identifier les missions principales du service.

Consultations de Médecine (gastro-entérologie, diabétologie, endocrinologie, nutrition-obésité), examens en rapport avec la gastro-entérologie : fibroscopies gastriques, coloscopies (faites au bloc opératoire), recto-sigmoïdoscopies, gastrostomies.

DESCRIPTION DES ACTIVITÉS :

Ces activités sont décrites de manière synthétique et concise. (L'emploi de verbes conjugués au présent est requis pour éviter toute confusion ou approximation. Exemple : encadre, contrôle, gère, assure, anime…).

Gère l'Accueil téléphonique et physique ;
Gère les rendez-vous de consultations et d'examens du plateau technique ;
Saisit les différents courriers et comptes-rendus ;
Saisit le programme des examens prévus au bloc opératoire ;
Prépare les consultations du lendemain (récupère les dossiers dans les services) ;
Fait la liaison avec les différents intervenants (Cadres du bloc, des services…) ;
Classe les différents résultats d'examens dans les dossiers et classement au service des archives ;
Saisit les statistiques ;
Saisit les actes CCAM

	Fiche de poste	
		Page : 2 / 3

MODALITÉS D'EXERCICE :

Lieu de travail : Centre Hospitalier de…

Ouverture du secrétariat de : 8 h à 17 h du lundi au vendredi

Secrétariat des consultations externes :
situé au niveau du plateau technique au RdC

RELATIONS PROFESSIONNELLES :

1) **AU SEIN DU SERVICE** : Médecins, Infirmières, Aides-Soignantes, Cadre de santé et Secrétaires,

2) **AVEC D'AUTRES SERVICES** : Différents secrétariats, Médecins, Infirmières, Services de logistique, reprographie, facturation des soins externes, service économique - Direction des Usagers - Vaguemestre - Archives médicales - Service Qualité - Service Juridique - DIM (département d'Information Médicale)

3) AVEC L'EXTÉRIEUR : Patients, Secrétariats Médicaux, autres établissements de Santé, Assurance Maladie, Transports sanitaires…

ENVIRONNEMENT DU POSTE :

Il convient :

- ✓ de préciser les expositions qui par leur niveau et leur caractère récurrent peuvent avoir des conséquences (bruit, poussière, chaleur…)
- ✓ de décrire les équipements obligatoires pour le poste (chaussures de sécurité, casque antibruit, masques…)

Secrétariat spacieux, avec fenêtres dans les nouveaux locaux au rez-de-chaussée.
Secrétariat soumis au passage des différents services.
Port de la tenue réglementaire (tunique/blouse blanche)

Équipement : 3 ordinateurs - lecteurs de cassettes - Fax - Téléphone - Imprimante - Chariots pour transport des dossiers médicaux.

FORMATIONS : sur les logiciels internes - Identitovigilance - DMP (dossier médical partagé)

	Fiche de poste	
		Page : 3 / 3

POSITION DU POSTE DANS L'ORGANIGRAMME :

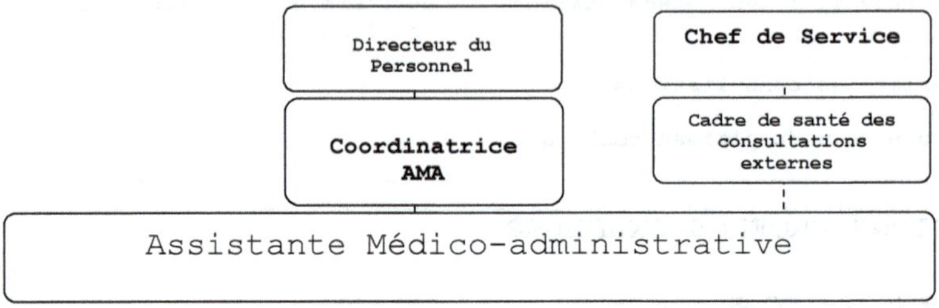

OBSERVATIONS : (Cette rubrique permet de décrire les spécificités et/ou exigences particulières du poste).

Ce poste exige une rapidité d'exécution du fait de la charge de travail (frappe des comptes-rendus en temps réel), de la disponibilité et de la courtoisie à l'égard des patients (accueil permanent des patients dans le bureau).

Rédaction	Vérification	Approbation
Fonction : Secrétaires	Fonction : Cadre de Santé Consultations Externes et Coordinatrice AMA	Fonction : Chef de Pôle/Chef de Service
Nom :	Nom :	Nom :
Date : mai 2016	Date : mai 2016	Date : mai 2016

c) Proposition d'un modèle de convocation à adresser à la patiente :

CENTRE HOSPITALIER DE ......
Service d'Anesthésie
Tél 01 23 45 67

Merci de bien vouloir vous présenter (il n'est pas utile d'être à jeun)

Le JEUDI 18 OCTOBRE 2017 à 9H 15

1°-aux guichets de facturation externe (situé dans le hall central au Rd C) avec les pièces suivantes : Carte d'identité, Carte vitale, Carte mutuelle.
PUIS
2°- Au 1er étage du bâtiment A, 3e porte sur votre gauche.
Pour une consultation avec le médecin Anesthésiste en vue de votre prochaine intervention chirurgicale.

IMPORTANT : Afin de compléter votre dossier médical, merci de rapporter : l'ordonnance concernant votre traitement médical en cours, vos clichés radiographiques, vos derniers résultats d'analyses.

Si vous ne pouvez- vous présenter à cette convocation médicale, merci de bien vouloir contacter notre secrétariat au : 01 23 45 26 30.

3.

La composition et la tenue du dossier médical

Le principe : le contenu du dossier médical est fixé par voie réglementaire.

Ainsi aux termes de l'article R1112-2 :

Un dossier médical est constitué pour chaque patient hospitalisé dans un établissement de santé public ou privé. Ce dossier contient au moins les éléments suivants ainsi classés :

1. Les informations formalisées recueillies lors des consultations externes dispensées dans l'établissement, lors de l'accueil au service des urgences ou au moment de l'admission et au cours du séjour hospitalier et notamment :

a) La lettre du médecin qui est à l'origine de la consultation ou de l'admission ;

b) Les motifs d'hospitalisation ;

c) La recherche d'antécédents et de facteurs de risque ;

d) Les conclusions de l'évaluation clinique initiale ;

e) Le type de prise en charge prévu et les prescriptions effectuées à l'entrée ;

f) La nature des soins dispensés et les prescriptions établies lors de la consultation externe ou du passage aux urgences ;

g) Les informations relatives à la prise en charge en cours d'hospitalisation : état clinique, soins reçus, examens para-cliniques, notamment l'imagerie ;

h) Les informations sur la démarche médicale, adoptée dans les conditions prévues à l'article L.1111-4 ;

i) Le dossier d'anesthésie ;

j) Le compte rendu opératoire ou de l'accouchement ;

k) Le consentement écrit du patient pour les situations où ce consentement est requis sous cette forme par voie légale ou réglementaire ;

l) La mention des actes transfusionnels pratiqués sur le patient et, le cas échéant, copie de la fiche d'incident transfusionnel mentionnée au deuxième alinéa de l'article R.1221-40 ;

m) Les éléments relatifs à la prescription médicale, à son exécution et aux examens complémentaires ;

n) Le dossier de soins infirmiers ou, à défaut, les informations relatives aux soins infirmiers :

o) Les informations relatives aux soins dispensés par autres professionnels de santé ;

p) Les correspondances échangées entre professionnels de santé ;

q) Les directives anticipées mentionnées à l'article L.1111-11 ou, le cas échéant, la mention de leur existence ainsi que les coordonnées de la personne qui en est détentrice.

2. Les informations formalisées établies à la fin du séjour. Elles comportent notamment :

a) Le compte rendu d'hospitalisation et la lettre rédigée à l'occasion de la sortie ;

b) La prescription de sortie et les doubles des ordonnances de sortie ;

c) Les modalités de sortie (domicile, autres structures) ;

d) La fiche de liaison infirmière.

3. Les informations mentionnant qu'elles ont été recueillies auprès d'un tiers n'intervenant pas dans la prise en charge thérapeutique ou concernant de tels tiers.

4.

- **Dossier Médical Partagé piloté par la Caisse nationale d'assurance maladie**

Il sera ouvert sous consentement express de la personne ou de son représentant légal avec un numéro d'identifiant. Il sert de Carnet de santé individuel électronique gratuit.

Chaque professionnel de santé devra y reporter « les éléments diagnostiques et thérapeutiques nécessaires à la coordination des soins de la personne prise en charge » « Les établissements hospitaliers devront y déposer un résumé des principaux éléments relatifs aux séjours de soins dans le respect des obligations définies par la HAS ».

- **Que veut dire PMSI** ?

Programme de Médicalisation des Systèmes d'informations.

- **À quoi sert le PMSI ?**

C'est un outil médico-économique d'analyse de l'activité des établissements de soins. Il permet d'établir un lien entre des caractéristiques relatives à chaque patient et le coût de la prise en charge dont celui-ci bénéficie.

Il est obligatoire depuis la loi du 31 Juillet 1991 qui oblige les établissements de santé à procéder à l'évaluation et à l'analyse de leur activité.

- **Que veut dire C.M.U (de base) : Couverture Médicale Universelle.**

Depuis 2016 elle a été remplacée par la PUMA. C'est une prestation sociale Française permettant l'accès et le remboursement aux soins pour toutes personnes résidant en France depuis plus de 3 mois qui ne bénéfice d'aucune autre couverture par un régime obligatoire d'assurance maladie.

Code de la sécurité sociale : articles L160-1 à L160-7

La couverture maladie universelle (CMU) existe-t-elle toujours ?

Non, depuis le 1er janvier 2016, la CMU de base est supprimée compte tenu de la mise en place de la protection universelle maladie (Puma). Avec la Puma, toute personne qui travaille ou réside en France de manière stable et régulière a droit à la prise en charge de ses frais de santé.

Qu'est-ce que la protection universelle maladie (PUMA) ?

Depuis 2016, la protection universelle maladie (PUMA) permet une prise en charge des frais de santé sans rupture de droits en cas de changement de situation professionnelle (perte d'emploi...), familiale (séparation...) ou de résidence. Toute personne qui travaille ou réside en France de manière stable et régulière est couverte par l'assurance maladie.

Une personne majeure sans activité professionnelle a droit à la prise en charge de ses frais de santé à titre personnel, dès lors qu'elle réside en France de manière stable et régulière.

Un étranger non européen doit posséder un titre ou document attestant la régularité de sa situation.

Il n'y a plus besoin d'être rattaché à un assuré ouvrant droit.

Seuls les mineurs continuent d'avoir le statut d'ayant droit.

Toute personne majeure est assurée à titre individuel dès sa majorité (ou dès 16 ans à sa demande).

Elle peut choisir de percevoir ses remboursements sur son propre compte bancaire, recevoir son propre décompte de remboursement et disposer de son propre compte ameli.

Oral de mise en situation

Avertissements

L'objet de cette épreuve du concours externe est de proposer au candidat dans un cadre professionnel une situation « anormale » (mais qui se produit fréquemment !) et d'apprécier sa réaction en tant qu'AMA.

Le positionnement de l'agent en tant qu'AMA est essentiel, le jury attend que le candidat réagisse en « agent responsable » ; c'est-à-dire qu'il ait, en fonction de la situation, la bonne réponse à l'égard des usagers, du personnel et de l'institution (il ne doit pas la mettre en difficulté par des décisions ou non décisions susceptibles de la mettre ultérieurement en cause).

Nous vous proposons ici des éléments attendus de réponse sur des exemples de sujets, sachant que la manière de se présenter, la clarté de vos réponses, votre attitude sont des éléments qui seront également très importants pour le jury.

Oral de mise en situation 1

Difficulté : ★★★ — 45 minutes • **Coefficient** 4

Situation

Le chirurgien qui doit consulter ce matin de 9 h à 12 h. Il vous prévient à 9 h qu'il est en salle d'opération et qu'il ne pourra pas commencer ses consultations avant 10 h.

Sa consultation est complète, les premiers patients sont déjà arrivés.

1. Que faites-vous ?
2. Répondez aux questions suivantes :

- Comment appelle-t-on une augmentation du volume du foie ?
- Le nom générique de toute affection du rein est une ?
- Quel est le terme médical synonyme du globule rouge ?
- L'étude des doses auxquelles on emploie les médicaments s'appelle ?

Éléments de réponse

1. La secrétaire prévient les patients déjà installés dans la salle d'attente que le chirurgien est retenu au bloc opératoire. Elle leur propose :

- soit de patienter jusqu'à l'arrivée du chirurgien ;
- soit de reporter leur rendez-vous.

En fonction des patients qui maintiendront leur RV et resteront à attendre le chirurgien, elle préviendra par SMS, mail où téléphone les autres patients qui ne sont pas encore arrivés afin de les informer du retard et de leur proposer éventuellement un report de leur RV.

2. VOCABULAIRE MEDICAL :

- L'augmentation du volume du foie est une « hépatomégalie »
- Le nom générique d'une affection du rein est une « néphropathie »
- Le terme médical synonyme de globule rouge est « hématie »
- L'étude des doses auxquelles on emploie les médicaments est la « posologie »

Oral de mise en situation 2

Difficulté : ★★★ 45 minutes • Coefficient 4

Situation

« La CHARTE du PATIENT HOSPITALISE » doit être affichée dans les Établissements de Soins. À quels endroits doit-elle être affichée ? Citez au moins 5 points de cette charte des droits des patients.

Éléments de réponse

La Charte du Patient Hospitalisé doit se trouver :

- dans le livret d'accueil qui est remis à toutes les personnes hospitalisées ;
- affichée à l'intérieur de chaque chambre ;
- à l'entrée des services d'hospitalisation ;
- dans toutes les salles d'attente au sein de l'établissement ;
- à l'Accueil Central et peut être écrite en plusieurs langues y compris en braille.

5 points qui sont inscrits sur la Charte du Patient Hospitalisé :

- Toute personne est libre de choisir l'établissement de santé qui la prendra en charge. Le service public hospitalier est **accessible à tous.**
- L'information donnée au patient **doit être accessible et loyale**.
- Un acte médical ne peut être pratiqué qu'avec **le consentement libre et éclairé du patient.**
- Une personne hospitalisée **peut quitter à tout moment l'établissement**, sauf exception prévue par la loi.
- Le respect de la vie privée est garanti à toute personne ainsi que **la confidentialité des informations** personnelles, administratives, médicales et sociales qui la concernent.

Oral de mise en situation 3

Difficulté : ★★★ 45 minutes • Coefficient 4

Situation

Vous êtes secrétaire médicale des consultations en pneumologie. Une stagiaire arrive. Quelles recommandations avez-vous à lui faire ?

Éléments de réponse

- Vous devrez **la présenter** au Chef de Pôle, au Chef de Service, au Cadre et à l'ensemble de l'équipe.
- Sa blouse **sera identifiée** comme stagiaire, avec son prénom.
- Vous devrez lui rappeler **le secret médical** et la discrétion professionnelle.
- Vous lui expliquerez les différentes **missions** de la secrétaire médicale (accueil du patient, programmation et pré-admission, saisie des courriers, tenue et mise à jour du dossier médical).
- Un **code** d'accès « **stagiaire** » devra lui être fourni par le service informatique après votre demande par mail à ce service pour qu'elle puisse s'entraîner à saisir un courrier (par exemple) dont l'identité devra être masquée.
- Tous les documents qu'elle pourrait collecter devront être **anonymisés.**
- Elle est sous votre responsabilité mais ne pourra durant son stage faire le travail du secrétariat à votre place.

Oral de mise en situation 4

Difficulté : ★★★ 45 minutes • **Coefficient** 4

Situation

Vous êtes secrétaire médicale dans un service de réanimation. Une famille se présente quelques semaines après le décès de leur fils mineur dans le service où vous êtes et vous demande le dossier médical de celui-ci. Que faites-vous ?

Éléments de réponse

En prenant soins de l'accueil de la famille vous leur indiquerez la démarche à suivre en leur proposant :

- un modèle de **demande** « d'accès au dossier médical » ainsi qu'une copie de la procédure (copie de la pièce d'identité du demandeur) ;
- ils pourront **sur place** accéder au dossier de leur fils en présence du médecin du service qui l'a pris en charge ou directement s'ils le souhaitent (c'est-à-dire sans intermédiaire) dans un délai compris entre 48 heures et 8 jours après la réception de leur demande écrite ;
- ils pourront demander la **copie du dossier médical** (avec facturation des copies) en **précisant** sur l'imprimé de demande d'accès le motif ou **les motifs** (connaître la cause du décès, faire valoir un droit ou défendre la mémoire du défunt).

Oral de mise en situation 5

Difficulté : ★★★ 45 minutes • Coefficient 4

Situation

1. Vous êtes secrétaire médicale dans le service de chirurgie viscérale. Monsieur X est hospitalisé, atteint d'un cancer du foie. Une personne vous téléphone et demande des nouvelles du patient. Le médecin est absent, les infirmières ne sont pas disponibles. Que faites-vous ?
2. Trouvez le mot correspondant à chacune des définitions suivantes :

- Inflammation des ganglions lymphatiques.
- Synonyme de globule blanc.
- Acte par lequel le médecin prévoit l'issue probable de la maladie.
- Inflammation de l'estomac.

Éléments de reponse

1.

- Vous **prenez les coordonnées** de la personne qui est au téléphone : NOM, Prénom, Téléphone, adresse. Qui est-il par rapport au patient ?
- Vous lui expliquez que vous avez pris en compte sa demande mais que **vous n'êtes pas autorisée** à donner des nouvelles d'un patient.
- Vous l'informez que **vous ferez part de son message** au médecin du service qui pourra éventuellement le rappeler si le patient ne s'y est pas opposé.
- L'infirmière à son retour pourra **prévenir le patient hospitalisé** de cet appel.

2. Les termes médicaux correspondant aux définitions sont :

- Inflammation des ganglions lymphatiques : « adénite ».
- Synonyme de globule blanc : « leucocyte ».
- Acte par lequel le médecin prévoit l'issue probable de la maladie : « pronostic ».
- Inflammation de l'estomac : « gastrite ».

Oral de mise en situation 6

Difficulté : ★★★ 45 minutes • Coefficient 4

Situation

Vous êtes secrétaire médicale dans un service de psychiatrie. Un patient vient d'être admis en hospitalisation sous contrainte et se présente à vous. Il souhaite savoir quand il va pouvoir rencontrer le juge des libertés et de la détention (JLD) pour contester son hospitalisation. Quel est votre rôle ? Connaissez-vous la procédure ?

Eléments de réponse

- Le rôle de l'AMA : donner des informations médico-administratives. Ici, l'AMA va diriger le patient vers la cadre de santé ou l'équipe médicale.
- La procédure à connaître :

Il y a deux types de soins psychiatriques sans consentement : ceux effectués à la demande d'un tiers (SPDT) et ceux ordonnés par l'autorité administrative ou judiciaire (soins psychiatriques à la demande du représentant de l'État : SPDRE, ou soins sur décision judiciaire, SDJ, en application de l'article 706-135 du Code de procédure pénale).

Le délai d'appel est de dix jours à compter de la notification de la décision. L'appel doit être fait, non pas au greffe du JLD, mais directement au greffe de la cour d'appel. Le JLD est saisi par le directeur d'établissement dans les cas de demandes de soins psychiatriques sur demande d'un tiers ou en cas de péril imminent et par le préfet dans les admissions en soins psychiatriques sur décision du représentant de l'État.

Le JLD exerce un contrôle systématique, au plus tard dans les 12 jours après l'admission initiale en hospitalisation complète du patient, puis tous les 6 mois, ou à tout moment sur saisine volontaire, la plupart du temps.

Le JLD devra se prononcer sur la nécessité du maintien en hospitalisation complète. Il devra ensuite être saisi à nouveau tous les 6 mois par le directeur d'établissement ou le préfet, si la mesure n'a pas été levée entre-temps. Le JLD aura le choix entre valider la mesure d'hospitalisation complète ou ordonner la mainlevée (possibilité d'un effet différé de 24 heures pour permettre aux médecins d'établir un programme de soins).

Bien que le JLD doive normalement statuer au siège du Tribunal de grande instance, la loi permet qu'il puisse siéger au sein même de l'établissement hospitalier ou encore de procéder à l'audience par visioconférence.

Annexes

- Annexe 1 : Fiche métier
- Annexe 2 : Certificat médical
- Annexe 3 : Feuille de soins
- Annexe 4 : Déclaration d'accident du travail ou de maladie professionnelle
- Annexe 5 : Certificat médical AT et MP
- Annexe 6 : Prescription médicale de transport
- Annexe 7 : Ordonnance bizone

LE RÉPERTOIRE DES **MÉTIERS** DE LA **FONCTION PUBLIQUE HOSPITALIÈRE**

« Une aide à la décision pour chacun d'entre nous »

Secrétaire médical(e)

Famille : GESTION DE L'INFORMATION
Sous-famille : Gestion médico-administrative et traitement de l'information médicale
Code métier : 40L20

Information générale

Définition :

Accueillir et renseigner les patients, planifier les activités (agenda des consultations, admissions, convocations, etc.)
Gérer, saisir et classer les informations relatives au dossier patient

Prérequis réglementaires pour exercer le métier :

Connaissance de la bureautique
connaissance de l'environnement médical

Activités

- Accueil physique et téléphonique des patients, des familles
- Conception et rédaction de documents relatifs à son domaine d'activité
- Gestion et coordination médico-administrative (gestion des agendas, organisation de réunions, visites, conférences et événements...)
- Gestion, traitement et coordination des programmations liées à la prise en charge médicale (consultation, hospitalisation, chirurgie, examens...)
- Identification et recensement des besoins et attentes des patients et des familles
- Prise de notes, frappe et mise en forme des documents
- Saisie des données liées à l'activité médicale (codage)
- Tenue à jour du dossier patient
- Traitement des courriers, dossiers, documents dans son domaine (enregistrement, tri, traitement, diffusion, archivage)
- Vérification des informations administratives concernant le patient dans le cadre de l'identitovigilance

Savoir-Faire

- Accueillir et orienter des personnes, des groupes, des publics
- Définir/adapter et utiliser un plan de classement et d'archivage, un système de gestion documentaire
- Elaborer, adapter et optimiser le planning de travail, de rendez-vous, des visites
- Identifier les informations communicables à autrui en respectant le secret professionnel
- Identifier, analyser, prioriser et synthétiser les informations relevant de son domaine d'activité
- Organiser et classer des données, des informations, des documents de diverses natures
- Rédiger et mettre en forme des notes, documents et /ou rapports, relatifs à son domaine de compétence
- S'exprimer avec professionnalisme auprès d'une ou plusieurs personnes en face à face ou par téléphone
- Traiter et résoudre des situations agressives et conflictuelles
- Travailler en équipe pluridisciplinaire / en réseau
- Utiliser les outils bureautiques et les logiciels métiers

Connaissances requises

LE RÉPERTOIRE DES **MÉTIERS**
DE LA **FONCTION PUBLIQUE HOSPITALIÈRE**
« Une aide à la décision pour chacun d'entre nous »

Description	Niveau de connaissance
Bureautique	Connaissances opérationnelles
Codage des actes	Connaissances opérationnelles
Communication	Connaissances opérationnelles
Droit des usagers du système de santé	Connaissances opérationnelles
Organisation et fonctionnement interne de l'établissement	Connaissances opérationnelles
Réglementation des archives	Connaissances générales
Secrétariat	Connaissances approfondies
Vocabulaire médical	Connaissances approfondies

Connaissances opérationnelles :
Connaissances détaillées, pratiques et théoriques, d'un champ ou d'un domaine particulier incluant la connaissance des processus, des techniques et procédés, des matériaux, des instruments, de l'équipement, de la terminologie et de quelques idées théoriques. Ces connaissances sont contextualisées. Durée d'acquisition de quelques mois à un / deux ans.
Connaissances générales :
Connaissances générales propres à un champ. L'étendue des connaissances concernées est limitée à des faits et des idées principales. Connaissances des notions de base, des principaux termes. Savoirs le plus souvent fragmentaires et peu contextualisés. Durée d'acquisition courte de quelques semaines maximum.
Connaissances approfondies :
Connaissances théoriques et pratiques approfondies dans un champ donné. Maîtrise des principes fondamentaux du domaine, permettant la modélisation. Une partie de ces connaissances sont des connaissances avancées ou de pointe. Durée d'acquisition de 2 à 4/ 5 ans.

Informations complémentaires

Relations professionnelles les plus fréquentes :
- Equipe médicale et soignante pour l'organisation du circuit des patients
- Bureau des entrées pour la mise en cohérence des données administratives relatives aux patients
- Services médico-techniques de l'établissement pour la réalisation d'examens complémentaires

Nature et niveau de formation pour exercer le métier :
- BAC science médico-sociale
- BAC spécialisé complété par un BTS dans le domaine médical ou du secrétariat

Correspondances statutaires éventuelles :
- Assistant médico-administratif

Passerelles :
- Technicien d'information médicale
- Encadrant des secrétariats médicaux
- Encadrant archives

Secrétaire médical(e) - Page 2/2
Ministère de la santé et des sports - Direction générale de l'offre de soins

Centre Hospitalier St SAUVEUR
Place Carnot
75000 - PARIS

Service des Urgences
Secteur Chirurgie

Tél 01 02 03 04 05

CERTIFICAT MEDICAL

Je soussigné, Docteur P. LESOIN, Praticien Urgentiste, certifie avoir examiné ce jour :

Madame Colette B…née le 29/02/1990 demeurant à 75000 PARIS, 10 Rue des Fleurs qui me dit avoir été agressée par son mari.

A l'examen clinique elle présente :

- **De multiples érosions au niveau de l'avant- bras gauche,**
- **Une ecchymose au niveau de l'œil gauche,**
- **Une plaie superficielle au niveau de la joue droite.**
- **Une douleur au niveau de l'épaule droite.**

Son état de santé nécessite un arrêt de travail de HUIT JOURS à compter du 23 Avril 2017.

Certificat médical établi à la demande de l'intéressée et remis en mains propres pour servir et faire valoir ce que de droit.

Paris le 23 Avril 2017,

Docteur LESOIN

cerfa

N° 12541*02

feuille de soins - médecin

Art. R. 161-40 et suivants du Code de la sécurité sociale
Art. L. 212-1 du Code des pensions militaires d'invalidité et des victimes de la guerre

numéro de facture *(facultatif)*

date J J M M A A A A

PERSONNE RECEVANT LES SOINS ET ASSURE(E)

PERSONNE RECEVANT LES SOINS *(la ligne "nom et prénom" est obligatoirement remplie par le médecin)*

nom et prénom
(nom de famille (de naissance) suivi du nom d'usage (facultatif et s'il y a lieu))

numéro d'immatriculation

code de l'organisme de rattachement en cas de dispense d'avance des frais (à remplir par le médecin)

date de naissance J J M M A A A A

ASSURE(E) *(à remplir si la personne recevant les soins n'est pas l'assuré(e))*

nom et prénom
(nom de famille (de naissance) suivi du nom d'usage (facultatif et s'il y a lieu))

numéro d'immatriculation

ADRESSE DE L'ASSURE(E)

IDENTIFICATION DU MEDECIN | IDENTIFICATION DE LA STRUCTURE

MEDECIN REMPLACANT

nom et prénom

identifiant

dispositif de coordination de soins - réseau de santé

CONDITIONS DE PRISE EN CHARGE DES SOINS

MALADIE *(si exonération du ticket modérateur, cochez une case de la ligne suivante)*

SOINS dispensés au titre de l'art. L. 212-1 *(cf. la notice au verso : § précédé de "*" et les recommandations importantes)*

acte conforme au protocole ALD — action de prévention — autre

accident causé par un tiers : non — oui — date J J M M A A A A

MATERNITE — date présumée de début de grossesse ou date d'accouchement J J M M A A A A

AT/MP — numéro — ou — date J J M M A A A A

si vous êtes le nouveau médecin traitant cochez cette case

si le patient est envoyé par le médecin traitant, complétez la ligne ci-dessous
nom et prénom du médecin :
(s'il ne l'est pas, cochez une case de la ligne suivante)

accès direct spécifique — urgence — hors résidence habituelle — médecin traitant remplacé — accès hors coordination

ACTES EFFECTUES

(si les actes sont soumis à la formalité de l'accord préalable, indiquez la date de la demande : J J M M A A A A)

dates des actes	codes des actes	activités	C, CS CNPSY V, VS VNPSY	autres actes (K, CsC, P...) éléments de tarification CCAM	montant des honoraires facturés ❶	dépass.	frais de déplacement I.D. ❷ M.D.	nbre	I.K. montant ❸
J J M M A A A A									
J J M M A A A A									
J J M M A A A A									
J J M M A A A A									

PAIEMENT

MONTANT TOTAL en euros (1+2+3)

l'assuré(e) n'a pas payé la part obligatoire — l'assuré(e) n'a pas payé la part complémentaire

signature du médecin ayant effectué l'acte ou les actes — **signature de l'assuré(e)** — **impossibilité de signer**

Quiconque se rend coupable de fraude ou de fausse déclaration est passible de pénalités financières, d'amende et/ou d'emprisonnement (articles 313-1 à 313-3, 433-19, 441-1 et suivants du Code pénal, article L. 114-17-1 du Code de la sécurité sociale).
Les informations figurant sur cette feuille, y compris le détail des actes et des prestations servies, sont destinées à votre organisme d'assurance maladie aux fins de remboursement et de contrôle.
En application de la loi du 6 janvier 1978 modifiée, vous pouvez obtenir la communication des informations vous concernant et, le cas échéant, leur rectification en vous adressant auprès de votre organisme d'assurance maladie.

FSM 01-2011 S 3110j

cerfa

N° 51070#02

quelques conseils pour remplir votre feuille de soins

Le bon remplissage de votre feuille de soins est la garantie de votre remboursement par l'assurance maladie.

La première information à donner concerne **la personne recevant les soins et l'assuré(e)** :

- **Si vous ne payez pas votre médecin,** celui-ci remplit l'ensemble de cette rubrique, sur présentation de votre carte Vitale ou de l'attestation papier qui l'accompagne, y compris le code de l'organisme de rattachement.

- **Si vous payez votre médecin,** celui-ci indique uniquement vos nom et prénom, selon vos indications, ou en reprenant les informations contenues dans votre carte Vitale ou sur l'attestation papier qui l'accompagne.
  Les autres lignes de cette rubrique sont à compléter par vous même (le code de l'organisme de rattachement ne doit pas être indiqué dans ce cas) :

  • si vous êtes la **personne recevant les soins** et aussi **l'assuré(e),** inscrivez seulement :
    - votre **numéro d'immatriculation** (il est indiqué sur votre carte Vitale et sur l'attestation papier qui l'accompagne),

  • si vous êtes la **personne recevant les soins** mais pas **l'assuré(e),** écrivez :
    - votre **numéro d'immatriculation,**
    ou (si celui-ci ne vous a pas été communiqué),
    - votre **date de naissance,**
    - le **nom** et le **prénom de l'assuré(e) auquel (à laquelle)** vous êtes rattaché(e) et son **numéro d'immatriculation,**

  • complétez enfin cette rubrique en indiquant l'adresse de l'assuré(e).

Toutes les autres rubriques de la feuille de soins sont à remplir par votre médecin, y compris le numéro de facture qui est une zone facultative destinée à son usage.

• Si l'acte qu'il effectue est en rapport avec l'affection de longue durée (ALD), il doit le préciser dans la case prévue à cet effet.

* • Si vos soins sont dispensés au titre de l'article L. 212-1 du Code des pensions militaires d'invalidité et des victimes de guerre, il doit le préciser dans la case prévue à cet effet.

• Si vos soins sont liés à un accident causé par une personne autre que vous-même, précisez-le lui ainsi que la date de cet accident. Ces renseignements, recueillis sous votre responsabilité, doivent **obligatoirement** figurer sur la feuille de soins car ils permettent à l'assurance maladie de récupérer les frais relatifs à votre accident auprès de l'assureur de la personne ayant causé cet accident.

• Si vos soins sont liés à un accident du travail, ou à une maladie professionnelle, présentez à votre médecin la feuille d'accident du travail/maladie professionnelle qui vous a été remise par votre employeur ou par votre organisme d'assurance maladie.

• Si le médecin qui remplit la feuille de soins est votre nouveau médecin traitant, il doit cocher la case prévue à cet effet. Dans ce cas, n'oubliez pas d'envoyer à votre caisse d'assurance maladie la nouvelle déclaration de choix du médecin traitant.

• Si le médecin qui remplit la feuille de soins n'est pas le médecin traitant que vous avez déclaré, il doit indiquer si l'acte est réalisé à la demande de celui-ci. Dans ce cas, il reporte sur la feuille de soins le nom et le prénom de votre médecin traitant.
Si votre état de santé nécessite l'intervention de plusieurs médecins, ces informations doivent également être reportées sur la feuille de soins par ces médecins.

Dans la négative, le médecin doit cocher l'une des cases permettant de préciser si les soins sont réalisés :
- par un médecin exerçant une spécialité à accès direct (gynécologie, ophtalmologie, psychiatrie) ou par un médecin exerçant dans une consultation hospitalière de tabacologie, d'alcoologie ou de lutte contre les toxicomanies (art. D 162-1-6, 6° du Code de la sécurité sociale),
- en urgence,
- hors de votre résidence habituelle (par exemple lorsque vous êtes en congé),
- par un médecin remplaçant votre médecin traitant en son absence,
- en accès libre non coordonné, c'est-à-dire lorsque vous consultez directement un médecin qui n'est pas votre médecin traitant.

Recommandations importantes :

Prévenez votre organisme d'assurance maladie à l'occasion d'un **changement intervenant dans votre situation,** comme, par exemple, en cas de :

• **changement de compte** bancaire, postal ou de caisse d'épargne : envoyez-lui votre nouveau relevé d'identité de compte,

• **changement d'organisme** d'assurance maladie : prenez contact avec votre nouvel organisme d'assurance maladie pour le transfert de votre dossier afin de ne pas retarder le remboursement de vos soins et prestations. Votre ancien organisme d'assurance maladie peut vous aider dans cette démarche.

* **Si le médecin a coché la case "SOINS dispensés au titre de l'art. L. 212-1", la feuille de soins doit être adressée à l'organisme gestionnaire mentionné sur votre attestation de pensionné(e).**

N'oubliez pas de signer votre feuille de soins.

S 3110j

cerfa
N° 11383*02

feuille d'accident du travail ou de maladie professionnelle

(Art. L 441.5 et R 441.8 du code de la sécurité sociale) 1/2

Lorsqu'un accident a eu lieu, la feuille d'accident du travail ou de maladie professionnelle est remise à la victime par l'employeur qui établit parallèlement la déclaration d'accident du travail (réf. S 6 200).

Cette feuille est remise à la victime par la caisse lorsqu'une maladie professionnelle est déclarée.

La feuille d'accident du travail ou de maladie professionnelle est conservée par la victime. Elle doit être présentée systématiquement au praticien qui dispense les soins, ou le cas échéant à l'hôpital, ainsi qu'à l'auxiliaire médical(e), au pharmacien ou au fournisseur et au biologiste chaque fois qu'une ordonnance est exécutée. Ces derniers doivent remplir la page 2/2 afin d'attester la prestation des actes et l'exécution des ordonnances. La facturation des actes est portée sur les feuilles de soins et les bordereaux de facturation utilisés également pour les risques maladie et maternité.

La page 1/2 permet à la victime de bénéficier du tiers payant et de la gratuité des soins, dans la limite des tarifs conventionnels.

En cas de rechute ou si nécessaire, en cas de poursuite des soins, l'organisme d'assurance maladie délivre à la victime, sur sa demande, une nouvelle feuille.

attestation d'accident ou de maladie autorisant le bénéfice du tiers payant

(à remplir obligatoirement lors de la délivrance)

l'organisme d'assurance maladie

- **identification**
- **numéro AT/MP** (à compléter par la caisse en cas de renouvellement)

Ce modèle est communiqué à titre d'information afin que vous puissiez en prendre connaissance.
Pour votre démarche, le formulaire original vous sera fourni par l'organisme d'assurance maladie

la victime

- **identification**

nom patronymique *(suivi s'il y a lieu du nom d'usage)*
prénom — date de naissance
adresse
code postal
numéro d'immatriculation

l'employeur

- **identification**

nom-prénom ou raison sociale
adresse
code postal
numéro SIRET de l'établissement d'attache permanent de la victime
êtes-vous autorisé à gérer le risque AT/MP ? oui non

l'accident du travail ou la maladie professionnelle

- **accident du travail**

date
rechute du

- **maladie professionnelle**

date de la constatation médicale
rechute du

- **lésions**

nature
siège

demande de renouvellement

à remplir par la victime, si la feuille est complètement remplie avant la fin des soins

adresse
code postal

je demande le renouvellement de cette feuille d'accident
date — signature

La loi rend passible d'amende et/ou d'emprisonnement quiconque se rend coupable de fraudes ou de fausses déclarations (art. L 471-3 du Code de la Sécurité Sociale, 441-1 du Code Pénal)
Les informations figurant sur cette feuille, y compris le détail des actes et des prestations servies, sont destinées à votre organisme d'assurance maladie aux fins de remboursement et de contrôle.
En application de la loi du 6 janvier 1978, vous pouvez obtenir communication des informations vous concernant et, le cas échéant, leur rectification en vous adressant auprès de votre organisme d'assurance maladie.

S 6201 c

récapitulatif des soins et fournitures

2/2

(à remplir par les professionnels de santé)

€

dates des actes médicaux	actes effectués (lettres-clef et cœfficient)	i.k.	D.E.	montant total des honoraires	exécution des ordonnances / montant de la facture

L'exécutant des actes, le pharmacien ou le fournisseur attestera une seule fois la prestation des actes en apposant sa signature et son cachet dans une des cases prévues ci-dessous à cet effet.

signature attestant la prestation des actes	signature attestant la prestation des actes	signature attestant la prestation des actes	signature attestant la prestation des actes

cachet du praticien de l'établissement, de l'auxiliaire médical(e) ou du biologiste	cachet du praticien de l'établissement, de l'auxiliaire médical(e) ou du biologiste	cachet du praticien de l'établissement, de l'auxiliaire médical(e) ou du biologiste	cachet du praticien de l'établissement, de l'auxiliaire médical(e) ou du biologiste

cachet du pharmacien ou du fournisseur	cachet du pharmacien ou du fournisseur	cachet du pharmacien ou du fournisseur	cachet du pharmacien ou du fournisseur

cerfa

n° 50513#05

certificat médical
accident du travail
maladie professionnelle

notice

à destination du praticien

Ce certificat médical doit être utilisé pour les salariés, les **non salariés agricoles** (chefs d'exploitation ou d'entreprise agricole, **collaborateurs d'exploitation ou d'entreprise agricole, aides familiaux, associés d'exploitation**) victimes d'accidents du travail ou de trajet, de maladies professionnelles (dans le cadre des tableaux ou hors tableaux- article L.461-1 du Code de la sécurité sociale) ou de rechutes.
Les renseignements concernant la victime et l'employeur seront complétés par le praticien à l'aide des informations fournies par la victime.

Les **volets 1 et 2** sont adressés directement par le praticien sous 24 heures à l'organisme dont dépend la victime (article L.441-6 du Code de la sécurité sociale).
Le **volet 3** et le **volet « certificat d'arrêt de travail »** sont à remettre à la victime.

❶ Date de la première constatation médicale de la maladie professionnelle :
La date de la première constatation médicale est la date à laquelle les symptômes ou les lésions révélant la maladie ont été constatés pour la première fois par un médecin même si le diagnostic n'a été établi que postérieurement.

❷ Constatations détaillées :
Décrivez avec précision l'état de la victime, le siège, la nature des lésions ou de la maladie avec les symptômes constatés.
Lors de l'établissement du certificat médical final, décrivez les séquelles.

❸ Sorties autorisées :
Vous devez préciser si l'état de la victime autorise des sorties. Dans ce cas, la victime doit respecter les heures de présence à son domicile de 9 à 11 heures et de 14 à 16 heures, sauf en cas de soins ou d'examens médicaux.

❹ Sorties autorisées, par exception, sans restriction d'horaire :
Si, pour des raisons médicales, vous prescrivez des sorties sans restriction d'horaire, vous devez cocher la case « oui ». Dans ce cas, la victime n'a pas à respecter les heures de présence à domicile.
Si vous ne prescrivez pas des sorties sans restriction d'horaire, vous devez cocher la case « non ».

❺ Reprise d'un travail léger :
Permet le service des indemnités journalières, en tout ou partie, quand la reprise d'un travail allégé, en durée ou en pénibilité, est de nature à favoriser la guérison ou la consolidation. Un arrêt de travail à temps complet précédant immédiatement la reprise d'un travail léger n'est pas exigé dès lors que l'accident du travail ou la maladie professionnelle a entraîné un arrêt de travail à temps complet d'au moins une journée pour les salariés et de huit jours pour les non salariés agricoles.

❻ Reprise de travail à temps complet :
Une reprise de travail à temps complet peut être antérieure à la date de guérison ou de consolidation.

❼ Eléments d'ordre médical :
Indiquez les éléments justifiant les sorties sans restriction d'horaire.

❽ Conclusions :
En cas de guérison ou de consolidation, indiquez précisément les conséquences définitives de l'accident ou de la maladie dans la rubrique « constatations détaillées ».
Il est possible, sur proposition du médecin traitant, de maintenir si nécessaire des soins après consolidation. Cette possibilité est soumise à l'accord du praticien conseil.

à destination de la victime

Les **volets 1 et 2** sont adressés directement par le praticien à l'organisme dont vous dépendez.
Vous conservez le **volet 3**.
En cas d'arrêt de travail, vous adressez le **volet « certificat d'arrêt de travail »** à votre employeur ou au Pôle emploi si vous êtes en situation de chômage, afin de les informer.

En cas d'arrêt de travail, n'oubliez pas :

- **de respecter les heures de présence à domicile** sauf en cas de sorties sans restriction d'horaire (art. L.433-1 et L.323-6 du Code de la sécurité sociale),
- **de demander un accord à votre organisme d'assurance maladie**, avant votre départ, si vous deviez quitter votre département de résidence,
- **de vous rendre aux convocations qui vous seront éventuellement adressées par le service du contrôle médical** (art. L.442-5, R.442-2 et L.315-2 du Code de la sécurité sociale),
- **de vous abstenir de toute activité non autorisée** (art. L.433-1 et L.323-6 du Code de la sécurité sociale).

Le non respect de ces dispositions peut entraîner la perte de vos indemnités journalières

NOTICE CM-PRE S 6909e

Annexe 5

cerfa

n° 11138*05
CM-PRE

certificat médical
accident du travail
maladie professionnelle

(ne cocher qu'une seule case)

☐ initial ☐ de prolongation
☐ final ☐ de rechute

Volet 1, à adresser par le praticien à l'organisme dans les 24 heures

(articles L. 441-6, L. 461-5, L. 433-1, L. 323-6, R. 433-15, R. 323-11-1 du Code de la sécurité sociale)

l'assuré(e)

régime : général ☐ agricole ☐ autre ☐ lequel ? :

numéro d'immatriculation

nom de famille *(de naissance, suivi, le cas échéant, du nom d'usage)* :

prénom :

adresse où la victime peut être visitée *(si différente de votre adresse habituelle) (1)*:

code postal ville : n° téléphone :

batiment : escalier : étage : appartement : code d'accès de la résidence

(1) l'accord préalable de votre caisse est OBLIGATOIRE si cette adresse se situe hors de votre département de résidence

s'agit-il d'un accident du travail ? ☐ d'une maladie professionnelle ? ☐

date de l'accident ou de la 1ère constatation médicale de la maladie professionnelle *(voir notice ❶)*

présentation de la feuille d'accident du travail/maladie professionnelle : oui ☐ non *(2)* ☐

(2) en cas de non présentation de la feuille, les honoraires doivent être demandés (art. L. 432-3 du Code de la sécurité sociale)

l'employeur

nom, prénom ou dénomination sociale :

adresse :

n° téléphone :

courriel :

les renseignements médicaux

• **constatations détaillées** (siège, nature des lésions ou de la maladie professionnelle, séquelles fonctionnelles) *(voir notice ❷)*

• **conséquences**

– **soins** *(sans arrêt de travail)* ☐ jusqu'au

– **arrêt de travail** ☐ jusqu'au
- *en toutes lettres :* *(à compléter obligatoirement)*
et
- *en chiffres :* inclus

sorties autorisées : **oui** ☐ **à partir du** **non** ☐

(l'assuré(e) doit être présent(e) à son domicile entre 9 et 11 heures et entre 14 et 16 heures. Voir notice ❸)

par exception, pour raison médicale dûment justifiée, sorties autorisées sans restriction d'horaire :

non ☐ **oui** ☐ **à partir du** *(voir notice ❹)*

– **prescription d'un travail léger pour raison médicale** ☐ **du** **au**

(art. L.433-1 du Code sécurité sociale. Voir notice ❺)

– **reprise de travail à temps complet le** *(voir notice ❻)*

– **éléments d'ordre médical justifiant, le cas échéant, les sorties sans restriction d'horaire** *(voir notice ❼)*

• **conclusions** *(à remplir seulement en cas de certificat final)* *(voir notice ❽)*

guérison avec retour à l'état antérieur ☐ date

guérison apparente avec possibilité de rechute ultérieure ☐ date

consolidation avec séquelles ☐ date

identification du praticien (nom et prénom)

identification de la structure (raison sociale et adresse du cabinet, de l'établissement)

identifiant

n° de la structure (AM, FINESS ou SIRET)

date

signature du praticien

CM-PRE S6909e

La loi 78.17 du 6.1.78 modifiée relative à l'informatique, aux fichiers et aux libertés s'applique aux réponses faites sur ce formulaire. Elle garantit un droit d'accès et de rectification pour les données vous concernant.

Quiconque se rend coupable de fraude ou de fausse déclaration est passible de pénalités financières, d'amende et/ou d'emprisonnement (articles 313-1 à 313-3, 433-19, 441-1 et suivants du Code pénal, article L. 114-17-1 du Code de la sécurité sociale).

cerfa
n° 11138*05
CM-PRE

certificat médical accident du travail maladie professionnelle

(ne cocher qu'une seule case)

☐ initial ☐ de prolongation
☐ final ☐ de rechute

Volet 2, à adresser par le praticien à l'organisme dans les 24 heures *(service administratif)*

(articles L. 441-6, L. 461-5, L. 433-1, L. 323-6, R. 433-15, R. 323-11-1 du Code de la sécurité sociale)

l'assuré(e)

régime : général ☐ agricole ☐ autre ☐ lequel ? :

numéro d'immatriculation

nom de famille *(de naissance, suivi, le cas échéant, du nom d'usage)* :

prénom :

adresse où la victime peut être visitée *(si différente de votre adresse habituelle) (1)* :

code postal ville : n° téléphone :

batiment : escalier : étage : appartement : code d'accès de la résidence

(1) l'accord préalable de votre caisse est OBLIGATOIRE si cette adresse se situe hors de votre département de résidence

s'agit-il d'un accident du travail ? ☐ d'une maladie professionnelle ? ☐

date de l'accident ou de la 1ère constatation médicale de la maladie professionnelle *(voir notice ❶)*

présentation de la feuille d'accident du travail/maladie professionnelle oui ☐ non *(2)* ☐

(2) en cas de non présentation de la feuille, les honoraires doivent être demandés (art. L. 432-3 du Code de la sécurité sociale)

l'employeur

nom, prénom ou dénomination sociale :

adresse :

n° téléphone :

courriel :

les renseignements médicaux

• **constatations détaillées** (siège, nature des lésions ou de la maladie professionnelle, séquelles fonctionnelles) *(voir notice ❷)*

• **conséquences**

- **soins** *(sans arrêt de travail)* ☐ jusqu'au
- **arrêt de travail** ☐ jusqu'au
  - *en toutes lettres :* *(à compléter obligatoirement)*
  - **et**
  - *en chiffres :*

  inclus

sorties autorisées : **oui** ☐ **à partir du** **non** ☐
(l'assuré(e) doit être présent(e) à son domicile entre 9 et 11 heures et entre 14 et 16 heures. Voir notice ❸)

par exception, pour raison médicale dûment justifiée, sorties autorisées sans restriction d'horaire :
non ☐ **oui** ☐ **à partir du** *(voir notice ❹)*

- **prescription d'un travail léger pour raison médicale** ☐ **du** **au**
  (art. L.433-1 du Code sécurité sociale. Voir notice ❺)
- **reprise de travail à temps complet le** *(voir notice ❻)*

• **conclusions** *(à remplir seulement en cas de certificat final) (voir notice ❽)*

guérison avec retour à l'état antérieur ☐ date
guérison apparente avec possibilité de rechute ultérieure ☐ date
consolidation avec séquelles ☐ date

identification du praticien (nom et prénom)

identification de la structure (raison sociale et adresse du cabinet, de l'établissement)

identifiant

n° de la structure (AM, FINESS ou SIRET)

date

signature du praticien

CM-PRE S6909e

La loi 78.17 du 6.1.78 modifiée relative à l'informatique, aux fichiers et aux libertés s'applique aux réponses faites sur ce formulaire. Elle garantit un droit d'accès et de rectification pour les données vous concernant.
Quiconque se rend coupable de fraude ou de fausse déclaration est passible de pénalités financières, d'amende et/ou d'emprisonnement (articles 313-1 à 313-3, 433-19, 441-1 et suivants du Code pénal, article L. 114-17-1 du Code de la sécurité sociale).

cerfa

n° 50513#05

certificat médical

accident du travail
maladie professionnelle

notice

à destination du praticien

Ce certificat médical doit être utilisé pour les salariés, les **non salariés agricoles** (chefs d'exploitation ou d'entreprise agricole, **collaborateurs d'exploitation ou d'entreprise agricole, aides familiaux, associés d'exploitation) victimes d'accidents** du travail ou de trajet, de maladies professionnelles (dans le cadre des tableaux ou hors tableaux- article L.461-1 du Code de la sécurité sociale) ou de rechutes.
Les renseignements concernant la victime et l'employeur seront complétés par le praticien à l'aide des informations fournies par la victime.

Les **volets 1 et 2** sont adressés directement par le praticien sous 24 heures à l'organisme dont dépend la victime (article L.441-6 du Code de la sécurité sociale).
Le **volet 3** et le **volet « certificat d'arrêt de travail »** sont à remettre à la victime.

❶ Date de la première constatation médicale de la maladie professionnelle :
La date de la première constatation médicale est la date à laquelle les symptômes ou les lésions révélant la maladie ont été constatés pour la première fois par un médecin même si le diagnostic n'a été établi que postérieurement.

❷ Constatations détaillées :
Décrivez avec précision l'état de la victime, le siège, la nature des lésions ou de la maladie avec les symptômes constatés.
Lors de l'établissement du certificat médical final, décrivez les séquelles.

❸ Sorties autorisées :
Vous devez préciser si l'état de la victime autorise des sorties. Dans ce cas, la victime doit respecter les heures de présence à son domicile de 9 à 11 heures et de 14 à 16 heures, sauf en cas de soins ou d'examens médicaux.

❹ Sorties autorisées, par exception, sans restriction d'horaire :
Si, pour des raisons médicales, vous prescrivez des sorties sans restriction d'horaire, vous devez cocher la case « oui ». Dans ce cas, la victime n'a pas à respecter les heures de présence à domicile.
Si vous ne prescrivez pas des sorties sans restriction d'horaire, vous devez cocher la case « non ».

❺ Reprise d'un travail léger :
Permet le service des indemnités journalières, en tout ou partie, quand la reprise d'un travail allégé, en durée ou en pénibilité, est de nature à favoriser la guérison ou la consolidation. Un arrêt de travail à temps complet précédant immédiatement la reprise d'un travail léger n'est pas exigé dès lors que l'accident du travail ou la maladie professionnelle a entraîné un arrêt de travail à temps complet d'au moins une journée pour les salariés et de huit jours pour les non salariés agricoles.

❻ Reprise de travail à temps complet :
Une reprise de travail à temps complet peut être antérieure à la date de guérison ou de consolidation.

❼ Eléments d'ordre médical :
Indiquez les éléments justifiant les sorties sans restriction d'horaire.

❽ Conclusions :
En cas de guérison ou de consolidation, indiquez précisément les conséquences définitives de l'accident ou de la maladie dans la rubrique « constatations détaillées ».
Il est possible, sur proposition du médecin traitant, de maintenir si nécessaire des soins après consolidation. Cette possibilité est soumise à l'accord du praticien conseil.

à destination de la victime

Les **volets 1 et 2** sont adressés directement par le praticien à l'organisme dont vous dépendez.
Vous conservez le **volet 3**.
En cas d'arrêt de travail, vous adressez le **volet « certificat d'arrêt de travail »** à votre employeur ou au Pôle emploi si vous êtes en situation de chômage, afin de les informer.

En cas d'arrêt de travail, n'oubliez pas :

- **de respecter les heures de présence à domicile** sauf en cas de sorties sans restriction d'horaire (art. L.433-1 et L.323-6 du Code de la sécurité sociale),
- **de demander un accord à votre organisme d'assurance maladie**, avant votre départ, si vous deviez quitter votre département de résidence,
- **de vous rendre aux convocations qui vous seront éventuellement adressées par le service du contrôle médical** (art. L.442-5, R.442-2 et L.315-2 du Code de la sécurité sociale),
- **de vous abstenir de toute activité non autorisée** (art. L.433-1 et L.323-6 du Code de la sécurité sociale).

Le non respect de ces dispositions peut entraîner la perte de vos indemnités journalières

NOTICE CM-PRE S 6909e

cerfa

n° 11138*05
CM-PRE

certificat d'arrêt de travail
accident du travail
maladie professionnelle

(ne cocher qu'une seule case)
☐ initial ☐ de prolongation
☐ final ☐ de rechute

(articles L. 441-6, L. 461-5, L. 433-1, L. 323-6, R. 433-15, R. 323-11-1 du Code de la sécurité sociale)

l'assuré(e)

régime : général ☐ agricole ☐ autre ☐ lequel ? :

numéro d'immatriculation

nom de famille *(de naissance, suivi, le cas échéant, du nom d'usage)* :

prénom :

adresse où la victime peut être visitée *(si différente de votre adresse habituelle) (1)* :

code postal ville : n° téléphone :

batiment : escalier : étage : appartement : code d'accès de la résidence

(1) l'accord préalable de votre caisse est OBLIGATOIRE si cette adresse se situe hors de votre département de résidence

s'agit-il d'un accident du travail ? ☐ d'une maladie professionnelle ? ☐

date de l'accident ou de la 1ère constatation médicale de la maladie professionnelle *(voir notice ❶)*

présentation de la feuille d'accident du travail/maladie professionnelle oui ☐ non (2) ☐

(2) en cas de non présentation de la feuille, les honoraires doivent être demandés (art. L. 432-3 du Code de la sécurité sociale)

l'employeur

nom, prénom ou dénomination sociale :

adresse :

n° téléphone :

courriel :

l'arrêt de travail

arrêt de travail ☐ jusqu'au
- *en toutes lettres :* *(à compléter obligatoirement)*
et
- *en chiffres :*

inclus

sorties autorisées : **oui** ☐ **à partir du** **non** ☐

(l'assuré(e) doit être présent(e) à son domicile entre 9 et 11 heures et entre 14 et 16 heures. Voir notice ❸)

par exception, pour raison médicale dûment justifiée, sorties autorisées sans restriction d'horaire :

non ☐ **oui** ☐ **à partir du** *(voir notice ❹)*

prescription d'un travail léger pour raison médicale ☐ **du** **au**
(art. L.433-1 du Code sécurité sociale. Voir notice ❺)

reprise de travail à temps complet le *(voir notice ❻)*

CE DOCUMENT PEUT ETRE ADRESSE PAR LA VICTIME A L'EMPLOYEUR POUR JUSTIFIER DE SON ABSENCE

OU AU POLE EMPLOI SI ELLE EST EN SITUATION DE CHOMAGE

identification du praticien
(nom et prénom)

identifiant

date signature du praticien

CM-PRE S6909e

La loi 78.17 du 6.1.78 modifiée relative à l'informatique, aux fichiers et aux libertés s'applique aux réponses faites sur ce formulaire. Elle garantit un droit d'accès et de rectification pour les données vous concernant.

Quiconque se rend coupable de fraude ou de fausse déclaration est passible de pénalités financières, d'amende et/ou d'emprisonnement (articles 313-1 à 313-3, 433-19, 441-1 et suivants du Code pénal, article L. 114-17-1 du Code de la sécurité sociale).

Annexes

cerfa

n°50742#04

PRESCRIPTION MÉDICALE DE TRANSPORT - NOTICE

ATTENTION : s'il s'agit de transports vers un lieu distant de plus de 150 km, de transports en série - cf. ❸(*) -, de transports en avion ou en bateau de ligne ou de transports d'enfants ou d'adolescents vers un CAMSP ou un CMPP vous devez remplir le formulaire de *"Demande d'accord préalable - prescription médicale de transport" - réf. S3139.*

Toutes les règles indiquées dans cette notice sont opposables et conditionnent la prise en charge du transport par l'assurance maladie.
Un transport ne peut être prescrit que par un médecin ou un chirurgien-dentiste.
Les prescriptions de régularisation ne sont pas admises, sauf en cas d'urgence (cf. ❹).

La prise en charge des frais de transport est subordonnée à la présentation, par l'assuré, de la prescription médicale de transport et d'un justificatif de transport ou d'une facture du transporteur.

Le praticien doit mentionner sur la prescription les éléments d'ordre médical précisant le motif du déplacement et justifiant le mode de transport prescrit.

Seul est pris en charge le transport le moins onéreux compatible avec l'état du malade, apprécié au regard des critères médicaux et de dépendance fixés dans le référentiel de prescription des transports *(arrêté du 23 décembre 2006 - J.O. du 30 décembre 2006).*

❶ Quelles sont les situations qui permettent la prise en charge des frais de transport ?

Pour être remboursé, le transport doit, sauf particularité du transport en ambulance (cf. point 2 ci-dessous) répondre à au moins l'une des situations suivantes :

- le transport est lié à l'état de santé de votre patient qui nécessite une hospitalisation (complète, partielle, ambulatoire). Les séances de chimiothérapie, de radiothérapie ou d'hémodialyse sont assimilées à une hospitalisation,
- le transport est lié aux traitements ou examens prescrits au titre de l'ALD dont souffre votre patient qui présente, par ailleurs, une déficience ou une incapacité définie par le référentiel de prescription des transports,
- le transport est en lien avec un accident du travail ou une maladie professionnelle dont a été victime ou souffre votre patient.

Le transport pour se rendre chez un fournisseur agréé d'appareillage, pour répondre à une convocation du contrôle médical ou à la convocation d'un médecin expert ou pour se rendre à la consultation d'un expert est également pris en charge. Dans ce cas, la convocation vaut prescription.

❷ Quel mode de transport pouvez-vous prescrire au regard de l'état de santé et d'autonomie de votre patient ?

- **Particularité du transport en ambulance :**

Il peut être prescrit et pris en charge, indépendamment des situations visées au ❶, dès lors que votre patient présente au moins une déficience ou incapacité nécessitant un transport :

- en position obligatoirement allongée ou demi-assise,
- avec surveillance par une personne qualifiée ou l'administration d'oxygène,
- avec brancardage ou portage ou un transport devant être réalisé dans des conditions d'asepsie.

N'omettez pas de préciser, toutefois, si votre patient se trouve aussi dans l'une des situations mentionnées au ❶ .

- **Les autres modes de transport :**

Ils ne peuvent être prescrits, et pris en charge, que si votre patient se trouve dans l'une des situations décrites au ❶.

° Vous lui prescrivez un transport assis professionnalisé (**VSL** ou **taxi conventionné**) s'il présente au moins une :

- déficience ou incapacité physique invalidante nécessitant une aide au déplacement, technique ou humaine, mais ne nécessitant ni brancardage ni portage,
- déficience ou incapacité intellectuelle ou psychique nécessitant l'aide d'une tierce personne pour la transmission des informations nécessaires à l'équipe soignante en l'absence d'un accompagnant,
- déficience nécessitant le respect rigoureux des règles d'hygiène,
- déficience nécessitant la prévention du risque infectieux par la désinfection rigoureuse du véhicule,

ou s'il suit un traitement ou est atteint d'une affection pouvant occasionner des risques d'effets secondaires pendant le transport.

° Vous lui prescrivez un **moyen de transport individuel** (son véhicule personnel, par exemple) ou les **transports en commun terrestres** s'il peut se déplacer par ses propres moyens (si son état le nécessite, une personne peut l'accompagner).

Si votre patient est atteint d'une ALD et présente par ailleurs une déficience ou une incapacité, pour bénéficier de la prise en charge de ces transports, lorsqu'il se rend à une consultation pour traitements ou examens en lien avec son ALD, il doit être accompagné par un tiers.

Les frais de transport en commun exposés par la personne accompagnante peuvent être remboursés si l'état de santé du patient nécessite l'assistance d'un tiers ou si le patient a moins de 16 ans.

❸ Transports itératifs :

précisez le nombre de déplacements prévus si vous devez prescrire un transport répété ne répondant pas à la définition du transport en série.

(*) (transport en série : le nombre de transports prescrits pour un même traitement est au moins égal à quatre au cours d'une période de deux mois et chaque transport est effectué vers un lieu distant de plus de 50 kilomètres. Ces transports nécessitent une demande d'accord préalable.)

❹ Urgence (appel du SAMU-centre 15...) :

la prescription peut être remplie a posteriori par un médecin ou un chirurgien-dentiste de la structure de soins dans laquelle le patient s'est rendu.

❺ Eléments d'ordre médical *(Volet 1)*

Dans cette rubrique, vous détaillez à l'attention du médecin conseil les motifs médicaux à l'origine de la prescription de transport (nature de l'examen ou des soins justifiant le déplacement). C'est dans cette rubrique que vous indiquez l'orientation dans un centre de référence dédié à la prise en charge des maladies rares.

❻ Cas particuliers d'exonération du ticket modérateur

Vous devez cocher la case "oui" dans les cas suivants :

- si un acte réalisé lors de l'hospitalisation a un coefficient égal ou supérieur à K60 ou un tarif égal ou supérieur à 120 euros,
- s'il s'agit d'un transfert en lien direct et consécutif avec une première hospitalisation exonérée du ticket modérateur en raison d'un K60 ou d'un tarif égal à 120 euros,
- lorsque l'état du patient hospitalisé dans un établissement de soins nécessite son transfert vers un autre établissement d'hospitalisation en vue d'un traitement mieux adapté à son état *(nota bene : cette disposition n'est pas applicable en cas de transfert d'un établissement d'hospitalisation vers un établissement de soins de suite et de réadaptation).*

S3139 1

cerfa

n° 11574 *04

Prescription médicale de transport

(articles L. 162-4-1 2°, L. 321-1 2°, L. 322-5, L. 432-1, R. 322-2 et R. 322-10 à R. 322-10-7 du Code de la sécurité sociale)

Volet 1 à adresser au contrôle médical, sous enveloppe, à l'attention de "M. le Médecin-Conseil"

la personne bénéficiaire du transport et l'assuré(e)

- **Personne bénéficiaire du transport** *(les nom et prénom du bénéficiaire sont à compléter obligatoirement par le prescripteur)*

nom et prénom
(nom de famille (de naissance) suivi du nom d'usage (facultatif et s'il y a lieu))

numéro d'immatriculation |_|_|_|_|_|_|_|_|_|_|_|_|_| |_|_|

nom et n° du centre de paiement ou de la section mutualiste (pour les salariés) ou nom et n° de l'organisme conventionné (pour les non salariés)

date de naissance |_|_|_|_|_|_|_|_|

adresse

- **Assuré(e)** *(à remplir si la personne qui bénéficie du transport n'est pas l'assuré(e))*

nom et prénom
(nom de famille (de naissance) suivi du nom d'usage (facultatif et s'il y a lieu))

numéro d'immatriculation |_|_|_|_|_|_|_|_|_|_|_|_|_| |_|_|

- Ce transport est-il en rapport avec un accident causé par un tiers ? non ☐ oui ☐ date de l'accident |_|_|_|_|_|_|_|_|

la prescription médicale

❶ **Dans quelle situation permettant la prise en charge du transport se trouve votre patient ?** *(plusieurs choix possibles)*

- entrée ou sortie d'hospitalisation (complète, partielle ou ambulatoire), y compris séances de chimiothérapie, radiothérapie et hémodialyse ☐
- transport en lien avec une affection de longue durée avec déficience ou incapacité - ALD exonérante ☐ ALD non exonérante ☐
- transport lié à un accident du travail ou une maladie professionnelle ☐ date de l'AT/MP |_|_|_|_|_|_|_|_|

❷ **Quel mode de transport prescrivez-vous au regard de l'état de santé et d'autonomie de votre patient ?**

- transport en ambulance justifié par la nécessité *(cochez la(les) case(s) correspondante(s))* :
  d'être en position allongée ou demi-assise ☐ d'une surveillance par une personne qualifiée ☐ d'administration d'oxygène ☐
  d'un brancardage ou d'un portage ☐ d'une asepsie rigoureuse ☐
- transport assis professionnalisé (VSL, taxi conventionné) ☐ si l'état du patient permet un transport partagé, cochez la case ☐
- moyen de transport individuel ☐
- transport en commun terrestre ☐
  } si l'état de santé du patient nécessite une personne accompagnante, cochez la case ☐

- **Quel trajet doit effectuer le patient ?** *(précisez l'adresse du lieu de départ et du lieu d'arrivée, si hors domicile, ainsi que le nom de la structure de soins)*

départ	**arrivée**
- domicile ☐	- domicile ☐
- autre lieu :	- autre lieu :
- structure de soins :	- structure de soins :

transport aller-retour ☐ ❸ nombre de transports itératifs |_|_|

❹ **Urgence :** appel du SAMU-centre 15 ☐ ou autres ☐ *(précisez)* :

❺ **Eléments d'ordre médical** *(précisez la nature de l'examen ou des soins justifiant le déplacement)* **et commentaires éventuels**

- transport vers un centre de référence dédié à la prise en charge des maladies rares ☐

❻ **Cas particuliers d'exonération du ticket modérateur** oui ☐ non ☐

- Ce transport est-il lié à des soins dispensés au titre d'une pension militaire d'invalidité ? oui ☐ non ☐
  (article L.115 du Code des pensions militaires d'invalidité et des victimes de guerre)

Identification du prescripteur et de la structure dans laquelle il exerce

nom et prénom

identifiant *(n° RPPS)* |_|_|_|_|_|_|_|_|_|_|_|

raison sociale
adresse

n° structure *(AM, FINESS ou SIRET)* |_|_|_|_|_|_|_|_|_|_|_|_|_|_|

signature

date |_|_|_|_|_|_|_|_|

Annexe 6

cerfa

n° 11574 *04

Prescription médicale de transport

(articles L. 162-4-1 2°, L. 321-1 2°, L. 322-5, L. 432-1, R. 322-2 et R. 322-10 à R. 322-10-7 du Code de la sécurité sociale)

Volet 2 à adresser à l'organisme pour remboursement avec les justificatifs nécessaires

la personne bénéficiaire du transport et l'assuré(e)

- **Personne bénéficiaire du transport** *(les nom et prénom du bénéficiaire sont à compléter obligatoirement par le prescripteur)*

nom et prénom
(nom de famille (de naissance) suivi du nom d'usage (facultatif et s'il y a lieu))

numéro d'immatriculation

nom et n° du centre de paiement ou de la section mutualiste (pour les salariés) ou nom et n° de l'organisme conventionné (pour les non salariés)

date de naissance

adresse

- **Assuré(e)** *(à remplir si la personne qui bénéficie du transport n'est pas l'assuré(e))*

nom et prénom
(nom de famille (de naissance) suivi du nom d'usage (facultatif et s'il y a lieu))

numéro d'immatriculation

- Ce transport est-il en rapport avec un accident causé par un tiers ? non ☐ oui ☐ date de l'accident

la prescription médicale

❶ Dans quelle situation permettant la prise en charge du transport se trouve votre patient ? *(plusieurs choix possibles)*

- entrée ou sortie d'hospitalisation (complète, partielle ou ambulatoire), y compris séances de chimiothérapie, radiothérapie et hémodialyse ☐
- transport en lien avec une affection de longue durée avec déficience ou incapacité - ALD exonérante ☐ ALD non exonérante ☐
- transport lié à un accident du travail ou une maladie professionnelle ☐ date de l'AT/MP

❷ Quel mode de transport prescrivez-vous au regard de l'état de santé et d'autonomie de votre patient ?

- transport en ambulance justifié par la nécessité *(cochez la(les) case(s) correspondante(s))* :
  d'être en position allongée ou demi-assise ☐ d'une surveillance par une personne qualifiée ☐ d'administration d'oxygène ☐
  d'un brancardage ou d'un portage ☐ d'une asepsie rigoureuse ☐
- transport assis professionnalisé (VSL, taxi conventionné) ☐ si l'état du patient permet un transport partagé, cochez la case ☐
- moyen de transport individuel ☐
- transport en commun terrestre ☐
  } si l'état de santé du patient nécessite une personne accompagnante, cochez la case ☐

- **Quel trajet doit effectuer le patient ?** *(précisez l'adresse du lieu de départ et du lieu d'arrivée, si hors domicile, ainsi que le nom de la structure de soins)*

départ
- domicile ☐
- autre lieu :
- structure de soins :

arrivée
- domicile ☐
- autre lieu :
- structure de soins :

transport aller-retour ☐ ❸ nombre de transports itératifs

❹ Urgence : **appel du SAMU-centre 15** ☐ **ou autres** ☐ *(précisez)* :

❺ Cas particuliers d'exonération du ticket modérateur oui ☐ non ☐

- Ce transport est-il lié à des soins dispensés au titre d'une pension militaire d'invalidité ? oui ☐ non ☐
  (article L.115 du Code des pensions militaires d'invalidité et des victimes de guerre)

Identification du prescripteur et de la structure dans laquelle il exerce

nom et prénom

identifiant
(n° RPPS)

raison sociale
adresse

n° structure
(AM, FINESS ou SIRET)

signature

date

Précisions pour l'utilisation de la voiture particulière ou des transports en commun

Vous envoyez ce volet avec le formulaire "demande de remboursement" (réf. S3140) et les justificatifs de vos dépenses. La demande de remboursement est disponible dans votre organisme ou sur le site " www.ameli.fr" à la rubrique "formulaires" de l'espace "assurés".

VSL, taxi conventionné, ambulance *(à compléter par le transporteur et à joindre à la facture)*

Raison sociale ....

Adresse ....

Fait à .... Le

N° d'identification :

Signature du transporteur

La loi 78.17 du 6.1.78 modifiée relative à l'informatique, aux fichiers et aux libertés s'applique aux réponses faites sur ce formulaire. Elle garantit un droit d'accès et de rectification pour les données vous concernant.
La loi rend passible d'amende et/ou emprisonnement quiconque se rend coupable de fraudes ou de fausses déclarations en vue d'obtenir ou de tenter d'obtenir des avantages indus (articles 313-1 à 313-3, 433-19, 441-6 et 441-7 du Code pénal).
En outre, l'inexactitude, le caractère incomplet des déclarations ou l'absence de déclaration d'un changement de situation dans le but d'obtenir le versement de prestations indues, peuvent faire l'objet d'une pénalité financière en application de l'article L. 162-1-14 du Code de la sécurité sociale.

cerfa

n° 14465*01

Ordonnance bizone

Articles L. 322-3, 3° et 4°, L. 324-1 et R. 161-45 du Code de la sécurité sociale.

Identification du prescripteur
(nom, prénom et identifiant)

Identification de la structure
(raison sociale du cabinet, de l'établissement et n° AM, FINESS ou SIRET)

Identification du patient
(nom de famille (de naissance) suivi du nom d'usage (facultatif et s'il y a lieu)) (à compléter par le prescripteur)

n° d'immatriculation (à compléter par l'assuré(e))

Prescriptions relatives au traitement de l'affection de longue durée reconnue (liste ou hors liste)
(AFFECTION EXONÉRANTE)

Prescriptions SANS RAPPORT avec l'affection de longue durée
(MALADIES INTERCURRENTES)

Quiconque se rend coupable de fraude ou de fausse déclaration est passible de pénalités financières, d'amende et/ou d'emprisonnement (articles 313-1, 441-1 et 441-6 du Code pénal, articles L.114-13 et L. 162-1-14 du Code de la sécurité sociale).

S 3321b

82633 – (II) – OSB 80° – 633 – BPE – NRI
Dépôt légal : juin 2021 – Suite du tirage : novembre 2021

Achevé d'imprimer par Dupli-Print à Domont (95)
N° d'impression : 2021110212
www.dupli-print.fr

Imprimé en France